올바른 믿음과 삶
정교회 교리서

올바른 믿음과 삶
정교회 교리서

| 초판1쇄 발행 | 2015년 9월 8일 |
| 개정판1쇄 발행 | 2019년 9월 8일 |

지 은 이   소티리오스 트람바스 대주교
옮 긴 이   백은영 아가티 수녀
펴 낸 이   조성암 암브로시오스 대주교
펴 낸 곳   정교회출판사
출판등록   제313-2010-5호

주   소   서울시 마포구 마포대로18길 43(아현동)
전   화   02)364-7020
팩   스   02)6354-0092
홈페이지   www.philokalia.co.kr
e - m a i l   orthodoxeditions@gmail.com

ISBN 978-89-92941-39-6   03230

© 2019 정교회출판사
* 잘못된 책은 바꿔드립니다.

* 이 책의 전부 또는 일부를 다시 사용하려면 반드시 정교회출판사의 동의를 받아야 합니다.
* 책값은 표지 뒷면에 표시되어 있습니다.

The publication of this book was made possible through the generous donation of Mr. Michael Psaros(Rye, NY, USA) in loving memory of his grandparents Harilaos and Evyenia Loufakis, Xios, Greece.

올바른 믿음과 삶
정교회 교리서

소티리오스 트람바스 대주교

세상이 당신의 길을 알게 하시고
만방이 당신의 구원을 깨닫게 하소서.
(시편 67:2)

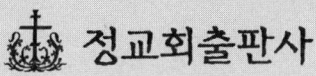

* 일러두기

본 개정판에서는 독자들의 이해를 돕기 위해 다수의 정교회 이콘을 첨부하였습니다.
성경 본문은 『공동번역 성서』에서 인용했습니다.

차례

- 추천사 _ 콘스탄티노플의 바르톨로메오스 세계총대주교　8
- 머리말 _ 피시디아의 소티리오스 트람바스 대주교　10
- 서 론　12

제1부 정교회의 믿음

제01장 믿음에 필요한 요소　19
제02장 성경　27
제03장 거룩한 전승　49
제04장 정통 그리스도교(정교) 신앙　59
제05장 『신앙의 신조』에서 고백되는 '하느님'　62
제06장 하느님의 속성들　66
제07장 성 삼위일체의 신비　75
제08장 하느님의 창조물들 : 천사들　83
제09장 천사들의 타락　94
제10장 물질적인 세상의 창조　100
제11장 '사람' 창조　106
제12장 낙 원　115
제13장 아담과 하와의 타락　120
제14장 메시아를 기다림　129
제15장 세상에 오신 하느님　132
제16장 그리스도의 부활　148
제17장 그리스도의 승천　155
제18장 주님의 재림　157
제19장 성령　162

제2부 정교회 신자의 신앙생활

제20장 사람의 최종 목표 : 신화　173
제21장 하느님의 계명을 지킴　188
제22장 십계명　190
제23장 참된 행복 : 구복단　192
제24장 율법의 참된 의미　195
제25장 먼저 하느님 나라를 구하라　207
제26장 황금률　211
제27장 첫째 되고 가장 위대한 계명　212
제28장 계명의 준수　214
제29장 신자를 유혹하는 것들　218
제30장 그리스도인의 투쟁　224
제31장 그리스도인의 영적 무기들　227
제32장 회개와 고백성사　254

• 거룩한 신자의 모습 _ 에기나의 성 넥타리오스　257

제3부 정교회 신자는 어떻게 하느님을 예배하는가?

제33장 정교 예배   261

제34장 거룩한 매일 예식   273

제35장 성찬예배   279

제36장 주간 축일 주기   306

제37장 교회의 연중 절기와 대축일   311

제38장 그 밖의 연중 대축일 기간들   350

제39장 정교 신자들의 기본적인 예배 예절   354

제40장 성당에서의 여러 활동들   365

제41장 하나의 대가족 같은 교구   369

제42장 금식일   375

- 맺음말   378
- 삶에 큰 도움을 주는 성경 말씀   381
- 이콘 목록   383

피시디아의 거룩한 대주교이고 안탈리아와 시디스의 대리주교이며 성령 안에서 사랑하는 공동 집전자요 동료인 소티리오스 대주교에게 구세주 예수 그리스도의 모든 은총이 함께 하길 기원합니다.

여러분들의 첫 번째 대주교인 소티리오스 대주교께서 저술하신 교리서가 『정교회 교리서 : 올바른 믿음과 삶』이라는 이름으로 한국어로 출간되는 것은 주님의 큰 축복입니다. 그래서 조성암 암브로시오스 대주교의 요청을 받고 저는 기쁜 마음으로 감사드리며 이렇게 추천사를 씁니다.

금사슬처럼 아름답고, 빛나는 정교회 성직자와 신자들의 연대와 결속이 많은 한국 사람들로 하여금 하나이고 거룩한 정교회의 믿음을 알 수 있게 도와주었습니다. 그리고 지금도 계속해서 극동의 백성들에게, 삶의 진정한 의미를 찾고자 하는 많은 사람들에게 복음말씀을 전파하여 그들을 그리스도께로 인도하고 있습니다.

그래서 어머니 교회는 언제나 정교회 한국 대교구에서 봉직하고 있는 모든 성직자들과 신자들에게 항상 감사의 마음을 가지고 있습니다.

우리 정교회의 예배와 교리와 윤리의 기본적인 것들을 잘 이해할 수 있도록 도와줄 『정교회 교리서』가 출판되는 것을 축복하면서, 또한 교회라는 포도나무를 키우고 돌보기 위해 행한 모든 수고와 노력에 대해 진심으로 축하드립니다.

또한 영적 아버지로서 아버지의 심정을 가지고, 한국의 모든 형제들에게 성령의 은총의 빛이 함께 하기를 기원하면서, 한국의 모든 형제들이 이 책을 통해 정교회의 기초교리와 복음의 진리를 더욱 깊게 공부하고 또 그것을 삶속에 조화롭게 잘 구현해 나갈 수 있기를 진심으로 기원합니다.

그리하여 주님께서 헤아릴 수 없이 신비로운 방법으로 직접 초대해주신 하느님 나라에 여러분 모두가 들어가게 되길 기원합니다.

정교회 신학의 산실이요 수호자인 세계 총대주교청은 한국의 모든 정교 신자들이 날마다 영적으로 발전해 나가는 모습을 기대합니다.

저는 아버지로서 여러분 모두를 축복하며, 성령의 은총으로 이 책의 출판이 많은 열매를 맺기를, 또 이를 통해 성 삼위 하느님께서 영광 받으시기를, 그리고 한국 정교회의 양떼가 모두 구원에 이르기를 기원합니다. 아멘.

† 콘스탄티노플의 바르톨로메오스 세계총대주교

2014년 7월 24일

머리말

지금으로부터 36년 전 한국 정교회는 정교 신앙을 배우고 싶어 하는 사람들을 돕고자 『정교회 기초교리』(1978)를 출판했고 지금 이 책은 절판되었습니다. 그 동안 우리의 생활과 교육 환경은 많이 변화되었고, 따라서 우리가 직면하고 있는 영적인 문제와 필요도 달라졌습니다. 그래서 새로운 영적 문제에 직면한 시대를 살아가는 사람들의 필요에 더욱 완전하게 부응하기 위해, 이 교리서에서는 정교 교리의 주제들을 더 많이 보충했으며 사람들의 질문과 앎의 욕구에 더욱 만족스런 대답을 내놓기 위해 노력하였습니다. 물론 신앙의 교리는 변질되거나 상황에 따라서 달라지지 않습니다. 주님께서 가르쳐주신 진리들은 초기 여러 세기를 거쳐 신앙의 교리로 공식화되었지만, 우리는 이 공식화된 신앙의 교리를 누구나 이해할 수 있고 확신할 수 있도록 설명해 주어야 할 의무가 있습니다. 이것이 바로 이 책을 출판하게 된 주된 이유입니다.

먼저 이 교리서는 정교회 교리를 완전하고도 체계적인 방식으로 서술한 것은 아님을 밝혀 둡니다. 또한 이 책은 교회가 공인한 완벽한 교리서도 아닙니다. 이 책의 주된 목적은 정교 신앙에 관심 있는 사람들이 정교회의 기초적인 신앙과 삶을 쉽게 이해할 수 있도록 돕는 것이고, 그래서 이 책의 내용을 이해하고 받아들이는 과정 자체가 세례성사를 통해 교회 안으로 들어가는 과정의 한 요소가 되도록 하는 것입니다.

더 간단하게 말하자면, 이 교리서는 일 년 정도의 기간을 두고 진행되는 세례예비자 교리 학습을 위한 교재를 목표로 했습니다. 그래서 누구나 잘 이해할 수 있도록 보다 자세하게 주제를 다루었고, 문체도 대화의 형식을 따랐습니다.

여러모로 이 책의 출판을 위해 도와주시고 애써 주신 모든 분들께 진심으로 감사드립니다.

† 피시디아의 소티리오스 트람바스 대주교

서 론

백과전서학파인 프랑스 철학자 디드로(Denis Didero 1713-1784)는 계몽주의를 대표하는 무신론주의 사상가입니다. 디드로는 자신의 딸이 하느님에 대해서 전혀 듣지 못할 그런 환경에서 자라기를 바랐습니다. 그래서 자신의 딸을 자신처럼 무신론자인 교사들로부터 교육받게 했으며 종교적인 환경에 노출되지 않도록 주의를 기울였습니다. 어느 이른 아침, 디드로는 사랑하는 딸의 방에 갔는데, 딸이 방안에 없어 당황했습니다. 걱정이 된 철학자는 온 집안을 다 뒤졌습니다. 그는 마침내 정원에서 딸을 발견했습니다. 그때 딸은 정원에서 무릎을 꿇고 두 팔을 하늘을 향해 펼쳐 들고는 이제 막 떠오르는 태양을 향해 기도하고 있었습니다! 하느님을 철저하게 부정하고 배제하려 했던 철학자의 노력은 실패로 돌아갔던 것입니다. 철저하게 무신론적 교육을 받은 디드로의 딸조차도 어떤 초월적 존재에게 기도해야 할 필요를 절실하게 느꼈던 것입니다.

그로부터 2세기 후에 소련에서도 이와 같은 일들은 수없이 반복되었습니다. 스탈린은 교회에 대한 박해를 강화하고 전국적으로 무신론을 교육하는 데 열을 올렸습니다. 하지만 스탈린의 딸은 아버지의 사상에 설득 당하지도 동의하지도 않았기에 해외로 몰래 망명해야만 했습니다.

칠십 년 동안 소련에서는 교회가 혹독한 탄압을 받았고, 수많은 성직자와 수도사와 정교 신자들이 체포되고 투옥되었습니다. 어떤 이들은 추방당했고, 또 어떤 이들은 고문당하고, 사형에 처해졌습니다. 교회와 수도원은 폐쇄되거나 파괴되었고, 창고로 사용되거나 무신론을 선전하는 박물관으로 개조되었습니다. 하지만 그 결과는 무엇입니까? 혹독한 종교박해의 시대는 수천 명이나 되는 신앙의 순교자들을 낳았습니다. 공산주의와 소련이 붕괴되자마자, 정교회가 사라진 줄로만 알았던 그 폐허에서 세례를 받고자 희망하는 헤아릴 수 없이 많은 사람들이 정교회 성당을 메웠습니다. 폐허로 변했던 성당들은 다시 예배를 보러 오는 사람들로 넘쳤고, 도처에서 엄청나게 많은 성당과 수도원들이 새롭게 지어지고 있습니다.

역사를 거슬러 올라가면 위와 같은 사건은 그리스도교의 처음 몇 세기 동안에도 일어났습니다. 이교도 로마 황제들은 그리스도교를 박해했습니다. 그리스도교의 첫 300년은 수많은 박해로 점철되었습니다.

그 시대의 그리스도교 순교자는 천백만 명 정도로 추정됩니다. 그럼에도 불구하고 그리스도교는 전 로마 제국에 퍼졌습니다. 신에 대한 인간의 믿음은 세상의 모든 민족들에게서 그리고 모든 세기를 거쳐서 발견되는 보편적인 현상입니다.

파우사니아스(2세기)와 같은 고대 작가뿐만 아니라 많은 순례자들의 증언에 따르면, 당시 로마제국에 신전이 없는 도시나 마을은 어디에도 없었다고 합니다. 이것은 고대 도시 유적지에 대한 고고학적 발굴의 결과와도 일치합니다. 고고학자들은 모든 고대 유적지에서 신에게 희생제물을 바쳤던 장소로 보이는 신전과 제단들을 발견했고, 그 밖에도 신의 동상이나 고대 신들의 모습이 새겨진 여러 유형의 조각품들을 발굴했습니다.

　이 모든 것들은 원시사회 때부터 사람은 신과 교제하고 신에게 예배드리고자 노력했다는 것을 밝혀줍니다. 역사가 흐르면서 민족마다 중요한 문명이 발전하였고, 아테네 아크로폴리스의 파르테논 신전, 불교의 사찰, 힌두교 사원 등 아시아를 비롯한 지구의 모든 지역에 있는 많은 종교적인 기념비들이 신께 바쳐졌습니다.

　또한 고대의 위대한 철학자 소크라테스, 플라톤, 아리스토텔레스 및 다른 많은 사람들이 신과 사람의 관계를 연구하였습니다. 호메로스, 아이스킬로스, 소포클레스, 에우리피데스 등과 같은 고대 저자들은 신들에 대한 믿음과 신성한 질서에 관한 경외심을 표현한 빛나는 고대문학 작품을 남겼습니다. 여러 민족 사이에서 수많은 신들이 경배되었다는 사실은 신성에 대한 사람들의 믿음뿐만 아니라 참된 신을 찾으려는 인간의 열망과 노력을 잘 보여주고 있습니다. 고대 아테네인들의 예는 참으로 특징적입니다. 아테네에는 여러 신들에 대한 공경심을 표현하기 위해 건축된, 아름다운 조각으로 꾸며진 신전들이 즐비합니다. 그러나 이들은 이것으로 만족할 수 없었습니다. 혹시 자신들이 알지 못하는 신이 존재하지는 않을까, 그래서 그 신에게 공경을 표현하지 못하게 되지는 않을까 염려했습니다. 그래서 이들은 알지 못하는 신에게 봉헌된 제단도 세웠습니다.

　고대 문명인들이 믿었던 수많은 신들 중에서 오직 하나인 참된 신이 누구인지를 확신했던 사람이 있었을까요? 학식이 깊은 철학자들은 끊임없는 토론을 통해서 사람들이 경배하는 신들은 사람들의 욕망을 반영하는 것일 뿐이라고 결론 내렸습니다. 다시 말해 그들의 신들은 인간의 욕망과 질투심의 투사일 뿐, 참된 신성을 보여줄 수 없다는 말입니다.

　철학자들은 주의 깊은 관찰과 연구를 통해, 우주의 질서, 행성과 별의 규칙적이고 지속적인 운동, 계절의 정확한 순환, 동식물의 생태 질서와 기적과 같은 생명 유지 현상들, 인체의 신비로운 구조와 기능들과 그 밖에 자연의 모든 기적들은 어떤 초월적이고 창조적인 힘, 한 분이신 하느님의 지혜와 섭리에서 비롯된 것이라는 결론을 내렸습니다. 잘 알려진 예를 들자면, 유명한 철학자 소크라테스는 여러 신들이 아니라 유일한 신을 가르쳤다는 이유로 아테네 국가로부터 사형 선고를 받았습니다.

그렇다면 한 분이시고 참되신 이 하느님은 누구를 말하는 것이었을까요? 고대의 어떠한 종교도 정확한 답을 주지 못했습니다. 윤리적으로 그리고 영적으로 타락한 사람이 혼자서 하느님을 찾는 것은 불가능했기 때문입니다. 그것은 하느님 자신의 계시를 통해서만 가능한 것이었습니다. 하느님이 사람에게 나타나셔야만 했던 것입니다. 그리고 실제로 그렇게 되었습니다.

그렇다면 어떻게 하느님과 사람의 교제가 시작되었을까요?

제 1부

정교회의 믿음

제 1 장
믿음에 필요한 요소

　우리는 우리를 둘러싸고 있는 자연환경을 우리의 오감을 통하여 접촉하고 인식합니다. 그리고 각 감각에는 그 감각에 맞는 능력이 있습니다. 시각으로는 사물을 보고, 청각으로는 소리를 듣고, 후각으로는 냄새를 맡습니다.
　그러나 영적 세계는 인간의 오감으로는 접근하지 못합니다. 하느님은 영이기 때문에 인간은 눈으로 그분을 볼 수도, 귀로 그분의 음성을 들을 수도 없습니다. 영적인 존재인 천사들의 존재도 마찬가지입니다. 그들을 눈으로 보고 손으로 만지고 귀로 들어서 확인하는 것은 불가능합니다. 그래서 초자연적인 영적 세계에 다가가려면, 그 세계를 알려면, 믿음이라는 또 다른 감각이 필요합니다.
　믿음은 불멸하는 영혼에 그리고 사람의 영적인 본성에 기반을 둡니다. 영적인 감각은 영적인 영역으로 들어가서 육체의 눈으로 보지 못하는 것들을 보게 해줍니다. 우주과학의 산물인 인공위성이 우주 먼 곳으로 가서 우리 육안으로는 식별할 수 없는 우주의 별들을 촬영하는 것처럼, 우리의 믿음에 따라서 우리가 도달할 수 있는 영적인 세계의 범위도 달라집니다. 영적인 감각인 믿음은 영적인 하늘, 영적인 세상의 존재를 분명하게 확신시켜줍니다.

　사도 바울로는 "믿음은 우리가 바라는 것들을 보증해주고 볼 수 없는 것들을 확증해 준다"(히브리 11:1)고 말합니다. 이것은 이상한 일이 아닙니다.

　우리의 일상에서도 오감으로 확인되지 않은 일이나 상황을 믿곤 하지 않습니까? 우리는 세계에서 일어나는 수많은 사건들이 실제 그러했을 것이라고 믿습니다. 그것도 우리 자신이 개인적으로 확인해서가 아니라 단지 누군가에게서 들었다는 사실만으로도 그렇게 믿습니다. 그것이 완전한 진실이 아닐 수도 있고, 더 나아가 헛소문일 수도 있다는 사실을 알면서도 말입니다. 예를 들어 비행기로 여행할 때 우리는 항공사와 비행기 조종사를 신뢰하고, 우리를 목적지까지 안전하게 데려다 줄 것을 믿습니다. 비행기 사고가 자주 일어나는 것을 알면서도 말입니다. 우리의 일상생활을 잘 살펴보면 많은 일에 믿음이 적용되고 있음을 알 수 있습니다. 이 모든 일에서 확실한 물증을 원한다면, 눈으로 보고 직접 확인하기를 원한다면, 우리의 삶은 고달파질 것입니다. 자주 기만당하면서도 우리는 다른 사람들의 말을 잘 믿습니다. 우리의 일상적인 현실이 이러할진대, 영적 문제에 대해서는 왜 믿지 못하는 것입니까? 사람의 말이나 주장이 아니라, 주 예수 그리스도께서 직접 확인해주신 것인데도 말입니다! 하느님께서 우리에게 영적 세계와 영원한 진리를 밝혀주시기 위해서 직접 사람이 되시어 이 땅에 오셨습니다.

- **믿음이란 것이 이렇게 간단한 것이라면, 이렇게 자연스러운 것이라면 왜 믿지 않는 사람들이 존재합니까?**

　두 가지 기본적인 이유가 있습니다. 첫 번째는 무지입니다. 「로마인들에게 보낸 편지」에 보면 "또 들어보지도 못한 분을 어떻게 믿겠습니까?"(로마 10:14)라고 했습니다. 그래서 예수 그리스도께서는 그의 제자들에게 명령하셨습니다.

> 너희는 온 세상을 두루 다니며 모든 사람에게 이 복음을 선포하여라. (마르코 16:15)

그러므로 참 하느님을 배워 알고 또 믿게 된 신자는 누구나 주님께 빚진 자로서 주님을 모르는 이들에게 이 복음을 전해야 할 의무가 있습니다.

두 번째 이유는 죄입니다. 예언자 이사야는 "너희가 죄를 지어서 너희와 하느님 사이가 갈라진 것이다"(이사야 59:2)라고 말했습니다. 죄는 사람으로 하여금 하느님으로부터 멀어지게 하고 볼 수 없게 만들어버립니다. 죄는 영혼의 무서운 병입니다. 죄로 인해 병든 영혼은 비정상입니다. 한 예로 병든 눈에는 빛이 없고, 그래서 바로 앞에 놓인 사물도 보지 못합니다. 마찬가지로 영혼도 죄라는 병으로 인해 어두워지면 영적인 시력을 잃어 볼 수 없게 되고, 하느님도 영적인 존재도 믿지 않게 됩니다.

하느님을 믿으려면 영혼이 건강해야 하고 죄로부터 깨끗해야 합니다. 그리고 그 영혼의 중심은 마음입니다. 주 예수 그리스도께서 직접 말씀하셨습니다.

> 마음이 깨끗한 사람은 행복하다. 그들은 하느님을 뵙게 될 것이다. (마태오 5:8)

누군가 "세상에 죄가 없다면 무신론자도 없을 것이다"라고 말했습니다. 그것은 참으로 맞는 말입니다.

그렇다면 죄는 어떻게 믿음을 죽이고 영혼에서 믿음이 빠져나가게 만들까요? 신자가 하느님의 뜻에 따라 산다면, 하느님과 조화로운 관계를 누리고 있다면, 어떤 불신앙의 생각들도 그를 공격할 수 없습니다. 그러나 게으름과 연약함으로 인해 중대한 죄를 짓는다면, 그 사람의 양심, 즉 그의 내면에서 울리는 하느님의 음성은 저항하며 '위험 신호'를 울릴 것입니다. 그 소리를 듣고 영혼을 죽음으로 몰아가는 죄의 독으로부터 빨리 회복한다면 - 이 해독제는 바로 회개입니다. 이 주제는 나중에 다룰 것입니다 - 죽지 않고 살아날 것입니다.

그러나 위험의 소리를 무관심하게 내버려두고 계속해서 죄짓고 산다면, 오히려 그 양심의 소리를 거부하고 아예 없애려 들 것입니다. 물론 처음에는 '내가 하는 일은 죄구나', '하느님께서 원하시지 않을 텐데'라고 약간은 거리낌을 느낍니다. 하지만 그것이 반복되면 나중에는 이렇게 말하게 될 것입니다. "도대체 어떤 신 말입니까? 누가 하느님을 보았습니까? 많은 철학자들은 하느님이 없다고 했습니다. 그들의 말대로 하느님은 존재하지 않습니다." 이렇게 해서 마침내 "정말로 하느님은 없다"고 스스로 결론을 내립니다. 이렇게 죄인은 잘못을 고치기는커녕 계속해서 양심의 소리를 거역하다가 끝내는 하느님께 이렇게 소리 지르며 반항하게 됩니다. "하느님, 제발 내게서 멀리 떠나가시오. 당신의 뜻을 알고 싶지 않습니다!"

이런 사람에서 하느님이 떠나가는 것은 너무 당연합니다. 하느님은 인간의 자유 의지를 존중하시기 때문에, 사람이 원하지 않는다면 하느님도 그에게 곁에 있으라고 강요하지 않으십니다. 이렇게 되면 사람은 마침내 내면의 아무런 갈등도 느끼지 못하고, 하나의 죄에서 시작해서 수많은 죄로 물들게 됩니다. 도스토예프스키는 "하느님이 존재하지 않다면 모든 것이 허락된다"고 말했습니다. 지금까지 예로 들은 불신앙의 두 번째 원인은 더욱 심각하고 주요한 원인입니다.

그러므로 신자가 하느님에 대해, 또 그분의 뜻에 대해 배우는 것만으로는 충분치 않습니다. 우리가 듣고 배운 것을 삶 속에서 실천하여 수많은 종류의 죄로부터 영혼을 깨끗하게 유지해야 합니다. 죄가 무엇인지, 신앙인은 어떻게 살아야 하는지에 대해서는 나중에 또 언급하도록 하겠습니다.

- **어떻게 하면 훌륭한 믿음을 얻을 수 있습니까?**

> 모든 선한 것과 완전한 것은 위에서 빛의 아버지이신 주님께로부터 내려옵니다.

이것은 성찬예배 맨 마지막에 드리는 기도문의 한 구절입니다. 이 문구의 의미에 대해서는 다시 설명드릴 기회가 있겠지만, 이 문구만 보더라도 굳센 믿음을 열망하는 자들이 소유하게 될 믿음은 하느님이 주시는 아주 소중한 선물입니다. 진리로 인도하는 성령의 빛을 받기 전에는 주님의 제자들조차도 믿음이 흔들렸던 예를 우리는 성경을 통해 확인할 수 있습니다. 주님은 제자들의 믿음 없음과 믿음의 약함을 여러 번 책망하셨습니다.

> 왜 그렇게들 겁이 많으냐? 아직도 믿음이 없느냐? (마르코 4:40)

> 너희의 믿음은 다 어떻게 되었느냐? (루가 8:25)

그래서 제자들도 더욱 강한 믿음을 얻기 위해 "저희에게 믿음을 더하여 주십시오"(루가 17:5) 라고 주님께 간구했던 것입니다. 그렇다면 우리도 이 위대한 선물, 굳센 믿음을 달라고 끊임없이 주님께 간구해야 할 것입니다. 사도 바울로는 우리에게 미리 충고 합니다.

> 여러분은 자기의 믿음을 제대로 지키고 있는지 스스로 살피고 따져보십시오. 여러분은 그리스도 예수께서 여러분과 함께 계시다는

것을 깨닫고 계십니까? 만일 깨닫지 못하신다면 여러분은 그리스도인으로서 낙제한 것입니다. (Ⅱ 고린토 13: 5)

우리에게 일어나는 모든 일에 있어서 그리스도께 합당한 믿음을 보여주지 못하는 우리 자신을 발견할 때, 우리는 회개와 겸손 그리고 뜨거운 기도를 통해서 우리의 약한 믿음을 용서해 달라고 또 우리의 믿음을 더욱 크게 해달라고 간구해야 합니다. 동시에 날마다 사랑이 많으시고 전지전능하신 그리스도를 알기 위해 더욱 노력하면서 그분의 뜻에 따라 살려고 영적으로 투쟁해야 합니다.

다른 한편, 뜨거운 믿음을 소유한 이들이 성취한 그 모든 기적들을 볼 때 우리의 믿음은 더욱 굳건해집니다. 예수께서는 제자들에게 말씀하셨습니다.

> 하느님을 믿어라. 나는 분명히 말한다. 누구든지 마음에 의심을 품지 않고 자기가 말한 대로 되리라고 믿기만 하면 이 산더러 '번쩍 들려서 저 바다에 빠져라.' 하더라도 그대로 될 것이다.
> (마르코 11:22-23)

성경에는 도움이 필요한 사람들이 믿음으로 주님께 간청하여 일어난 수많은 기적 이야기들이 나옵니다. 심지어는 죽은 자가 살아난 기적도 있습니다. 성경뿐만 아니라 교회 역사에서도 믿음을 통해 일어난 기적 이야기들은 수없이 많습니다. 우리 교회 성인들의 삶 속에는 이렇게 놀라운 사건들이 수두룩합니다.

■ 흔히들 믿음은 이성을 벗어나는 것이어서 받아들이기 쉽지 않다고 말합니다. 이런 사람들에게 어떻게 대답해야 합니까?

지나치게 이성을 숭배하는 사람들이 있는 건 사실입니다. 잘 아시겠지만 17세기 영국과 독일에서 시작된 계몽주의는 모든 종교가 이성에 기초해야 한다고 주장했습니다. 모든 종교에서 사람의 이성으로 이해할 수 있는 것들만을 받아들여야 한다고 주장한 것입니다. 그러나 이러한 '이성주의' 사상은 이성의 능력에는 한계가 있다는 것, 그래서 이성에 대립하기보다는 이성을 초월한다고 말해야 정확한 초자연적인 진리는 이성만으로는 완전히 이해 할 수 없다는 것을 외면합니다.

이 진리들은 사람의 이성이 이해할 만하게 스스로 만들어낸 진리들이 아니라, 하느님 자신이 정교회 안에서 드러내 주신 초자연적이고 영적인 진리들입니다. 그래서 사람은 오직 믿음을 통해서만 이 진리들에 다가갈 수 있습니다.

이 부분에 대해서 단단히 주의합시다. 주 예수 그리스도께서 우리에게 밝혀주신 진리들을 배우고 받아들일 때, 인간의 이성이 척도가 될 수는 없습니다. 물론 우리는 많은 영적인 의미들을 이성을 통해 이해하기도 합니다. 그러나 한계가 있는 인간의 이성으로는 이해할 수 없는 그런 높은 수준의 영적 영역이 존재합니다. 빛에 의해 조명된 믿음과, 전지전능하시고 오류가 없으시고 사랑이 가득하신 참 하느님이신 주 예수 그리스도에 대한 절대적인 신뢰가 함께할 때만, 이것을 깨달을 수 있습니다. 우리는 나중에 신비의 영역에 속하는 진리에 관해 말하면서 이에 대해 더 자세히 살펴볼 것입니다.

그러므로 하느님께서 우리 정교회에 계시해주셔서 우리가 소유하게 된 진리들을 공부하고 받아들이려면 무엇보다도 믿음이 필요합니다.

- 비록 이해할 수 없더라도 믿어야 하는 것이라면, 과연 누가 이 초자연적 진리들이 정말 진리라는 것을 증명할 수 있겠습니까?

그것은 당연한 의문입니다. 우리 영혼의 구원과 미래의 영원한 삶에 관한 문제이기도 한 이 중차대한 주제에 대해서, 사람들의 잘못된 생각 혹은 몰이해로부터 오는 오류에 빠지지 않고 그것이 완벽하게 참임으로 확신시켜주는 사람이 없다면, 과연 누가 쉽게 주님을 믿으려 하겠습니까?

정교회의 참되고 근본이 되는 가르침은 "길이요 진리"(요한 14:6)이신 우리 구원자 주 예수 그리스도의 신적 위격 위에 세워집니다. 참 하느님이신 주님은 그분의 뜻을 정확하게 밝혀주시고 사탄의 거짓과 덫에서 우리를 자유롭게 해주시려고 우리와 같은 인간이 되셨습니다. 빌라도 앞에서 예수님께서 직접 이렇게 선포하셨습니다.

> 나는 오직 진리를 증언하려고 났으며 그 때문에 세상에 왔다. 진리 편에 선 사람은 내 말을 귀담아듣는다. (요한 18:37)

제 2 장
성 경

- 예수님께서 살아 계셨던 시대의 사람들은 예수님께 직접 진리를 들었지만, 오랜 세월이 지난 지금 시대의 우리들은 예수님께서 하신 말씀을 어떻게 들을 수 있습니까?

성령은 이것에 대해서도 미리 생각해 두셨습니다. 성령은 주님께서 승천하실 때까지 주님 곁에서 계속해서 함께 지냈던 예수님의 제자들이 우리 구원에 필요한 예수 그리스도의 중요한 말씀과 행적을 기록하도록 인도했습니다. 그래서 복음경들이 집필되었습니다. 여기서 복음이란 '좋은 소식'이라는 뜻입니다.

> 오늘 밤 너희의 구세주께서 다윗의 고을에 나셨다. 그분은 바로 주님이신 그리스도이시다. (루가 2:11)

천사들은 목자들에게 이 기쁜 소식을 전했습니다. 이 땅에 오신 우리 구원자 그리스도께서는 우리들의 죄 때문에 죽으셨지만 다시 죽음에서 부활하시어 악마의 힘을 무찌르시고 승리하셨습니다. 그리하여 주님을 믿는 자 누구에게나 그리고 그리스도의 교회에서 세례를 받는 모든 이들에게 영원한 생명을 베풀어 주셨습니다.

■ 누가 복음경을 썼습니까?

복음경을 기록한 거룩한 저자는 모두 네 명입니다.

• 성 마태오

성 마태오는 열두 제자 중 한 분입니다. 처음에 그는 히브리어로 된 첫 번째 복음경을 썼는데, 『주님의 말씀』이라는 이 복음경은 오직 주님의 가르침만을 담고 있었습니다. 그는 오늘날의 형태로 된 마태오 복음경을 60-66년경 그리스어로 썼습니다.

• 성 마르코

그의 어머니는 마리아였습니다. 예루살렘에 있었던 성 마르코의 넓은 집에서 초대 그리스도인들이 모여서 성찬예배를 드렸습니다. 성 사도 베드로는 성 마르코를 "아들"이라고 불렀는데, 이것은 영적 아들을 뜻합니다. 주님과 처음부터 끝까지 함께하면서 가르침을 들었고 주님의 공생애에 늘 함께했던 사도 베드로로부터 듣고 배운 말씀을 성 마르코는 나름대로 심사숙고하여 그의 복음경에 기록하였다고 합니다. 이 복음경은 65-70년경에 기록되었습니다.

• 성 루가

시리아의 안티오키아 출생이며 성 사도들과 친분이 있었습니다. 의사였던 성 루가는 나중에 성 사도 바울로의 전도여행 때 동행하였고 사도 바울로가 예수님에 관해서 설교한 내용을 역사가처럼 체계적으로 기록했습니다. 성 루가는 예루살렘으로 가서 예수님의 어머니이신 성모 마리아를 직접 만났고 다른 복음저자가 남기지 않은 내용인 주님의 인생과 그 밖의 여러 사건을 상세하게 복음경에 적을 수 있었다고 합니다. 성 루가 복음저자는 55-60년경에 테오필로스 군주와 모든 신자들에게 그리스도교 신앙의 진리들에 관한 정보를 확실하게 제공할 목적으로 이 복음경을 기록했습니다.

• 성 요한

성 요한은 주님께서 갈릴래아 호숫가에서 첫 제자로 부르신 네 명의 제자 중 한 분이십니다. 그리고 주님께서는 야이로의 딸을 살리셨을 때, 또 다볼산에서 변모하실 때, 성 베드로와 예수님의 형제 성 야고보와 성 요한을 함께 데려가셨습니다. 성 요한은 예수님께서 골고타에서 십자가에 못 박히실 때도 줄곧 함께했던 제자입니다. 예수님을 무척 사랑했던 제자였기에 '사랑의 제자'로 불렸습니다. 예수님께서도 성 요한을 신뢰하셨고 그래서 십자가 위에서 "이 분이 네 어머니시다"(요한 19:27)라고 말씀하시며 성모님을 성 요한에게 맡기셨습니다. 그래서 성 요한은 주님의 어머니를 자신의 어머니로 모시는 영광을 받았습니다.

성 요한은 사도 바울로의 순교와 디도 장군에 의한 예루살렘의 멸망(70년) 후 에페소에 정착했고 그곳에서 85~95년 사이에 자신의 복음경을 썼습니다.

교회는 매일 신자들이 모여서 예배드릴 때마다 성령의 지도와 영감으로 집필된 이 네 복음경 중 한 부분을 봉독하도록 정해 놓았습니다. 그래서 오늘날 정교회에서는 거룩한 복음경을 매일 봉독하여, 일 년 동안 네 권의 복음경 전체를 읽습니다. 또한 정교회에서는 신자들에게 매일 성경을 읽고 더 나아가 주님의 모범과 가르침을 따라서 우리의 삶이 날마다 새롭게 변화되도록 노력하라고 권면합니다.

성당에서 매일 낭독되는 거룩한 복음경은 무엇보다도 수세기 동안 그 본문이 누락되거나 추가되거나 손상되거나 그 밖의 어떤 해악으로부터 훼손됨 없이 안전하게 보존되어 왔습니다. 이렇게 하여 그리스어 본문 원어 성경은 오늘날까지 우리에게 전해지고 있고, 우리는 이 성경이 어떤 훼손도 겪지 않은 진정한 성경임을 알고 있습니다. 그리고 우리 교회의 모든 교리는 바로 이 성경에 기반을 둡니다. 정교회는 거룩한 복음경에 기록된 것만 교리로 받아들입니다. 그래서 우리는 우리가 믿는 것에 대해서 확신합니다.

우리 교회는 네 복음경을 포함하고 있는 거룩한 책을 특별하게 존중하고 소중하게 다룹니다. 그래서 이 복음경을 성당의 가장 거룩한 장소인 제단의 중앙에 놓아둡니다. 성찬예배를 드릴 때, 그날의 복음경을 읽기 직전에 웅장하게 거행되는 소입당 행렬 시 성찬예배 집전 사제는 거룩한 복음경을 높이 들고 예배 회중들 앞을 지나 성당 한 가운데 도착한 뒤 서서 이렇게 외칩니다.

이는 곧 하느님의 지혜이나니, 경건한 마음으로 일어설지어다.

즉, 그리스도의 삶과 가르침을 포함한 거룩한 복음경은 "그리스도, 하느님의 힘과 하느님의 지혜"(I 고린토 1:24)를 상징합니다. 그리고 신도들은 팔레스타인의 도시와 마을을 두루 다니시며 가르치셨던 예수님을 마치 우리 눈 앞에 살아계신 분으로 직접 보는 것처럼 이렇게 응답합니다.

모두 가까이 와서 그리스도께 경배합시다. 거룩하신(혹은 부활하신) 하느님의 아들이시여, 우리를 구원하소서. 찬송하나이다. 알릴루이야!

또한 주일 아침에 드리는 기도 예식(주일 조과) 때 집전 사제는 제단 곁에서 부활에 관한 복음경 본문 중 하나를 봉독한 후 거룩한 복음경을 들고 신자들 앞으로 나옵니다. 그리스도의 무덤을 상징하는 거룩한 제단에서 거룩한 복음경을 들고 신자들 앞으로 나오는 이 행위를 통해서 죽음을 이기시고 무덤에서 부활하신 그리스도를 상징적으로 보여줍니다. 그러면 신자들은 줄지어 차례대로 한 사람씩 앞으로 나와 겉표지에 주님의 부활 성화가 새겨져 있는 거룩한 복음경에, 마치 부활하신 주님을 만나 뵌 향료 가진 여인들처럼 기쁨으로 인사하며 입을 맞춥니다.

이 밖에도 우리 교회의 모든 거룩한 예식에서, 그리고 성당의 안과 밖에서 이루어지는 행렬이 있을 때마다, 우리는 항상 그 중심에 복음경이 있음을 보게 됩니다. 복음경은 "그리스도의 빛"으로서 정교 신앙의 모든 삶을 비추어줍니다.

- **정교회의 성경은 이 복음경들뿐입니까? 개신교의 성경은 다른 책들을 포함하고 있습니다. 정교회에서 다른 책들은 성경으로 인정하지 않습니까?**

다른 그리스도교 교파들과 조금 차이가 있지만 적어도 기본적인 성경의 구성과 내용만은 모든 교파가 일치하고 있으니 정말 다행입니다. 여기에서 기본적인 것은 일치한다고 말한 이유는 개신교는 우리와는 달리 공통된 구약성경의 책 39권외에 또 다른 10권의 책을 경전으로 인정하지 않고 '외경'이라고 부르기 때문입니다.

그렇다면 네 복음경을 제외한 '성경'에 대해 더 자세하게 이야기해 보겠습니다. 주 예수 그리스도와 사도들의 시대에 이미 예언자 모세의 시대 때부터 기록되기 시작한 거룩한 49권의 책이 존재했었고, 이스라엘은 유대교 회당에서 이 책들을 읽고 기도하고 예배드렸고, 모두 히브리어로 쓰였습니다. '코이네' 그리스어는 알렉산더 대왕 제국 시절과 그 후에 지중해를 둘러싼 지역뿐만 아니라 중근동 아시아에까지 널리 퍼졌고, 유다 왕국의 멸망 후 온 세상으로 퍼져 흩어진 유대인들 중 많은 사람들도 세월이 흐르자 히브리어를 잊어버리고 그리스어를 사용하게 되었습니다. 심지어 예루살렘의 유대인 회당에서도 그리스어를 사용할 정도였습니다. 여러 설이 있으나, 한 전승에 의하면 이집트에서 그리스인 프톨레메오스 2세의 필라델포스 왕의 주도로(기원전 285-246년) 그리스어와 히브리어에 능통한 72명의 유대인 학자들로 구성된 대규모 위원회가 구성되었고, 이 위원회를 통해서 그때까지 히브리어로만 전해오던 거룩한 구약성경이 그리스어로 번역되었습니다. 이렇게 하여 『칠십인역 구약성경』이 완성되었습니다. 이 명칭은 번역자의 숫자에서 비롯된 것으로, 번역자 수가 정확하게는 72명이었으나 간단히 표현하기 위해 『칠십인역』이라 부르게 되었습니다. 신약성경의 복음경과 사도경(사도들의 편지들)을 살펴보면 주님께서도 유대교 회당에 가셔서 유대인들과 거룩한 사도들을 가르치실 때 이 구약성경을 사용했습니다. 물론 정교회는 자연스럽게 오늘날까지 계속해서 이 『칠십인역 구약성경』과 그것을 번역한 성경을 사용하고 있습니다.

    예루살렘의 멸망 이후 많은 지역으로 흩어져 버린 유대인들과 초기 그리스도인들도 수 세기 동안 바로 이 『칠십인역 구약성경』을 사용했다는 사실에 대해 좀 더 보충해서 설명하겠습니다. 엄격하고 근본주의적이었던 유대교 마소라 학자들은 메시아(그리스도)에 관한 구약성경의 모든 예언들이 자신들의 조상이 십자가형을 내린 예수라는 인물에 의해 성취된 것으로 해석되는 것을 결코 받아들일 수 없었기에, 그리스도교가 전통적으로 사용해 온 칠십인역 성경과는 다른 히브리어 성경 본문을 복구하고자 했었습니다.

그래서 마소라 학자들은 히브리어로 기록되어 전해져 온 39권의 구약성경을 새롭게 복원했지만 그 외에 칠십인역 구약성경에 속하여 전해져 온 10권은 받아들이지 않았습니다. 흔히 이 히브리어 구약성경은 6세기 이후 마소라 학자 전통 안에서 연구 편집되어 전해진다 하여, 일명 '마소라 구약성경'이라고 불려집니다. 로마 가톨릭 교회에서 분리된 개신교는 16세기부터 이 마소라 본문을 가장 권위있는 구약성경 본문으로 인정하고 사용해 왔습니다.

로마 가톨릭 교회는 정교회처럼 49권의 구약성경을 받아들였습니다. 영국성공회와 루터교회도 49권의 구약성경을 받아들이고 있지만 39권만을 공식적인 정경으로 받아들일 뿐, 나머지 10권은 그저 읽으면 유익한 책쯤으로 권장하고 있습니다.

- 말하자면 구약성경은 주전(그리스도께서 오시기 전)에 기록된 히브리인들의 유대교 경전이라는 말이군요. 그렇다면 그것이 그리스도인들과 무슨 상관이 있습니까? 왜 그리스도교는 구약성경을 거룩한 경전으로 생각하는 것입니까?

구약성경의 내용을 모르는 사람들에게는 당연하게 나올 법한 질문입니다. 구약성경은 세상과 사람의 창조, 인류의 첫 조상인 아담과 하와의 불순종과 타락, 인간 구원을 위한 하느님의 계획과 역사 등에 관련된 이야기들을 포함하고 있습니다.

하느님께서는 히브리 사람들을 선택하여 하느님의 법과 놀랄 만한 훈계를 계시하셨고, 이 계시를 보존해 온 히브리 전통과 이스라엘 민족을 통해 장차 오실 메시아 그리스도를 준비하게 하셨습니다.

하느님께서는 각 시대마다 하느님의 뜻을 전할 사명을 부여받은 예언자를 세우시고 보내시어, 당신의 선택된 백성을 인도하셨습니다. 하느님께서는 예언자들에게 영감을 불어넣어 메시아의 오심을 예언하게 했고, 그들을 통해 만백성으로 하여금 장차 오실 메시아를 합당하게 맞이할 수 있도록 준비시키셨습니다. 교회의 위대한 교부들은 구약성경을 "그리스도에게로 인도하는 후견인"(갈라디아 3:24)이라고 칭했습니다. 구약성경의 모든 예언은 신약성경에서 완성되었습니다. 그래서 그리스도와 그의 제자들은 구약성경을 인용하면서 그것의 완전한 의미와 성취를 설명하곤 했던 것입니다.

예수님께서는 분명히 말씀하셨습니다.

> 모세법을 없애려고 온 줄 알지 말아라. 나는 완성하러 왔다.
> (마태오 5:17)

갈릴래아의 산에서 설교하실 때도, 구약성경에 나와 있는 거룩한 십계명을 구체적으로 열거해 가며 설명하셨습니다.(마태오 5:21-47) 이렇게 구약성경과 신약성경은 서로 연관되어 있습니다. 한 책은 다른 책을 이해하도록 도와줍니다. 그래서 이 두 책이 함께 그리스도교의 성경을 구성하며, 우리 교회의 모든 교리적 윤리적 가르침은 바로 이 신구약성경에 기반을 두고 있습니다.

■ **구약(舊約)과 신약(新約)이라고 말할 때, '약(約)'란 정확하게 무슨 뜻입니까? 왜 성경은 구약과 신약으로 구분되어 불리는 것입니까?**

성경에서 '약(約)'이라는 단어는 두 가지 의미를 가지고 있습니다. 첫 번째는 하느님과 사람 간에 맺어진 약속을 의미합니다. 하느님은 사람들에게 보호와 온갖 호의를 약속했고, 사람은 그 대신 주님의 뜻을 지키겠다 약속합니다. 아브라함의 예를 들어 봅시다. 하느님께서는 아브라함에게 이렇게 말씀하셨습니다.

> 나는 너에게서 많은 자손이 태어나 큰 민족을 이루게 하고 왕손도 너에게서 나오게 하리라. 나는 너와 네 후손의 하느님이 되어주기로, 너와 대대로 네 뒤를 이을 후손들과 나 사이에 나의 계약을 세워 이를 영원한 계약으로 삼으리라. 네가 몸붙여 살고 있는 가나안 온 땅을 너와 네 후손에게 준다. 나는 그들의 하느님이 되어주리라. (창세기 17:6-8)

> 너는 내 계약을 지켜야 한다. 너뿐 아니라, 네 후손 대대로 지켜야 한다. (창세기 17:9)

그리고 두 번째 의미는 하느님께서 인간에게 주신 하느님의 법의 전통, 사람이 지켜야하는 하느님의 법이라는 뜻입니다. 하느님께서는 시나이 산에서 처음으로 모세에게 두 개의 돌판에 기록된 하느님의 법을 주셨습니다.

> 모세는 주의 말씀을 다 기록한 다음, 아침에 일찍 일어나 산 밑에 제단을 쌓고 이스라엘의 열두 지파를 표시하는 돌기둥 열두 개를 세워놓았다. (출애굽기 24:4)

> 그리고 나서 계약서를 집어 들고 백성에게 읽어 들려주었다. 그러자 그들은 "주께서 말씀하신 대로 다 따르겠습니다." 하고 다짐하였다. (출애굽기 24:7)

이렇게 모세는 하느님의 법이 요약되어 기록된 두 개의 돌판을 받았습니다. 그래서 이것을 '돌판의 계약'이라고 말합니다.

> 사십 일이 지난 다음 주께서 나에게 계약 조문을 새긴 돌판 두 개를 주셨다. (신명기 9:11)

하느님께서 사람에게 주신 법과 계약을 우리는 구약(옛 법, 옛 계약)성경이라고 합니다. 이 구약성경에는 모세가 기록한 다섯 권의 책과 다른 예언자들이 기록한 예언서들, 그리고 그리스도 이전의 거룩한 성경작가가 쓴 그 외의 책들을 포함하고 있습니다. 한편 사도들은 그리스도를 통해 계시된 하느님 나라의 복음을 기록하여 교회에 전해주었는데, 교회는 이것을 신약(새로운 법, 새로운 계약)성경이라고 말합니다.

신약, 다시 말해 '새로운 계약'이라는 말은 예수님께서 처음으로 직접 사용하신 표현입니다.

예수님께서는 잡히시어 십자가 처형이 확정되기 전날 밤, 제자들과 함께 마지막 만찬을 하시면서 제자들에게 사명을 주십니다. 그리고 그 사명이 무엇인지 자세하게 설명해주셨습니다.(요한 13-17장) 그리고 최후의 만찬의 어느 시점에 이르자 예수님께서는 이렇게 말씀하셨습니다.

> 그들이 음식을 먹을 때에 예수께서 빵을 들어 축복하시고 제자들에게 나누어주시며 "받아 먹어라. 이것은 내 몸이다." 하시고 또 잔을 들어 감사의 기도를 올리시고 그들에게 돌리시며 "너희는 모두 이 잔을 받아 마셔라. 이것은 나의 피다. 죄를 용서해 주려고 많은 사람을 위하여 내가 흘리는 계약의 피다." 하고 말씀하셨다.
> (마태오 26:26-28)

이렇게 주님께서는 그의 거룩한 피의 예식을 통해, 몇 시간 후에 십자가 위에서 흘리실 피로 맺어질 새로운 계약, 그의 몸인 교회와 맺은 새로운 계약을 확증하셨습니다. 새로운 계약을 담은 거룩한 성경의 범위는 확장되어 네 개의 복음경뿐만 아니라 성령의 조명을 받아 기록한 사도들의 글들이 포함된 신약성경으로 확정됩니다.

■ 구약성경에는 어떤 책들이 있습니까?

이것을 단번에 알고 싶다면, 여러분 각자가 성경을 펼쳐 맨 처음에 있는 차례를 보십시오.

첫 번째 부분에 49권의 책이 포함된 구약성경이 나옵니다.

• 역사서

1) 모세 오경(창세기, 출애굽기, 레위기, 민수기, 신명기)

이 다섯 권의 책은 모세가 쓴 다섯 권의 경전이라고 하여, '모세오경'이라고도 합니다. 다음과 같은 중요하고도 매우 흥미로운 사건들을 내용으로 담고 있습니다.

> 세상과 인간의 창조 / 첫 창조물 아담과 이브의 타락과 그 결과 / 대홍수와 노아의 방주 / 바벨탑 사건 / 아브라함의 부르심 / 아브라함 자손의 역사 / 이집트로 내려간 야곱(이스라엘)의 12지파 / 이집트의 속박에서 이스라엘 백성을 해방하시기 위해 모세를 부르심 / 이스라엘 백성의 이집트 탈출 / 기적을 통해 홍해바다를 건넘 / 시나이 산에서 모세에게 십계명을 주신 하느님 / 이스라엘 백성의 광야 유랑 생활과 수많은 기적을 통한 하느님의 돌보심 / 이스라엘 민족이 예리고에 도착하기 전 모세의 죽음.

2) 여호수아

이 책은 모세 오경에 이어지는 역사적 사건들을 내용으로 하고 있습니다. 모세가 죽은 뒤, 여호수아가 이스라엘 민족의 지도자가 됩니다. 이스라엘 백성은 하느님의 기적적인 개입을 통해 예리고를 차지합니다. 이스라엘의 12지파는 '약속의 땅' 가나안에 정착합니다. 이렇게 하여 그 후손이 이 땅을 차지하고 살게 해주겠다고 아브라함에게 약속하신 하느님의 약속이 성취되었습니다.

이 책의 저자는 일반적으로 여호수아라고 알려져 있습니다. 다만 여호수아의 죽음을 언급하고 있는 마지막 장은 다른 저자의 것이고, 후에 추가된 것으로 여겨집니다.

칠십인역 구약성경에 포함된 이 밖의 다른 역사서들은 다음과 같습니다.

> 판관기, 룻기, 사무엘상, 사무엘하, 열왕기상, 열왕기하, 역대기상, 역대기하, 에즈라, 느헤미야, 토비트, 유딧, 에스델, 마카베오상, 마카베오하.

이 모든 역사서 안에는, 이스라엘 백성의 모험, 하느님의 권능과 섭리와 보호의 수많은 이야기들이 포함되어 있습니다. 이를 통해 하느님을 멀리 떠나간 사람들이 회개하고 당신 곁으로 돌아와 온갖 좋은 것을 누리길 원하시고 또 그렇게 인도하시는 하느님의 아버지와 같은 큰 사랑을 알려줍니다.

· **시서(詩書)와 교훈서**

1) 시편

150편의 시와 기도를 포함합니다.

'시편서'를 그리스어로 '프살띠리온(Ψαλτήριον)'이라고 합니다. 그 이유는 이 시편들이 '프살띠리(ψαλτήρι)'라는 현악기의 반주와 함께 찬양되었기 때문입니다. 시편은 인간의 모든 정신적, 영적 요구를 다 포함하고 있기에 신자들의 마음을 깊이 감동시킵니다. 하느님에 대한 찬양과 감사의 시편이 있고, 슬픔과 위험과 질병과 불의 속에 있는 이들에게 위로와 보호를 요청하는 시편 등이 있습니다. 또한 회개의 시편들도 있는데 특히 시편 51은 자신을 하찮은 죄인으로 여기면서 아버지와 같은 사랑을 지니신 하느님께 회개하고 죄를 용서해 달라고 간구하는 겸손한 영혼의 깊은 참회를 담고 있습니다.

그래서 시편은 매일 성당에서 거행되는 공동예배에서 그리고 신자들의 개인기도에서 많이 사용합니다. 성당에서 이루어지는 거룩한 예배를 통해 한 주일 동안 시편 전체가 일독됩니다. 시편이 포함되지 않은 예배는 없습니다. 어떤 시편은 성가로 불리고 어떤 시편은 낭독됩니다. 우리 개인기도에서도 시편을 사용하는 것은 매우 유용합니다. 다양한 영적 필요에 따라 폭넓게 시편을 사용하여 기도할 수 있습니다.

시편서는 다윗과 그의 아들 솔로몬 시대(기원전 1050년경)부터 형성되기 시작하여 주전 450년경인 느헤미야 시대에 와서 완성되었습니다.

2) 교훈서

시편과 더불어 욥기, 잠언, 전도서, 아가, 집회서, 지혜서 등 여러 권의 교훈서가 있습니다.

• 예언서

예언서는 두 가지 범주로 분류됩니다. 예언서 중 '대(大)예언서'라고 불리는 예언서는 보다 길고 내용이 풍부한 반면, '소(小)예언서'는 더 짧고 간결합니다.

대예언서에는 (1) 이사야 (2) 예레미야(예레미야의 예언서에는 예레미야 애가, 예레미야와 바룩 편지가 포함됩니다.) (3) 에제키엘 (4) 다니엘, 이렇게 네 권이 있습니다.

소예언서는 (1) 호세아 (2) 아모스 (3) 미가 (4) 요엘 (5) 오바디야 (6) 요나 (7) 나훔 (8) 하바꾹 (9) 스바니야 ⑩ 하깨 ⑪ 즈가리야 ⑫ 말라기, 이렇게 열두 권이 있습니다.

- 예언자는 어떤 사람입니까? 점쟁이처럼 사람들의 미래를 알려주는 사람들입니까?

성경의 예언자들은 혼을 다루어서 미래를 점치고 세상을 속이는 점쟁이(무속인)와는 아무런 관계가 없습니다. 예언자들은 하느님에 대한 믿음과 헌신이 남달랐고, 한 분이신 참 하느님의 뜻을 이루고자 세상에서 투쟁했던 사람들입니다. 하느님께서는 위기의 상황마다 경건한 사람을 불러서 통치자 또는 민중에게 하느님의 뜻을 알리게 하셨습니다. 예언자는 하느님의 명령을 받았고 이 명령은 마치 불과 같이 마음을 뜨겁게 하여 하느님의 말씀을 전하지 않을 수 없었던 것입니다. 그들은 결코 자신들의 생각이나 주장을 말하지 않았습니다. 하느님께서 말하라고 명하신 것만을 선포했습니다. 그래서 예언자들은 언제나 "주님께서 말씀하십니다"라고 하면서 예언의 말씀을 시작합니다. 그들은 하느님께서 명하신 것이 아니면 그 어떤 것도 예언의 말씀으로 선포하지 않았던 것입니다.

- 예언자들은 무엇을 예언했습니까?

하느님께서는 예언자들을 통해서, 때로는 특정한 사람의 잘못을 깨우치게 하셨고, 때로는 하느님의 뜻에 반하는 행동과 세태를 꾸짖고 민중들을 '회개'의 길로 부르셨습니다.

어떤 때는 미래에 일어날 일들을 미리 예고해주고, 그것에 대해 적절한 준비를 할 수 있게 해주셨습니다. 많은 예언자들은 메시아이신 그리스도께서 세상에 오실 것을 예언했습니다. 그리스도께서 태어날 곳, 거주할 곳뿐만 아니라 그분이 오셔서 기적을 통해 가난한 사람들, 병든 사람들, 약한 사람들, 박해 받는 사람들을 도와주실 것이라는 사실, 사형선고를 받고 십자가에 달리셔서 죽으실 것이라는 사실, 하지만 죽음에서 부활하시어 승천하실 것이라는 사실 등, 그리스도의 생애와 사역에 대해 중요한 예언들을 했습니다.

이 모든 예언자들은 예수 그리스도를 정확하게 묘사했습니다. 특별히 이사야 예언자는 그리스도의 생애와 구원의 모든 사역을 기록으로 남긴 네 명의 복음저자들에 더하여 그리스도께서 오시기 전인 주전 8세기에 이미 장차 오실 그리스도의 삶과 행적을 예언했기 때문에 흔히 '다섯 번째 복음저자'라 불리기도 합니다.

우리는 구약성경 49권에 대해 간략하게 살펴보았습니다. 요약하자면 구약성경은 메시아이신 그리스도를 믿고 받아들여 구원받을 수 있도록 우리를 준비시켜 주는 책이라 할 것입니다.

■ 네 권으로 된 복음경 외에 신약성경의 다른 책은 어떤 것들이 있나요? 또 그 책들은 어떤 내용을 담고 있습니까?

신약성경은 모두 27권의 책 혹은 거룩한 편지를 포함하고 있습니다. 거룩한 네 복음경에 더하여 다음과 같은 책과 편지가 있습니다.

• 사도 행전

성 루가가 쓴 이 책은 『루가의 복음서』와 내용적으로 연속되는 책입니다. 그는 그리스도 생애와 복음을 기록한 복음경에 이어, 그리스도의 승천에 이어지는 오순절 성령강림 사건과 최초의 교회와 사도들의 행적을 처음부터 끝까지 수집하여 이 책을 썼고, 이 두 책을 모두 테오필로스 왕에게 헌정하였습니다.

이 책은 예루살렘에서부터 당시 로마제국의 전역으로 그리스도의 교회가 확산되고 발전되어가는 과정, 유대교 민족주의자들과 이교도의 박해, 주님의 구원 사업을 이어받아 사도 성 베드로와 바울로를 중심으로 교회가 온 세상에 복음을 전파해 나가는 과정을 생생하게 전해줍니다.

- **성 사도 바울로의 편지 열네 편**

사도 바울로는 자신의 전도여행 기간 동안 많은 교회를 설립했습니다. 하지만 각 지역의 교회에서는 자연스럽게도 여러 가지 문제가 발생했습니다. 그리고 이 문제들을 해결하기 위해, 또한 교회의 신자들을 영적으로 튼튼히 세우기 위해 사도 바울로는 다음과 같은 편지를 보냈습니다.

1) 로마인들에게 보낸 편지

58년에 사도 바울로는 고린토에서 겐크레아 교회의 페베 봉사자와 함께 로마의 그리스도인들에게 이 편지를 보냈습니다. 이 편지는 교회의 일원으로서 그리스도인들이 져야할 책무와 올바른 믿음을 유지하는 데 필요한 매우 중요한 교리들을 담고 있습니다.

2) 고린토인들에게 보낸 첫째 편지와 둘째 편지

「고린토인들에게 보낸 첫째 편지」는 사도 바울로가 57년에 에페소에서 고린토인들에게 보낸 것입니다. 교회 공동체의 일치과 진정한 회개의 필요성을 강조했습니다. 무엇보다도 13장은 그 유명한 '사랑의 찬양시'를 담고 있습니다.

「고린토인들에게 보내는 둘째 편지」는 첫 번째 편지를 보내고 나서 몇 달이 지난 후에 사도 바울로가 필립보에서 사도 디도와 함께 보낸 것으로 추정합니다. 사도 바울로의 첫 번째 편지는 고린토에 있는 그리스도교 공동체가 화합과 평화를 얻는 데 큰 도움을 주었습니다.

그러나 고린토에서는 거짓 교사들이 나타나 그리스도인들을 혼란에 빠뜨렸습니다. 이러한 이유로 이 편지에서 사도 바울로는 허망한 교리들에 유혹당하는 일 없이 이전에 사도들로부터 받은 가르침을 잘 지켜나가라고 권면하고 있습니다.

3) 갈라디아인들에게 보낸 편지

갈라디아는 남서 방향으로 타브로스 산맥에 이르는 소아시아 중앙의 넓은 지역이었습니다. 사도 바울로는 사도 바르나바와 함께 한 자신의 첫 번째 전도여행에서 이 교회를 설립했습니다. 그러나 두 사도들이 이 지역에서의 선교를 마치고 떠난 후 그리스도인들에게 유대교 관습을 부과하려는 거짓 교사들이 들어왔습니다. 에페소에 있었던 사도 바울로는 이런 소식을 전해 듣고 이단의 유혹을 물리치고 그리스도교 신앙의 올바른 교리를 지켜나갈 수 있도록 돕기 위해 갈라디아인들에게 이 편지를 보냈습니다. 이 편지에서 사도 바울로는 인종이나 사회적 신분을 넘어서서 교회의 모든 구성원들이 그리스도 안에서 한 몸처럼 연합되어야 한다고 역설했습니다.(갈라디아 3:28)

4) 성 사도 바울로의 옥중 편지 세 편 : 에페소인들에게 보낸 편지, 필립비인들에게 보낸 편지, 골로사이인들에게 보낸 편지

이 편지들은 사도 바울로가 로마에서 첫 번째 투옥 기간 동안(61-63년)에 이들 지역의 그리스도교 공동체에 보낸 것입니다. 이 편지들을 통해 사도 바울로는 그리스도인들을 참된 믿음 위에 굳게 세우고자 했습니다. 또한 용기와 믿음을 가지고 슬픔에 대처하라고 권면하면서 개인과 가족과 사회에 있어서 그리스도인들이 지켜야할 윤리에 대해 가르쳐 주고 있습니다. 특히 인상 깊은 이미지들을 사용하여 그리스도교적 삶의 유익을 강조하면서 마지막 승리의 확신을 가지고 영적 투쟁을 수행하도록 신자들을 격려합니다.

5) 데살로니카인들에게 보낸 첫째 편지와 둘째 편지

51년 고린토에 머물던 사도 바울로는 데살로니카인들에게 두 편지를 보냈습니다. 이 편지를 통해서 그는 데살로니카의 그리스도인들이 용감하고 굳세게 유대인들의 박해에 맞서고 있다는 소식에 기쁨을 표현했습니다. 특히 이들 편지는 사후의 삶과 주님의 재림 그리고 노동의 의미에 대한 가르침을 주고 있습니다. 이에 덧붙여 행실이 좋지 못한 그리스도인들에게 규율을 잘 지킬 것을 당부합니다.

6) 히브리인들에게 보내는 편지

로마에서의 첫 번째 투옥 기간에 사도 바울로는 팔레스타인의 유대인 그리스도교 공동체에 이 편지를 보냈습니다. 탁월한 그리스도교 변증론인 이 편지에서 사도 바울로는 구약성경을 적절히 인용하면서 그리스도의 비교할 수 없는 탁월함을 논증하고, 구약에 나오는 메시아에 관한 모든 예언이 예수 그리스도에게서 성취된 것을 설득력 있게 보여줌으로써, 구약 율법과 유대교의 형식적 종교 예식들 그리고 모든 예언자들의 신앙에 대한 새로운 전망을 보여주었습니다.

7) 성 사도 바울로가 개인들에게 보낸 편지 네 편 : 디모테오에게 보낸 첫째 편지와 둘째 편지, 디도에게 보낸 편지, 필레몬에게 보낸 편지

앞에서 소개한 편지들은 교회 공동체 전체를 위해서 보낸 편지인 반면, 여기 소개하는 네 편지는 사도 바울로가 그의 가까운 협력자들인 디모테오, 디도, 필레몬에게 보낸 서신입니다.

디모테오에게 보낸 두 편지 사도 바울로는 첫 번째 선교여행 중 리카오니아스의 '리스트라'라는 곳에서 처음으로 디모테오를 알게 되었고, 이어서 두 번째 선교여행 때는 그를 선교 사업의 협력자로 초대했습니다. 이리하여 디모테오는 위대한 사도 바울로의 긴밀한 협조자가 되었습니다. 사도 바울로는 디모테오를 두고 "나와 같은 마음을 가진 사람", "흠잡을 데 없는 사람"으로서 "자식이 아버지를 섬기듯 나를 섬기면서 복음을 위하여 함께 일해 왔다"(필립비 2:19-22)고 소개합니다. 사도 바울로는 네 번째 선교여행을 할 때 디모테오를 대동하여 에페소에 갔고 에페소의 그리스도교 공동체를 거짓 교사들로부터 보호하기 위해 그를 그곳에 정착시켰습니다.

사도 바울로는 디모테오가 에페소 교회의 주교로 있을 때 그에게 첫 번째 편지를 보냈습니다. 이어서 로마에서 두 번째로 투옥되어 사형선고를 받을 위기에 처했는데, 사도 바울로는 디모테오에게 두 번째로 편지를 보내어 자신을 방문해주길 부탁했습니다. 그리고 이 두 편지를 통해 사도 바울로는 제자인 디모테오에게 박해와 이교도들의 공격과 방해에 개의치 말고 선교사업을 계속해 나가라고 격려합니다. 그리고 성직자와 그리스도인들이 지켜야 할 윤리적 덕목과 행동지침 등 사목에 필요한 여러 가지 교훈을 전해주고 있습니다.

디도에게 보낸 편지 디도는 안디오키아의 이교도 가족 출신으로서, 사도 바울로를 통해 그리스도를 알게 된 것으로 추측됩니다. 이후 사도 바울로의 긴밀한 협력자가 되었고 사도 바울로는 그를 '진실된 아들'(디도 1:4)이라고 부를 정도로 신뢰했습니다. 마침내 사도 바울로는 디도를 크레타의 주교로 임명했습니다. 사도 바울로는 로마로 향하던 중 크레타에 있던 디도에게 편지를 보냈습니다. 이 편지에서 사도 바울로는 특별히 모든 사람들의 모범이 되는 자이어야, 주교와 성직자가 될 자격이 있다고 언급하고 있습니다.

필레몬에게 보낸 편지 필레몬은 골로사이 출신입니다. 사도 바울로가 에페소 근처에 있을 때 필레몬은 그곳에서 사도 바울로를 통하여 그리스도에 대해서 듣고 받아들여서 세례를 받은 것으로 보입니다. 고향인 골로사이로 돌아와서는 복음을 전파했고 그리스도 교회로 많은 사람들을 이끌었으며 그의 넓은 집을 예배 모임 장소로 제공하기도 했습니다. 그의 겸손과 미덕 그리고 선교 사업에 대한 열정은 모든 사람들에게 인정을 받았고, 그래서 골로사이의 주교직을 맡게 되었습니다.

필레몬의 종들 중 한 명인 오네시모는 주인의 돈을 횡령하고 처벌을 피하기 위해 로마로 도망쳤습니다. 그곳에서 오네시모는 다른 사람들과 함께 투옥돼 있던 사도 바울로의 설교를 듣고 감동을 받아 자신의 행동을 회개하고 세례를 받았으며 죄를 반성하기 위해 주인인 필레몬에게 다시 돌아가기를 희망했습니다. 사도 바울로는 이에 감동하여 필레몬에게 오네시모를 용서하고 그를 종이 아닌 '사랑하는 형제'로 친절하게 받아줄 것을 요청합니다. 실제로 필레몬은 사도 바울로의 권면을 받아들였습니다. 옛 전승에 의하면 오네시모는 베리아의 주교가 되었고 로마에서 순교자로 삶을 마쳤다고 합니다.

- **일반 서신들**

사도 바울로의 14편의 편지 외에 7편의 편지가 또 있습니다. 예루살렘의 첫 주교인 주님의 형제 성 야고보의 편지, 사도 베드로의 두 편지, 요한복음 저자인 사도 요한의 세 편지, 그리고 마지막으로 주님의 형제이자 성 야고보의 형제인 유다의 편지입니다.

이 서신들은 특정한 사람이나 공동체에 보낸 편지가 아닌 모든 교회 공동체와 모든 그리스도인들을 위해 쓴 편지이기에 '일반 서신'이라고도 합니다. 이 편지들은 세상에서 신자들이 접하게 되는 많은 문제들에 대해 언급하면서 하느님께서 주시는 영감으로 가득 찬 가르침을 통해 그것들에 올바르게 대처해나갈 수 있게 해줍니다. 특별히 주 예수 그리스도는 우리 모든 그리스도인들이 따라야 할 삶의 모범을 보여주신 분이심을 강조하면서 그리스도인의 참된 삶에 대해 말하고 있습니다.

교리 문답 주제를 다루어 나가면서 자주 이 편지들을 참조할 것이기 때문에, 여기서는 더 자세히 논하지 않겠습니다.

• **요한의 묵시록**

신약성경의 이 책은 계시와 예언의 책입니다. 95년 로마제국의 도미티아누스 황제에 의해 파트모스 섬으로 추방된 복음저자 성 사도 요한은 이 섬에서 바로 이 「묵시록」을 썼습니다. 『요한의 복음서』 저자인 성 사도 요한은 계시를 통해 세상 마지막에 있을 극적인 사건들을 보았습니다. 그것은 박해의 시련을 겪고 있던 교회가 믿음과 덕 위에 굳게 서게 해주고, 또한 모든 이들을 회개로 이끌어 주기 위한 상징적 사건이었습니다. 복음저자 사도 요한은 이 계시를 기록하여, 이교도에 대한 교회의 최종 승리를 확신시켜주고자 했습니다. 그리고 그리스도의 재림 때 의인들과 믿음을 지킨 이들은 상을 받고 영원한 생명을 누리겠지만, 악마와 그 무리에게는 견딜 수 없는 지옥이 기다리고 있다고 경고합니다.

많은 교리와 윤리, 참 진리의 예언이 기술되어 있는 이 책은 신자들이 믿음에 굳게 서서 신중하게 읽기만 한다면 슬픔을 넘어 위로를 받고, 하느님의 최종적 승리의 희망을 가지고 영적 투쟁에 더욱 정진하며 살게 해줍니다. 하지만 이 책은 또한 올바른 해석을 요하는 상징과 비유가 많아서 이해하기가 쉽지 않습니다. 그래서 반드시 적절한 해설서와 함께 읽어야만 하고 무엇보다도 교회의 가르침 안에서 읽어야 합니다.

신학자 성 요한, 목판 템페라, 1500년
신학자 성 요한 수도원, 파트모스, 그리스

제 3 장
거룩한 전승

- 모든 그리스도교 교파들은 같은 성경을 받아들이고 있고, 또 자신들의 신앙을 이 성경의 바탕 위에 세우고 있다고 주장합니다. 그런데 그리스도교 안에는 왜 이렇게 많은 교파가 존재하며 서로 다른 교리를 주장합니까?

수백 개의 그리스도교 교파들은 저마다 자신의 교리가 성경에 바탕을 두고 있다고 주장하지만, 먼저 각 교파들이 사용하고 있는 성경은 원전 성경과 조금씩 차이가 있을 뿐만 아니라 정경으로 인정하고 있는 성경의 권수도 다릅니다. 하지만 그리스도교가 수많은 교파로 갈라지게 된 주된 이유는 성경의 번역상의 오류나 그 이해와 해석의 차이에서만 찾아지는 것은 아닙니다. 더욱 근본적인 원인은 거룩한 복음 전승의 전통을 무시하고 그로부터 단절되었기 때문입니다. 이 문제는 매우 심각한 것이니 간략하게 살펴보도록 하겠습니다.

『요한의 복음서』 마지막 부분에서 우리는 다음과 같은 내용을 읽습니다.

> 예수께서는 이 밖에도 여러 가지 일을 하셨다. 그 하신 일들을 낱
> 낱이 다 기록하자면 기록된 책은 이 세상을 가득히 채우고도 남을
> 것이라고 생각된다. (요한 21:25)

거룩한 복음경들에 기록되어 전해져 오는 예수 그리스도의 말씀과 사역은 사실 그분의 모든 행적과 가르침의 일부라는 사실을 우리는 이 구절을 통해서 알 수 있습니다.

또한 사도행전은 이렇게 전합니다.

> 예수께서는 돌아가신 뒤에 다시 살아나셔서 사십 일 동안 사도들
> 에게 자주 나타나시어 여러 가지 확실한 증거로써 당신이 여전히
> 살아 계시다는 것을 보여주시며 하느님 나라에 관한 말씀을 들려
> 주셨다. (사도행전 1:3)

예수님께서는 부활하신 후에 사십 일 동안 제자들에게 나타나셔서 '하늘나라'에 대해서 말씀해주셨습니다. 사도행전은 종종 교회를 또한 '하느님 나라'라고 말합니다. 그래서 성경주석가들은 이 구절이 주님께서 자신의 거룩한 피로 세우신 교회가 기초를 내리고 온 세상에 퍼져나가도록 제자들에게 여러 가지 사명과 지침들을 주셨음을 암시하는 것이라고 해석합니다. 여기서 가장 중요한 사명과 지침은 물론 세례성사, 감사의 성만찬 성사, 성유성사, 그 밖의 많은 성사와 관련되었을 것입니다.

다만 이러한 것들은 성경에 상세하게 설명되어 있지 않고 다만 일반적인 지시 혹은 계명으로만 소개되었습니다. 예를 들면 최후의 만찬 때 주님께서는 제자들에게 "이것은 너희를 위하여 내어주는 내 몸이다. 나를 기념하여 이 예식을 행하여라"(루가 22:19)라고 말씀하셨다고만 기록되어 있지, 감사 성만찬을 어떻게 거행해야 하는지에 대해서는 자세하게 제시되어 있지 않다는 것입니다. 비록 성경에 기록되

어 있지는 않지만 주님께서는 분명 이에 대해서도 사도들에게 그 방법과 의미를 전해주셨을 것입니다.

우리는 그것이 어떤 것들인지를 우리 주님께서 예루살렘의 첫 번째 주교로 세우신 '주님의 형제 성 야고보의 성찬예배'에서 배웁니다. 물론 성 야고보가 그 방법을 주님에게서 전해 받지 못했다면 성찬예배의 형식을 혼자서 결정하지는 못했을 것입니다. 하지만 우리는 다른 사도들도 야고보의 성찬예배와 유사한 방식으로 감사의 성만찬 성사를 거행했다는 사실을 압니다. 이렇게 천 년 동안 교회는 전 세계적으로 분열되지 않고 일치된 하나였으며, 성찬예배의 형식과 방법 또한 본질적으로 동일했던 것입니다.

또 다른 예를 들어보겠습니다. 주님께서는 제자들(사도들)에게 병자들을 고칠 수 있는 권능과 은사를 주셨습니다.(마태오 10:8) 그러면 사도들이 모두 이 세상을 떠난 다음에는 이 은사가 교회에서 완전히 사라져 버렸을까요? 물론 그렇지 않습니다. 사도들은 이 거룩한 성사(병고침을 위한 성유성사)의 은사와 직무를 그들의 계승자인 교회의 주교들에게, 그리고 주교를 통하여 사제들에게 전해주었습니다. 그러나 복음경에는 병고침을 위한 거룩한 성사가 어떤 방법으로 진행되어야 하는지 전혀 설명이 없습니다. 다만 『야고보의 편지』에서 이와 관련된 간략한 서술을 볼 수 있습니다.

> 여러분 가운데 앓는 사람이 있으면 그 사람은 교회의 원로(사제)들을 청하십시오. 원로들은 주님의 이름으로 그에게 기름을 바르고 그를 위하여 기도해 주어야 합니다. 믿고 구하는 기도는 앓는 사람을 낫게 할 것이며 주님께서 그를 일으켜주실 것입니다. 또 그가 지은 죄가 있으면 그 죄도 용서를 받을 것입니다. (야고보 5:14-15)

성 야고보가 이렇게 확신을 가지고 지침을 제시했다면, 그것은 분명 주님에게서 전해 들은 가르침일 것이 확실합니다. 주님의 형제 성 야고보는 사제들이 주님께 어떤 기도를 올려야 하는지 그 구체적인 내용은 적지 않았습니다. 그러나 세기에 걸쳐 모든 지역의 교회는 끊임없이 성유성사를 거행해 왔고, 거의 유사한 방법과 기도문을 사용해 왔다는 사실이 고대 문헌들을 통해 입증되고 있습니다.

이러할진대, 우리가 단지 성경에 글로 기록된 것만 중시하고, 사도들이 직접 주님에게서 듣고 처음에는 구두로 그리고 나중에는 글로 기록되어 교회에 전해진 많은 가르침을 수용하지 않는다면, 우리는 결코 성경을 올바르게 이해할 수 없을뿐더러 복음의 진리 전체를 소유할 수도 없게 될 것입니다.

거룩한 사도들의 직접적인 계승자들인 주교들과 설교자들을 '속(續)사도 교부'라고 부르는데, 그들은 사도들로부터 배운 것을 기반으로 하여 거룩한 사도직을 이어갔습니다. 사도들의 가르침 중 많은 부분은 속사도 교부들의 손에 의해 기록으로 남겨졌고, 그 문헌들은 오늘날까지도 전해져 오고 있습니다. 이렇게 교회는 세대를 거쳐 거룩한 영적 유산을 보존해 왔고, 그 내용을 훼손함 없이 오늘날까지 전해 주었습니다. 교회의 거룩한 교부들은 이전 세대가 물려준 기록된 복음 전승을 동시대인들이 이해할 수 있도록 성령의 인도를 받아 재해석하여 다음 세대에 물려주었습니다. 이렇게 하여 축적된 교부들의 가르침들은 우리가 성경을 올바르게 해석할 수 있도록 도움을 주는 기본적인 토대가 됩니다. 유명한 교부학 전집들을 통해서 우리는 오늘날에도 교회 교부들의 생생한 가르침을 참고할 수 있게 되었고, 이를 토대로 오류에 빠지지 않고 성경을 읽을 수 있게 되었으며, 성경에 기초한 참된 신앙을 지켜나갈 수 있게 된 것입니다.

따라서 이 모든 것이 교회의 거룩한 전통의 일부를 형성합니다. 이 교부 문헌들을 통해 이어져온 거룩한 전통이 없다면, 우리는 성경을 각자 개인의 생각과 처지에 따라 주관적으로 해석하게 될 것이고, 그래서 서로 다른 수많은 해석을 낳게 될 것은 너무나 당연한 일입니다. 그 결과는 너무나 명백할 것입니다. 수많은 오해와 의견 차이와 논쟁과 분열이 바로 그것입니다.

우리는 자주 '새로운 교회'(교파)가 출현했다는 소식을 듣습니다. 비록 그리스도의 참된 교회는 언제나 하나였고 나뉠 수 없는 것이지만, 그들은 성경에 대한 새로운 해석을 들고 나와 '새로운 교회'라 자칭하며 기존의 교회와 다툽니다. 이렇게 해서 수많은 신흥 교파들이 생겨난 것이고 그중에는 아주 위험한 교리로 그리스도교의 진리를 훼손하고 개인과 가정과 사회에 큰 해악을 끼치는 경우도 적지 않습니다.

■ 교회의 교부들이 이천 년 동안 성경을 바르게 해석해왔고 오류를 범하지 않았다는 것을 우리가 어떻게 확신할 수 있습니까?

오직 하느님만이 오류가 없으십니다. 그리고 교부들도 다 같은 사람인지라, 간혹 부분적으로는 잘못된 해석과 의견을 가질 수도 있습니다. 그러나 '진리의 기둥이며 중심'인 교회는 거룩한 전통 안에서 비록 교부들의 것일지라도 참된 것은 받아들였지만 잘못된 것은 수용하지 않았습니다.

사도들의 책이나 글을 성경으로 확정지은 것은 바로 거룩한 복음 전통의 담지자이고 하느님의 영감으로 충만한 교회였다는 것을 잊지 말아야합니다. 1, 2세기에는 『야고보의 복음서』, 『베드로의 복음서』, 『토마의 복음서』, 『바르나바의 사도행전』과 같이 사도들의 이름이 붙은 많은 책이 존재했었습니다. 그러나 교회는 이 책들에 영향 받지 않았습니다. 참된 복음 전통의 유일한 담지자인 교회는 이 책들을 주의 깊게 검토하고 검증했습니다. 교회는 어떤 책들이 참된 증언이고 또 어떤 책들이 위조된 것인지를 알 수 있었습니다. 그래서 그중에서 참된 증언이라고 여겨지는 스물일곱 권의 책만을 수용하여 신약성경으로 확정하였습니다. 다른 책들은 증언의 진위여부와 유익함 등의 기준에 따라 선별적으로 대처하였습니다. 교회는 교부들의 문헌들도 이와 동일한 분별의 과정들을 거쳐, 교회와 성경의 가르침에 합치되는 문헌들만을 권위 있는 교회의 가르침 안에 통합시켰습니다.

- 교회는 어떤 방법으로 이런 중대한 문제들을 모든 사람들이 받아들일 수 있도록 결정했습니까? 그리고 누가 교회를 대표합니까?

이 질문은 특별히 관심있는 부분입니다. "하나의 거룩하고 보편적이고 사도적인 교회"라고 『신앙의 신조』에서 고백하듯이(신앙의 신조에 대해서는 나중에 따로 살펴보겠습니다) 교회는 그리스도께서 머리가 되시고 세례 받은 모든 신자들이 지체로 연합되어 있는 하나의 영적인 몸입니다. 이 몸에는 거룩한 사도들, 성인들, 믿음의 순교자들과 이 세상을 떠나서 지금은 천상의 세계에 계신 모든 신자, 즉 '승리의 교회'라 불리는 천상의 모든 그리스도인들이 포함됩니다. 또한 지금 이 세상에서 살면서 그리스도를 믿고 세례를 받아서 그분과 하나가 된 모든 살아있는 그리스도인들, 즉 '투쟁하는 교회'가 포함됩니다. 지상의 교회를 '투쟁하는 교회'라고 부르는 것은 "훌륭한 주 예수 그리스도의 군인처럼"(II 디모테오 2:3) 모든 그리스도인은 승리자가 되어 "시들지 않는 영광의 월계관"(I 베드로 5:4)을 받을 때까지 끝까지 싸워 이겨야하기 때문입니다.

여기서 우리가 관심을 가지고 다루고 있는 '투쟁하는 교회'는 사도들의 시대에 형성되어 오늘날까지 이 세상에 존속하며 활동합니다.

> 교회의 머리이신 그리스도께서는 사람들에게 각각 다른 선물을 은총으로 주셔서 어떤 사람들은 사도로, 어떤 사람들은 예언하는 사람으로, 어떤 사람들은 전도자로, 어떤 사람들은 목자와 교사로 삼으셨습니다. 그것은 성도들을 준비시켜서 봉사활동을 하게 하여 그리스도의 몸을(다시 말해 교회를) 자라게 하시려는 것입니다.
> (에페소 4:11-12)

각 교회의 공동체에게는 거룩한 성당이 있고 영적 아버지, 즉 사제가 있습니다. 사제는 아버지처럼 영적 자녀들을 위해 성찬예배와 신비의 성사들과 매일 예식을 거행하고 그리스도교의 참된 진리인 교리들을 가르칩니다. 그러나 각각의 공동체는 독립된 것이 아니기에 언제나 교회 전체의 신성한 규범(까논)을 벗어나선 안 됩니다. 한 지역의 모든 사제는 그 지역의 주교에게 속합니다. 주교는 지역성당을 정기적으로 순회하면서, 교회의 참된 진리를 가르쳐주고, 문제가 발생하면 지혜롭게 해결해주고, 사제들과 신자들에게 필요한 것들을 채워주고, 모든 신자들이 참된 교리와 윤리에 대한 교회의 가르침을 잘 받아들이고 실천하며 살고 있는지, 또 모든 예배와 예식을 전통적인 규범에 맞게 잘 거행하고 있는지 살펴보아야 하고, 이 모든 것들이 "점잖게 또 질서 있게 처리"(Ⅰ고린토 14:40)될 수 있도록 감독해야 할 책임이 있습니다.

한편 주교는 각 나라의 수도를 관할하는 총대주교 혹은 수도대주교가 의장을 맡고 있는 '거룩한 주교회의'(시노드)에 참여하고 또 그 결정을 따릅니다. 이렇게 해서 교회의 질서와 하나됨과 연대를 지켜나갑니다. 신자나 성직자 중에서 교회 질서를 어지럽히거나 사적인 유익을 위해 교회의 신성한 규범을 어기거나 거룩한 가르침에 반대되는 것을 전파하는 이가 있다면, 먼저 그는 주교의 징치(懲治)를 받습니다. 하지만 주교의 징치를 받고도 이를 수용하지 않고 또 개선하지 않는다면 그는 '거룩한 주교회의'에 회부되어 최종적인 징치를 받게 됩니다. 이 모든 치리(治理)의 과정은 교회의 거룩한 규범과 규정을 근거로 하여 진행됩니다. 교회 역사의 첫 번째 천 년 동안은, 아주 심각한 문제가 발생해서 전체 교회가 휘말렸을 경우, 전 세계의 주교들은 '세계 공의회'로 모였고 성령의 조명 아래서 성경과 거룩한 전통에 근거하여 문제를 공동으로 검토하고 올바른 입장을 결정지었습니다. 세계 모든 교회는 이 결정을 수용하여 각각의 지역 교회의 삶 속에 적용할 의무를 졌습니다. 그리고 '세계 공의회'의 결정들을 수용하지 않는 지역 교회는 그 나머지 교회와 친교에서 배제되고 단절되었습니다. 이렇게 함으로써 하나로 연합된 교회는 그 목적을 향해서 전진해 나갔습니다.

이 모든 것을 언급한 이유는 정교회에서는 그 누구라도 그가 어떤 직책을 가지고 있더라도 교리와 윤리에 대한 그의 개인적인 가르침이 교회 전체의 가르침에 반하여 전파될 수 없고 또 그 위에 있을 수 없다는 것을 확실히 보여주기 위한 것입니다. 만약 위와 같은 일이 있을 때는 '거룩한 주교회의'(시노드)에서 이 문제를 다루고 해결합니다. 여기서 '거룩한 주교회의'는 주로 각 국가별로 형성된 하나의 독립된 정교회 관구의 최고 권위를 지칭합니다. 각 국가별 '주교회의' 혹은 '총대주교청'이 여기에 해당합니다. 또한 오늘날 전 세계의 모든 정교회가 공통으로 직면하고 있는 보편적인 문제들에 대해서는 '범정교회 주교회의(혹은 범정교회 공의회)'를 통해서 해결합니다. 이렇게 함으로써 모든 지역의 정교회들 간에 신앙의 일치와 질서가 유지됩니다.

그러므로 교회는 거룩한 주교회의의 결정을 통해서, 또한 그 결정들에 대한 일반적인 수용을 통해서, 성경과 거룩한 전통에 부합하는지 아닌지가 선언됩니다.

- 마지막으로 '거룩한 전통'이란 무엇입니까?

어떤 것이 '거룩한 전통'인지 아닌지를 보여주는, 보다 전체적인 모습을 그려보기 위해서 지금까지 '거룩한 전통'에 대해 이야기한 것들을 간략하게 정리해 보겠습니다.

무엇보다도 교회의 '거룩한 전통'은 여러 나라의 지역 교회들이 가지고 있는 다양한 전통이나 풍습이 아니라는 것을 우선 명확히 해야 합니다. 각 지역의 다양한 전통과 풍습은 교회의 보편적인 교리적 가르침과 그리스도교 윤리 규범에 위배되지 않을 경우, 그 지역의 주교의 권한에 의해 채택될 수 있습니다. 그러나 이러한 풍습을 모든 다른 교회들이 수용해야 할 의무는 없습니다.

거룩한 전통이란 먼저 주님께서 주신 '참된 신앙에 대한 가르침 전체'로서, 먼저는 사도들에게, 또 사도들을 통해서 우리에게 전해주신 것입니다. 이 가르침은 수많은 세기를 통해서 세대에서 세대로 그리하여 오늘날 우리에게까지 전해졌고 또 계속해서 다음 세대에 전해질 것입니다. 또한 거룩한 전통에는 지역 공의회(지역 주교회의)와 세계 공의회(세계 주교회의)의 결정과 또 그런 공의회들을 통해서 직간접적으로 그 권위가 인정된 거룩한 교부들의 가르침도 포함됩니다. 그 밖에도 모든 교회로부터 채택된 교리 문서, 해설집, 예식서 그리고 그 밖의 여러 문헌들이 포함됩니다. 레렝스의 빈켄티우스(Vincentius of Lérins)는 '거룩한 전통'의 의미를 다음과 같이 요약적으로 표현했습니다.

거룩한 전통이란 모든 사람들이, 항상, 모든 곳에서 믿는 것이다.

다시 말하자면 거룩한 사도들이 전해준 모든 것을 포함해서, 그리스도교의 모든 시대를 거쳐 오면서 하나이고 사도적인 교회의 모든 정교회가 함께 믿고 받아들인 모든 가르침과 실천이 바로 '교회의 거룩한 전통'입니다. 여기서 이 거룩한 전통의 핵심이요 근간은 바로 성경입니다.

거룩한 전통은 성경에 대한 정통성 있는 해석을 보장하기 때문에 매우 중요합니다. 성경은 이미 말한 것처럼 성령의 조명 아래서 기록되었습니다. 그렇기 때문에 오직 성령의 빛을 통해서만, 또한 성령을 소유함으로써 성령의 조명과 인도를 받으신 거룩한 교부들에 의해서만 올바르게 해석될 수 있습니다. 거룩한 교부들은 크나큰 신심과 기도와 영적인 삶을 통해 성령을 받았고, 그 성령의 영감을 통해서 성경을 아주 주의 깊게 영적인 통찰력을 가지고 해석했습니다. 교부 문헌집의 형태로 오늘날 우리에게까지 전해져 온 거룩한 교부들의 영감 어린 성경 해설과 가르침들은 우리가 성경을 올바르게 이해할 수 있도록 도와주는 아주 중요한 지침서, 안내서들입니다.

카파도키아 지역의 케사리아 대주교였고 성령의 빛으로 빛나셨던 성 대 바실리오스(4세기)는 교회의 교리와 가르침은 사도들로부터 어떤 것은 기록된 문서로 또 어떤 것은 구전의 형태로 전해졌다는 것을 분명하게 언급하셨습니다. 그러므로 거룩한 전통은 성경 못지않게 중요한 것이라 할 수 있습니다.

그러므로 우리는 앞으로 계속해서 공부해 나갈 모든 주제를 교회의 이 두 기둥, 즉 성서와 전통을 기반으로 다루어 나갈 것입니다. 성경과 전통은 두 개의 '생명을 주는 거룩한 계시 원천'입니다.

제4장
정통 그리스도교(정교) 신앙

■ 저는 기억력이 좋지 못해서 많은 것을 기억하지 못하겠습니다. 우리가 반드시 믿어야 할 중요한 내용을 담은 간단명료한 교리가 있습니까?

물론 있습니다. 두 번의 세계 공의회를 거쳐서 확실하게 공인된 가장 기본적이고 공식적인 신앙의 신조가 있습니다. 그것은 325년 소아시아의 니케아에서 개최되었던 제1차 세계 공의회와 381년 콘스탄티노플에서 개최된 제2차 세계 공의회에서 논의되고 작성된 공인된 신앙의 신조입니다. 그래서 우리는 이 『신앙의 신조』를 『니케아 콘스탄티노플 신조』라고 부릅니다. 이 신조에는 그리스도 교회의 일원이 되기 위해 세례를 받고자 하는 모든 사람이 믿어야 할 가장 기본적이고 핵심적인 신앙의 내용이 제시되어 있습니다. 그래서 세례 성사가 거행될 때 세례 예비 신자는 이 『신앙의 신조』를 낭독합니다. 또한 이것은 "믿고 세례를 받는 사람은 구원을 받겠지만 … "(마르코 16:16)이라는 주님의 말씀과도 일치합니다. 세례를 받기 원하는 사람이라면 누구든지 "곧 참되시고 오직 한 분이신 하느님을 알고 또 아버지께서 보내신 예수 그리스도를 아는 것"(요한 17:3)과 또한 성령을 아는 것이 필수적으로 요구됩니다.

지금부터 『신앙의 신조』의 내용을 살펴보겠습니다.

• 니케아 콘스탄티노플 신조

1. 한 분이신 하느님 아버지, 전능하시고 하늘과 땅과 유형무형한 만물의 창조주이신 하느님을 믿나이다.
2. 그리고 또 오직 한 분이신 주 예수 그리스도를 모든 세대에 앞서 성부로부터 나신 하느님의 외아들이시며 빛으로부터 나신 빛이시요, 참 하느님으로부터 나신 참 하느님으로서 창조되지 않고 나시어, 성부와 일체이시며 만물이 다 이분으로 말미암아 창조되었음을 믿나이다.
3. 우리 인간을 위하여 우리의 구원을 위하여 하늘에서 내려오셔서 성령으로 또 동정녀 마리아께 혈육을 취하시고 사람이 되심을 믿으며,
4. 본디오 빌라도 시대에 우리를 위하여 고난을 받으시고 십자가에 못박히시고 묻히심을 믿으며,
5. 성경 말씀대로 사흘 만에 부활하시고,
6. 하늘에 올라 성부 오른편에 앉아 계시며,
7. 산 이와 죽은 이를 심판하러 영광 속에 다시 오시리라 믿나니 그의 나라는 끝이 없으리이다.
8. 그리고 주님이시며 생명을 주시는 성령을 믿나니, 성령은 성부로부터 나오시며 성부와 성자와 더불어 같은 흠숭과 같은 영광을 받으시며 예언자를 통하여 말씀하셨나이다.
9. 하나인 거룩하고 보편되고 사도로부터 이어오는 교회를 믿나이다.

10. 죄를 사하는 하나의 세례를 알고 믿나이다.
11. 죽은 이들의 부활과
12. 후세의 영생을 굳게 믿고 기다리나이다. 아멘

제1차 세계공의회(니케아), 목판 템페라, 16세기
다마스키노스 作, 그리스

제 5 장
『신앙의 신조』에서 고백되는 '하느님'

『신앙의 신조』가 말하고 있는 12개 신앙 조항을 간략하게 분석해 봅시다. 먼저 우리는 일반적으로 제1조, 제2조, 그리고 제8조에서 설명하는 '하느님', 즉 아버지와 하느님의 아들과 성령에 대해 살펴보겠습니다.

■ 정교회 신자와 가톨릭 신자는 '하느님'이라고 하는데 개신교 신자는 '하나님'이라고 합니다. 왜 이런 차이가 생겼나요? 또 어떤 명칭이 올바른 것입니까?

그리스도인들 간에도 의견이 다를 수 있고 여러 차이가 있을 수 있습니다. 그럼에도 불구하고 한국에서처럼 같은 하느님을 같은 명칭으로 부르는 것에서조차 하나가 되지 못하고 있는 현실은 참으로 슬프고 유감스러운 일입니다.

여러분도 잘 알고 있듯이 '하느님'은 '하늘'이라는 단어에서 왔으며 영적인 하늘을 의미합니다. 그러니까 하느님은 '하늘'이라는 뜻입니다. 이 의미는 "하늘에 계신 우리 아버지"로 시작하는 주기도문에도 표현되어 있습니다. 또한 성령께 드리는 기도가 "하늘의 임금이시여 … "로 시작되듯이, 우리 정교회의 여러 기도문에서도 '하늘'이라는 단어가 사용됩니다. 주님께서도 그의 제자들에게 여러 번 "하늘에 계신 아버지께서도 … "(마태오 6:14, 6:32, 15:13)라고 말씀하시면서 '하느님'이신 '아버지'를 표현하셨습니다. 여기서 '하늘'은 "지극히 높으신 분의 자녀가 될 것이다."(루가 6:35) 혹은 "지극히 높으신 분은 사람의 손으로 지은 집에서 사시지 않습니다."(사도행전 7:48)와 같은 구절에서 볼 수 있듯이 '지극히 높으신 분'이라는 의미와 연관된 단어입니다. 이렇듯 '하늘'에서 나온 '하느님'이라는 한국어 명칭은 '아주 높은 곳에 계신 분'이라는 뜻을 또한 포함한다고 볼 수 있습니다. 이렇듯 '하느님'이라는 한국어 단어는 성경의 가르침과 잘 어울리는 단어라 할 수 있습니다.

또 다른 용어인 '하나님'은 물론 숫자 '하나'에서 온 단어입니다. '하나님'은 단 하나인 신, 다른 어떤 존재도 생각할 수 없는 유일한 신이라는 뜻입니다. 다시 말해 한 분이시고 오직 홀로 참된 신이라는 뜻입니다. 이 용어의 의미 또한 성경에서 언급됩니다. 예로 "참으로 선하신 분은 오직 한 분뿐이시다."(마태오 19:17) "하느님은 한 분이시며 그 밖에 다른 이가 없다."(마르코 12:32) "또 하느님은 한 분 밖에 안 계십니다."(I 고린토 8:4) 한국에서는 많은 신들을 숭배하는 신앙이 지배하였기에 '하나님'이라는 용어를 선택한 것으로 추측됩니다. 그래서 수많은 신 중에 그리스도인들이 믿는 '하나님'만이 한 분이시고 유일하시고 홀로 참되신 신임을 명백하게 선포하길 원했던 것 같습니다.

- **'하느님'을 표현하는 다른 민족 언어들의 단어는 어떤 의미를 가지고 있습니까?**

하느님을 지칭하는 다른 민족 언어들의 단어는 매우 다양한 의미들을 가지고 있습니다.

예를 들어 하느님을 지칭하는 그리스어 단어인 '테오스'(Θεός)는 '활활 불이 타오르시는 분' 혹은 '따뜻하신 분' 혹은 '모든 것을 살피시고 감독하시고 보호하시는 분'이라는 뜻을 가지고 있습니다. 하느님을 뜻하는 영어 '갓'(GOD)과 독일어 '고트'(GOTT)는 '그분 앞에 무릎을 꿇고 경배해야 할 분'이라는 의미가 있습니다. 슬라브어 단어 '보그'(БОГ)는 '온갖 선한 것을 가지신 분' 혹은 '사람들에게 행복을 나누어 주는 분'이라는 뜻이 있습니다.

히브리어 단어인 '야훼'(YAHWEH)는 하느님 스스로 알려주신 이름인데, 그 뜻은 "나는 곧 나다." 즉, "존재하시는 분(Ο ΩΝ)", "존재 그 자체"라는 뜻을 가지고 있습니다. 「출애굽기」 3장 14절에 보면 하느님께서 모세에게 나타나셔서 "나는 곧 나다"라고 자신을 밝히셨습니다. 이 말의 의미는 오직 하느님만이 참된 신이며, 이교도들이 하느님으로 믿었던 신들은 존재하지 않는, 따라서 사람들의 상상력이 빚어낸 결과요 그래서 우상이라는 것입니다.

성경에서 우리는 하느님을 지칭하는 많은 이름(명사)을 만납니다. 그리고 이 명사들은 하느님의 중요한 특징을 말해줍니다.

주님 온 세상, 즉 물질 세상뿐만 아니라 영적인 세상까지, 보이는 것과 보이지 않는 모든 것을 지배하시는 분을 뜻합니다.

임금 (혹은 왕) 하늘의 왕국만 아니라 세상의 모든 왕국이 다 그분의 것임을 뜻합니다.

전능자 (판토크라토) 　모든 것을 그분의 전능한 손으로 붙잡고 계심을 뜻합니다.

생명　만물에 생명을 불어넣어 주심을 뜻합니다.

빛　자연적인 빛만 아니라 영적인 빛도 제공해주시는 분이심을 뜻합니다.

하느님은 자신의 이름을 밝히지 않으셨기 때문에 사람들이 '하느님'을 지칭하는 적절한 이름을 찾으려고 노력하는 것은 이해가 됩니다. 그러나 이것은 매우 어려운 일입니다. 왜냐하면 하느님은 제한이 없으신 분으로서 그 모든 이름들을 초월하시기 때문입니다. 말하자면 하느님을 어떤 하나의 이름으로 부르고 설명하는 것은 불가능하다는 말입니다. 사람은 하느님의 본질을 알지 못합니다. "일찍이 하느님을 본 사람은 없다"(요한 1:18)는 성경의 말씀처럼 어떤 사람도 하느님의 본질을 직접 보지는 못했습니다. 태양을 직접 볼 수도 그 빛을 견딜 수도 없고 피조물 가운데 하나일 뿐인 사람이 어떻게 태양과 모든 피조물을 창조하신 창조주를 바라볼 수 있고, 또 그것을 견디어 낼 수 있겠습니까? 하느님은 "그러나 나의 얼굴만은 보지 못한다. 나를 보고 나서 사는 사람이 없다"(출애굽기 33:20)고 말씀하셨습니다. 부정신학(Apophatic Theology)에 의하면 하느님은 우리가 알 수 없는 분, 도달할 수 없는 분, 이성으로는 깨달을 수 없는 분이십니다. 신학자 성 그레고리오스는 한 문헌에서 다음과 같이 적었습니다.

　　내가 어떻게 당신을 그 모든 이름으로 부르겠나이까?

제 6 장
하느님의 속성들

■ 그렇다면 하느님이 어떤 분이신지 우리는 알 수 없습니까?

우리가 하느님을 직접 뵙고 하느님의 본질을 알 수는 없지만, 우리는 하느님의 활동(에네르기아) 그리고 그분의 속성으로부터 하느님을 알 수 있습니다.

세상에 밝혀 주신 하느님의 속성은 다음과 같습니다.

• 전지(全知)하신 분

하느님의 본질은 무한하시니 하느님의 지혜도 무한 그 자체입니다. 하느님은 일어난 일(과거)과 일어나는 일(현재)만 아시는 것이 아니라 앞으로 일어날 일(미래)도 아십니다. 하느님에게는 과거와 미래가 존재하지 않고 모든 것이 그분 앞에는 계속해서 현재로 나타납니다.

주님께서는 지혜롭다는 자들의 생각이 헛되다는 것을 아신다.
(I 고린토 3:20)

이 성경 말씀처럼, 하느님은 사람의 모든 행위뿐만 아니라 사람이 무엇을 생각하는지 그 마음속의 생각까지도 꿰뚫고 계십니다.

- **완벽한 지혜이신 분**

사도 바울로는 하느님을 "무궁무진한 지혜"(에페소 3:10)라고 고백하면서 이렇게 감탄합니다.

> 오! 하느님의 풍요와 지혜와 지식은 심오합니다. (로마 11:33)

그리고 예언자이자 왕이었던 다윗은 시편에서 하느님의 창조에 감탄하면서 이렇게 노래합니다.

> 주여, 손수 만드신 것이 참으로 많사오나 어느 것 하나 오묘하지 않은 것이 없고 땅은 온통 당신 것으로 풍요합니다. (시편 104:24)

하느님은 오직 한 분뿐이신 지혜로운 분이시라고 성경에 적혀 있습니다.

> 이러한 능력을 가지신 지혜로우신 오직 한 분뿐이신 하느님께서 예수 그리스도를 통하여 영원토록 영광을 받으시기를 빕니다. 아멘. (로마 16:27)

> 우리를 구원하여 주신 지혜로우시고 한 분이신 하느님께서 우리 주 예수 그리스도를 통하여 영광과 위엄과 권세와 권위를 천지 창조 이전부터 이제와 또 영원토록 누리시기를 빕니다. 아멘. (유다 1:25)

- **전능하신 분**

하느님은 당신이 원하시는 것은 무엇이든지 다 하실 수 있습니다.

하느님께 불가능한 일은 없습니다. 가브리엘 대천사는 동정녀 마리아에게 이렇게 말했습니다.

> 하느님께서 하시는 일은 안 되는 것이 없다. (루가 1:37)

주님은 아브라함에게 이렇게 말씀하셨습니다.

> 이 주가 무슨 일인들 못 하겠느냐? (창세기 18:14)

그러나 하느님은 무엇이든지 하실 수 있지만 그렇다고 해서 원치 않는 것까지 하시지는 않습니다. 그래서 그분의 지혜와 사랑과 그의 다른 속성들에 어울리지 않는 일은 결코 하시지 않습니다.

• **섭리하시는 분**

하느님은 세상을 창조하신 후 세계가 자연의 법칙을 따르도록 하셨습니다. 지혜자이신 창조주 하느님은 세상을 지켜보고 계십니다. 하지만 필요하다면 직접 하느님이 개입하시고 손수 인도해주심으로써 모든 것이 그분의 계획에 따라서 진행되게 하십니다. 특별히 하느님은 그분의 가장 완벽한 창조물인 사람이 살아갈 수 있도록 모든 보호를 제공해주십니다. 그리고 물질적인 필요를 채워주실 뿐만 아니라 사람이 최종적인 목표에 도달하고 완성되는 데 필요한 모든 것들을 주십니다. 하느님은 사람이 하느님 나라에서 영원히 온갖 복락을 누리며 살기를 원하십니다. 이와 같이 하느님의 사업을 이루어가시고, 사람이 그 최종적인 목표를 성취할 수 있도록 하시기 위해 하느님은 직접 세상을 보살피시고 보호하시고 인도하시는데, 이 모든 것을 가리켜 하느님의 섭리라고 합니다. 성경에는 주님의 모든 피조물, 특별히 사람을 위해서 행하신 주님의 섭리의 예들이 자주 나옵니다. 매우 아름다운 시편 104편은, 하늘과 땅의 아름다움과 웅장함을 찬양하면서 하느님께 크나큰 감사의 마음을 표현하고 있는 시편작가 다윗을 보여줍니다. 그는 이렇게 노래합니다.

> 때를 따라 주시는 먹이를 기다리며 이 모든 것들은 당신을 쳐다보다가 먹이를 주시면 그것을 받아먹으니, 손만 벌리시면 그들은 배부릅니다. (시편 104:27-28)

또한 예수 그리스도께서는 "아버지께서는 너희의 머리카락까지도 낱낱이 다 세어 두셨다"(마태오 10:30)라고 말씀하심으로써 하느님의 섭리가 우리 삶의 섬세한 부분까지 다 미치고 있음을 분명하게 보여주셨습니다. 주님의 이 말씀은 심지어 우리 자신은 별 의미를 두지 않는 것조차도 하느님은 모두 아시고 지켜보신다는 것을 분명하게 밝혀줍니다. 주님은 그 지혜롭고 자비로운 섭리를 통하여 들에 핀 이름 없는 들꽃 하나와 하늘을 나는 작은 새 하나까지도 일일이 다 보호해 주십니다.(마태오 6:26-33)

• **거룩하신 분**

하느님은 그 본질로부터 거룩하시고 거룩함의 원천이시며, 이 원천으로부터 천사와 사람에게로 거룩함이 흘러나옵니다. 『이사야 예언서』에 기록된 것처럼, 천사들은 하느님의 이 거룩함을 끊임없이 찬송합니다.

> 거룩하시다. 거룩하시다. 거룩하시다. 만군의 주, 그의 영광이 온 땅에 가득하시다. (이사야 6:3)

우리는 성찬예배 때마다 이 성가를 부릅니다. 정교회 성당에서는 거룩한 예식 때마다 '삼성기도'를 사용하는데 이 기도문은 이사야가 기록한 천사들의 '거룩 삼창'과 유사합니다. 우리가 잘 알고 있는 '삼성기도[01]는 신자들의 개인기도에서도 자주 사용됩니다. '삼성기도' 안에는 삼위일체의 세 위격(성부 성자 성령)이 암묵적으로 표현되어 있습니다. 그리고 하느님은 모든 거룩함 중 가장 높은 거룩함이십니다.

· **정의로우신 분**

예언자요 왕이었던 다윗은 경험을 통해서 얻게 된 다음과 같은 확신을 고백합니다.

> 주님, 공정하시어 옳은 일 좋아하시니, 올바른 자 그 얼굴 뵙게 되리라. (시편 11:7)

성경은 하느님의 정의를 자주 언급합니다. 하느님은 그 정의를 통해서 일하시는데, 그것은 곧 세상의 조화를 유지하고 돌보는 것이고, 하느님의 뜻에 어긋나고 그래서 하느님에게서 멀어지게 하는 온갖 악과 불의와 거짓을 소멸하는 것입니다. 하느님은 정의를 펼치시어 경건한 자들은 보호해주시고 상을 주시는 반면, 경건하지 못한 자에게는 그들의 이익을 위해서 선한 훈계자가 되시어 잘못을 고치게 해주십니다. 하느님의 정의와 인간 사랑은 깊이 연관되어 있습니다. 하느님은 우리들의 유익을 위해서 잘못을 고쳐주려 하시고 정의를 사용하십니다. 하느님의 정의는 그래서 구원의 은총입니다.

· **진리이신 분**

---

01 거룩한 하느님이시여, 거룩하고 전능하신 이여, 거룩하고 영원하신 이여, 우리를 불쌍히 여기소서.(세 번) 영광이 성부와 성자와 성령께 이제와 항상 또 영원히 있나이다. 지극히 거룩하신 삼위일체여 우리를 불쌍히 여기소서. 주여 우리의 죄를 사해 주소서. 주여 우리의 잘못을 용서해 주소서. 거룩하신 이여, 오셔서 당신의 이름으로 병들고 약한 우리를 낫게 해주소서.

복음사도 성 요한에 의하면 "그분의 증언을 받아들이는 사람은 하느님께서 참되시다는 것을 확증하는 사람이다"(요한 3:33)라고 말했습니다. 시편은 또 "진리의 하느님, 주여"(시편 31:5)라고 고백합니다. 신약성경에서 하느님은 "결코 거짓말을 하시지 않는 분"이라고 서술됩니다.(디도 1:2) 또 "우리는 진실하지 못해도 그분은 언제나 진실하시니 약속을 어길 줄 모르시는 분이시다"(Ⅱ디모테오 2:13)라고 기록되어 있습니다. 또한 주님도 분명하게 말씀하셨습니다.

> 나는 길이요 진리요 생명이다. (요한 14:6)

또 빌라도 앞에서는 담대하게 이렇게 선언하셨습니다.

> 나는 오직 진리를 증언하려고 났으며 그 때문에 세상에 왔다.
> (요한 18:37)

성경은 하느님은 참되시고, 그분의 말씀 모두가 진리이며, 진리를 추구하는 이들을 사랑하신다는 증언으로 가득 차 있습니다. 이렇듯 하느님은 모든 일에 있어서 참되신 분이시고 그의 말씀은 완벽한 진리입니다. 이런 까닭에 우리는 그분을 절대적으로 신뢰합니다. 하느님 아버지의 말씀이신 성자 예수 그리스도는 오직 한 분이시고 유일한 진리이신 하느님을 나타내셨습니다. 그래서 하느님의 아들이신 예수 그리스도를 알면 그분의 아버지이신 진리의 하느님을 알게 됩니다.(요한 14:6-10)

• 사랑이신 분

사랑의 제자라고 불린 복음저자 성 요한은 "하느님은 사랑이십니다"(Ⅰ요한 4:8)라고 설교했습니다.

우리는 하느님께서 우리에게 베푸시는 사랑을 알고 또 믿습니다.

> 하느님은 사랑이십니다. 사랑 안에 있는 사람은 하느님 안에 있으며 하느님께서는 그 사람 안에 계십니다. (I 요한 4:16)

성 요한이 사랑의 제자라고 불린 이유는 하느님의 사랑에 이분처럼 보답하신 분을 찾기가 쉽지 않기 때문입니다. 성 요한은 개인적인 경험을 통해 이렇게 고백합니다.

> 하느님께서 먼저 우리를 사랑하셨기 때문에 우리도 사랑을 합니다. (I 요한 4:18)

하느님은 단지 사랑을 지니신 분이 아니라 그 본성 자체가 온전히 사랑이신 분이십니다. 사랑으로 천사를 창조하셨습니다. 또한 자신의 거룩함을 전해주시고 함께 기뻐하기 위해서, 사랑으로 세상과 사람을 창조하셨고 사람으로 하여금 낙원에서 살게 해주셨습니다. 그리고 사람이 하느님을 떠나 죄에 빠져 버렸을 때 하느님은 사람을 포기하지 않으셨습니다. 복음저자 성 요한은 이렇게 전합니다.

> 하느님은 이 세상을 극진히 사랑하셔서 외아들을 보내주시어 그를 믿는 사람은 누구든지 멸망하지 않고 영원한 생명을 얻게 하여주셨습니다. (요한 3:16)

그리스도께서 말씀하십니다.

> 벗을 위하여 제 목숨을 바치는 것보다 더 큰 사랑은 없다. (요한 15:13)

이 말씀처럼, 하느님의 사랑에 견줄 것은 그 어디에도 없습니다. 이렇게 사랑은 항상 하느님과 사람의 관계를 지배합니다. 그리고 중요한 것은 하느님의 극진하신 이 사랑에 사람이 어떻게 마음 다해 응답하느냐 하는 것입니다.

- **하느님은 언제부터 존재하셨습니까?**

　신학 언어로 말할 때, 하느님은 '시작이 없으신 분'이십니다. 시작이 없습니다. 시간이라는 것은 세상의 창조에서 비롯됩니다. 시간이 무엇입니까? 사건들의 연속을 말합니다. 지구가 태양을 한 바퀴 도는 기간을 '1년'으로 삼고, 태양을 중심으로 하여 지구가 스스로 한 바퀴 도는 것을 '하루' 24시간으로 삼고, 또 1시간을 60등분하여 '분'으로 삼습니다. 이 모든 것들은 시간을 나타내는 개념인데, 만약 지구와 태양 그리고 이 세상과 사람이 존재하지 않았다면 시간을 어떻게 구분할 수 있었겠습니까? 그랬다면 '시간'은 존재하지 않았을 것입니다. 그러므로 세상이 존재하기 전부터, 다시 말해 시간이라는 개념이 성립 가능한 세상 창조 그 이전부터 계신 하느님의 존재를 '시작'이라고 하는 '시간 개념' 안에 넣을 수는 없습니다. 그래서 하느님을 '시작이 없으신 분'이라고 말하는 것입니다. 사도 바울로는 이렇게 말합니다.

> 이 지혜는 하느님께서 우리의 영광을 위하여 천지 창조 이전부터 미리 마련하여 감추어두셨던 지혜입니다. (Ⅰ고린토 2:7)

　이 지점에서 우리는 하느님은 '시작이 없으신 분'일 뿐만 아니라, 그래서 또한 '죽지 않으시는 분', '영적인 존재'로서 '썩어 없어지거나 사멸하지 않으시는 분이시라는 것을 알게 됩니다. "산들이 생기기 전, 땅과 세상이 태어나기 전"(시편 90: 2)부터 하느님은 존재하십니다.

> 손수 만드신 저 하늘들이 사라질지라도 하느님은 그대로 계십니다. 또 옷처럼 모든 것이 삭아 빠져도 갈아입는 헌옷처럼 모든 것이 바뀌어도 하느님은 언제나 같으신 분, 해가 바뀌고 또 바뀌어도 영원히 계십니다. (시편 102:25~27)

이렇듯 참되신 하느님을 믿는 사람, 그분과 지속적인 친교를 누리고 있는 사람은 주님의 특별한 섭리 안에 있는 사람이고, 그래서 어떠한 상황에 처하더라도 결코 혼자가 아닙니다. 그는 결코 도움과 보호의 손길을 가지지 못한 불행한 존재일 수 없습니다. '전지(全知)하신 분', '만물의 주재자', '전능하신 분'이시고 완전한 사랑이신 하느님은 우리의 문제를 다 알고 계시며, 그 어떤 상황이라도 헤쳐 나갈 수 있는 힘을 주십니다. 지혜의 하느님은 우리가 아무리 어려운 환경에 처해도 그것을 벗어날 수 있도록 지혜를 주시고 적절한 방법을 가르쳐 주십니다. '불멸하시는 분'이신 하느님은 우리에게 불멸과 영원에 대한 희망을 주시고, 죽음도 두려워하지 않고 이겨낼 힘을 주십니다. 사랑으로 일하시는 섭리의 하느님은 우리 삶의 세세한 부분까지도 함께 해주십니다. 우리가 하느님의 이 모든 은총을 마음껏 맛보려면 주님이신 그분께 절대적인 신뢰를 가지고 간절하고도 뜨거운 기도로 자비와 도움을 간구해야 합니다. 주님은 우리에게 분명히 약속하셨습니다.

너희가 기도할 때에 믿고 구하는 것은 무엇이든지 다 받을 것이다.
(마태오 21:22)

제7장

성 삼위일체의 신비

- 『신앙의 신조』 제8조는 "성령은 성부로부터 나오시며 성부와 성자와 더불어 같은 흠숭과 같은 영광을 받으시며"라고 고백합니다. 참되시고 오직 한 분이신 하느님을 믿는다면, 성부 성자 성령 서로 다른 이 세 위격의 존재가 어떻게 가능하며, 또 어떻게 이 세 위격이 같은 권능과 존귀와 영광을 가진다는 것입니까?

먼저 우리는 이와 관련하여 하나의 위대한 '신비' 앞에 서 있다는 것을 알아야만 합니다. 그것은 바로 성 삼위일체의 신비입니다. 아무리 지혜로운 성인일지라도 인간의 이성으로 성 삼위일체의 신비를 깨달을 수는 없습니다. 이성의 논리로 본다면 1+1+1=3이지만, 신학에서는 1+1+1=1입니다. 다시 말하자면 하느님은 아버지이신 하느님(성부), 하느님의 아들(성자), 성령이시지만 또한 동시에 오직 하나이시고 유일하신 하느님이십니다.

어떻게 이것이 가능한 것일까요? 사람의 생각으로는 이해할 수 없습니다. '이성의 논리 너머에' 있기 때문입니다. '이성의 논리 너머에'

라고 말할 때, 그것은 '이성에 반대됨'을 의미하지 않습니다. 사람의 이성을 가지고 이해할 수 없는 것은 사실 너무도 많습니다. 수많은 사람들이 성 삼위일체의 신비를 이성으로 이해해보려 했지만 완벽한 이해와 대답을 얻지 못했습니다. 그래서 오직 믿음만이 성 삼위일체의 신비를 받아들일 수 있습니다. 하지만 성경은 이 주제에 관해 분명

성 삼위 하느님, 목판 템페라, 16세기
루블레프 作, 트레티야코프 미술관, 모스크바, 러시아

한 증거들을 제시해주고 있기 때문에, 신자들은 이 신비를 큰 어려움 없이 받아들일 수 있습니다.

성 삼위일체 하느님의 세 위격이신 성부 성자 성령의 신성에 대해서,『신앙의 신조』는 어떻게 고백하고 있는지 체계적으로 살펴보겠습니다.

제1조[02]에서는 명백하게 '하느님 아버지'(성부)의 속성이 표현됩니다. 그리고 제2조에서 제7조까지는 '하느님의 아들'(성자)이 동일한 신적 속성을 지니셨음을 표현합니다.

『신앙의 신조』제2조[03]에서는 하느님의 아들 또한 참으로 하느님이시며 아버지 하느님(성부)과 같은 본질을 지니셨고 아버지 하느님과 함께 세상을 창조하셨음을 고백합니다.

그리고『신앙의 신조』제8조[04]는 성자와 마찬가지로 성령도 "주님"이라고 칭합니다. 또한 성령을 "생명을 주시는 분"이라고 부릅니다. 성자가 "성부로부터 나신(출생하신)" 분이신 반면, 성령은 "성부로부터 나오신(발출하신)" 분이십니다. 성령은 다른 두 위격, 즉 성부 성자와 똑같은 신성을 지니신 분으로서, 그분들과 함께 같은 영광과 같은 흠숭을 받으십니다.

성령은 "성부로부터 나오셨다"는 이 고백은 불씨가 다른 불씨를

---

[02] 제1조 한 분이신 하느님 아버지, 전능하시고 하늘과 땅과 유형무형한 만물의 창조주이신 하느님을 믿나이다.

[03] 제2조 그리고 또 오직 한 분이신 주 예수 그리스도를 모든 세대에 앞서 성부로부터 나신 하느님의 외아들이시며 빛으로부터 나신 빛이시요, 참 하느님으로부터 나신 참 하느님으로서 창조되지 않고 나시어, 성부와 일체이시며 만물이 다 이분으로 말미암아 창조되었음을 믿나이다.

[04] 제8조 그리고 주님이시며 생명을 주시는 성령을 믿나니, 성령은 성부로부터 나오시며 성부와 성자와 더불어 같은 흠숭과 같은 영광을 받으시며 예언자를 통하여 말씀하셨나이다.

지피고 그래서 이 불씨들이 합해져서 하나의 불을 만드는 예를 통해서 이해해 볼 수 있습니다. 구약성경에서 하느님은 예언자를 통해서 말씀하십니다.『신앙의 신조』제8조 또한 성령은 "예언자들을 통해서 말씀하셨다"고 고백함으로써 성령 또한 하느님이심을 분명하게 표현합니다.

이렇게 이 세 위격인 성부 성자 성령은 같은 찬양과 경배와 영광을 받으시는 동등한 분이십니다.

이렇게『신앙의 신조』는 하나이신 하느님은 성부, 성자, 성령 세 위격으로 존재하신다는 사실을 확고하게 고백합니다.

■ 성서는 하느님의 세 위격에 대해서 언급하고 있습니까?

물론입니다. 성경은 하나이시고 또 세 위격이신 삼위일체 하느님에 대해 수많은 증언을 제시합니다. 성경의 이 증거들이 없다면, 두 번의 세계 공의회에서 하느님의 인도를 받으신 교부들에 의해 공인된 이『신앙의 신조』를 우리는 받아들일 수 없을 것입니다.

첫 번째로, 삼위일체의 세 위격은 요르단 강에서 예수님이 세례 받으실 때 동시에 나타나셨습니다. 예수님이 요르단 강물에서 나오시자마자, 하느님 아버지는 "이는 내 사랑하는 아들, 내 마음에 드는 아들이다"(마태오 3:17)라고 말씀하시는 그분의 음성을 통해서 나타나셨고, 사람들은 이 음성을 들었습니다. 그때 하느님 아버지의 이 음성은 또한 예수 그리스도가 하느님의 아들이심을 증명해 줍니다. 그리고 곧이어 다음의 사건이 일어났습니다.

> 예수께서 세례를 받으시고 물에서 올라오시자 홀연히 하늘이 열리고 하느님의 성령이 비둘기 모양으로 당신 위에 내려오시는 것이 보였다. (마태오 3:16)

이렇게 그리스도가 세례를 받으실 때 성령이 나타났고 동시에 그리스도의 신성이 성자에 대한 성부의 증언을 통해 명백하게 확인되었습니다.

'성 삼위일체 신비'의 나타남은 그리스도의 세례를 경축하는 신현[05] 대축일 찬양송(아뽈리띠끼온)에도 잘 표현되어 있습니다.

> 주여, 주께서 요르단 강에서 세례 받으실 때에 성 삼위에 대한 경배가 나타나셨으니, 아버지의 소리가 주를 증거하시기를 '사랑하는 아들'이라 하셨고 성령도 비둘기 모양으로 나타나 이 말씀을 확인하셨도다. 하느님으로 나타나셔서 세상을 밝히신 그리스도시여, 주께 영화로다. (신현 대축일 찬양송)

또한 성경을 보면 우리 주 예수 그리스도가 직접 명백하게 성 삼위일체의 세 위격을 기억하게 해주신 사건들을 읽을 수 있습니다. 주님의 부활 후에 예수님은 모든 민족에게 복음을 전파하시기 위해 제자들을 보내시면서 이렇게 말씀하셨습니다.

> 너희는 가서 이 세상 모든 사람들을 내 제자로 삼아 아버지와 아들과 성령의 이름으로 그들에게 세례를 베풀어라. (마태오 28:19)

다른 종교에서는 결코 찾아볼 수 없는 이 성 삼위일체 신앙이야말로 그리스도 교회의 기본적인 가르침입니다. 세 위격은 정확하게 같은 본질을 가지고 있고 완벽하게 일치합니다. 세 위격 사이의 다른 점이 있다면 그것은 아버지는 "태어나지 않으신 분"이시고, 아들은 "(아버지로부터) 태어나신 분"이시며 성령은 "(성부로부터) 나오신 분"이시라는 사실입니다. 그 밖에는 모든 점에 있어서 성부 성자 성령 세 위격은 똑같고 동등하며 모든 일을 항상 공동으로 행하십니다.

---

05   떼오파니아 혹은 에피파니아.

교회의 신비성사들이 거행될 때 성 삼위일체 하느님의 세 위격이 각각 어떻게 역사하시는지에 대해서는 성사를 다루는 장에서 다시 한 번 살펴보겠습니다.

- 제 머리로는 이 모든 것을 정말 이해하기 어렵습니다. 하느님은 하나이시고 또 세 위격이십니다. 각 위격은 각각 하느님이십니다. 그리고 이 세 위격은 한 하느님이십니다. 어떻게 이런 일이 가능합니까?

이 질문은 수많은 세대를 거치면서 다루어진 중요한 주제입니다. 잘 알려진 바와 같이 제1차 세계공의회가 열렸을 때, 성령의 조명을 받은 성 스피리돈(키프러스 뜨리미쑨도스의 주교)은 그리스도가 하느님이시고 성 삼위일체의 세 위격 중 한 분이심을 믿지 않는 사람들에게, 성 삼위일체의 신비에 관해서 다음과 같은 기적으로 답하셨습니다.

스피리돈 성인이 말합니다.

> 우리는 하느님의 아들이 아버지와 같은 본질을 가지고 있고 같은 왕좌에 앉아 동등한 경배를 받는다고 믿습니다. 성 삼위일체는 세 얼굴, 세 위격이지만 또한 이해 불가한 하나의 본질입니다. 사람의 지성은 한계가 있어서 이것을 깨달을 수 없습니다. 자, 이 기와를 보십시오. 그러면 여러분도 믿게 될 것입니다. 이것은 한 본질을 가지고 있지만 또한 세 가지 물질이 결합된 것입니다.
>
> 그런 다음 성인은 왼손으로는 기와를 들고 오른손으로는 성호를 그으면서 "성부의 이름으로"라고 말했습니다. 그랬더니 기와의 위쪽으로 불이 올라왔습니다.
>
> 이어서 "성자의 이름으로"하고 말했더니 이번에는 기와 아래쪽으로 물이 흘러 내려갔습니다.

마지막으로 "성령의 이름으로"라고 말했더니 그의 손 안에 흙만 남게 되었습니다.

성인은 이러한 기적을 행하심으로써 많은 사람들이 성 삼위일체를 믿을 수 있게 도와주셨습니다.

성 삼위일체 신비를 받아들일 수 있게 하기 위해서, 어떤 사람은 '태양의 비유'를 사용하기도 했습니다. 태양의 본질은 하나입니다. 하지만 태양이 빛과 열을 발산하여 전해주는 것처럼, 성자는 성부로부터 태어나셨고 성령은 성부로부터 나오셨다는 것입니다.

물론 태양을 비롯하여 만물은 다 창조된 것이기 때문에, 그 어떤 것도 '영적인 존재'이신 하느님의 신비를 완벽하게 설명해줄 수는 없습니다. 그래서 가장 만족스러운 대답은 어쩌면 천사가 성 아우구스티누스와 나눈 대화에서 찾아볼 수 있을 것입니다.

어느 날 성 아우구스티누스가 바닷가를 거닐며 성 삼위일체의 세 위격이 어떻게 한 하느님일 수 있는지 깊이 묵상하고 있었습니다. 이런 생각에 골몰해 있을 때, 마침 한 아이가 모래사장에서 물통에 바닷물을 퍼 담는 것을 보게 되었습니다. 성 아우구스티누스가 그 아이에게 물었습니다.

"거기서 뭐 하고 있니?"

아이는 바다의 모든 물을 자신의 물통에 담고 있는 중이라고 대답했습니다.

"바다의 물은 엄청난데, 어떻게 그것을 그 작은 물통에 다 담겠다는 게냐?"

그때 아이가 이렇게 대답했습니다.

"대서양보다 더 넓은 성 삼위일체의 신비를 우리의 이 작고 유한

한 머릿속에 넣는 것이 가능할까요?"

그리고 나서 그 아이는 갑자기 사라졌습니다. 천사였던 것입니다.

이 사건을 경험한 성 아우구스티누스는 깨닫게 되었습니다. 성 삼위일체의 신비를 우리의 지성으로 이해하려는 것은 쓸모없는 일이며, 오직 믿음을 통해서만 이 신비를 받아들일 수 있다는 것을 말입니다.

교회의 모든 거룩한 예식에서는 자주 성 삼위일체의 세 위격에게 기도가 드려지고, 이 세 위격은 참되신 한 하느님으로서 인간과 세상의 구원을 이루어 가십니다. 거룩한 성찬예배와 그 밖의 다른 신비의 성사들은 "성부와 성자와 성령의 나라가 이제와 항상 또 영원히 찬미되나이다"라는 영광송으로 시작됩니다. 그리고 거의 모든 기도는 "성부와 성자와 성령께" 영광을 바치며 끝납니다.

제8장
하느님의 창조물들 : 천사들

■ 『신앙의 신조』의 제1조에서 하느님을 "유형·무형한(보이는 것과 보이지 않는 것) 만물의 창조주"라고 고백하고 있는데 이것은 무슨 의미입니까? 하느님이 창조하신 '무형한(보이지 않는)' 것에는 어떤 것이 있습니까? 우리는 그것을 알 수 있습니까?

'무형한' 것은 물질적 피조물이 아닙니다. 하느님이 주신 지혜를 가지고 인간은 이 물질적 피조세계에 대해 연구하고 발굴하고 발명하여 과학을 발전시킵니다. 예를 들면 인간은 별과 우주의 세계를 연구하여 천문학을 발전시켜나가고, 아주 미세한 미생물의 세계를 연구하고 미생물학을 발전시킵니다.

하지만 『신앙의 신조』에서 언급한 무형한 존재는 영적인 피조물이고 그래서 육안으로는 볼 수 없습니다. 이 영적인 피조물은 바로 천사들입니다.

- **우리가 천사들을 볼 수 없다면 어떻게 천사를 알 수 있습니까?**

성경은 천사의 존재를 우리에게 밝혀줍니다. 천사들은 직접 사람에게 나타나기도 하는데, 이런 천사를 보고 경험한 사람들의 증언도 있습니다.

- **천사들은 영적인 존재라고 했습니다. 어떻게 사람이 영적인 존재를 볼 수 있습니까?**

천사에 대해서 많은 질문을 할 수 있습니다. 그럼 먼저 천사가 어떤 존재인지부터 살펴봅시다.

예언자 다윗 왕과 사도 바울로는 천사들이 물질적 존재가 아니라 영적인 존재라는 것을 확신하게 해줍니다. (시편 104:4[06], 히브리 1:7[07])

천사의 본성은 최후의 심판 후에 모든 사람이 갖게 될 본성과 유사할 것이라고 추측합니다.(마태오 25:31-46) 최후의 심판 때 모든 사람은 하느님의 왕국에서 영원히 살기 위해서 새롭고 영적인 육체를 가지고 부활하여 영혼과 다시 결합하게 될 것입니다. 또 최후의 심판 후에 사람은 "하늘에 있는 천사들처럼 된다"(마태오 22:30)고 주님께서 직접 말씀하셨습니다.

천사들의 몸은 영적이지만, 하느님처럼 완벽하고 오직 영적인 존재인 것은 아닙니다. 그래서 비록 천사들을 육안으로 구분해 볼 수는 없지만 천사도 사람의 특징과 닮은 어떤 몸의 형태를 하고 있는 것처럼 보입니다. 왜냐하면 사람의 몸으로 나타난 천사들을 본 사람들

---

06 **시편 104:4** 바람을 시켜 명령을 전하시고 번갯불에게 심부름을 시키시며.

07 **히브리 1:7** 천사들에 관해서는, '하느님께서 천사들을 바람으로 쓰시고 일꾼들을 불꽃으로 삼으셨다.'라는 말씀이 있습니다.

이 있기 때문입니다.(판관기 6:11-12[08], 토비트 5:4-17[09]) 물론 천사의 몸은 사람의 육체보다는 더 많은 능력을 지니고 있습니다. 사도 바울로는 「히브리인들에게 보낸 편지」에서 예전에 예언자 다윗이 한 말을 인용하며 이렇게 말합니다.

> 성서에 어떤 이가 이렇게 증언한 대목이 있습니다. '인간이 무엇이기에 주님께서 그를 잊지 않으시며 사람의 아들이 무엇이기에 주님께서 돌보십니까?'(시편 8:4)
>
> 주님은 그를 잠시 천사들보다 못하게 하셨으나 영광과 영예의 관을 씌우셨으며 만물을 그의 발아래 복종시키셨습니다. (히브리 2:6-8)

사람을 "하느님의 모습을 닮은" 존재로 만드신(창세기 1:26) 하느님은 아마 천사들도 하느님의 모습을 닮게 창조하신 것 같습니다. 다시 말해 피조물이 창조주를 닮을 수 있는 최대한의 가능성을 천사에게 주셨던 것 같습니다. 천사는 하느님으로부터 자유의지를 받았습니다. 천사는 하느님과의 친교를 유지하면서 그분의 뜻을 실행할 수도 있었고, 또 결국 악마가 되고만 다른 천사들처럼 그분으로부터 멀어질 수도 있었습니다. 하느님께 순종해서 그 자리를 지킨 천사들은 변하지 않는 거룩함을 얻었고 그래서 거룩한 천사들이라 불립니다. 천사는 영적인 존재이기에 영원히 죽지 않는 존재입니다. 물론 사람의 영혼도 죽지 않습니다. 영원히 삽니다.

---

08 **판관기 6:11-12** 주의 천사가 아비에젤의 후손 요아스의 성 오브라에 있는 상수리나무 밑에 와서 앉았다. 마침 요아스의 아들 기드온이 미디안 사람들에게 들키지 않으려고 밀 이삭을 포도주틀에서 떨고 있었는데, 주의 천사가 그에게 나타나 일렀다. '힘센 장사야, 주께서 너와 함께 계신다.'

09 **토비트 5:4-17** 토비아는 밖으로 나가서 … 그러던 중 그는 천사 라파엘을 만났는데 자기 앞에 서 있는 그가 하느님의 천사인 줄은 몰랐다. …

이리하여 그들은 영원히 벌 받는 곳으로 쫓겨날 것이며, 의인들은
영원한 생명의 나라로 들어갈 것이다. (마태오 25:46)

■ 천사들이 언제 창조되었는지 알 수 있습니까?

「욥기」 38장 7절[10]을 보면 하느님이 별들과 태양과 지구 그리고 그 밖의 모든 물질적인 세상을 창조하기 전에 먼저 천사들을 창조했음을 알 수 있습니다. 하느님이 별을 창조하실 때, 이미 천사들이 존재했던 것입니다.

이로부터 그리고 성경의 다른 구절들로부터 우리는, 천사들이라고 해서 하느님이 하시는 모든 일을 다 알고 있지는 못하며 다만 하느님이 알려주신 것과 그들이 수행해야 할 일에 대해서만 알고 있다는 사실을 알게 됩니다. 예를 들면 천사들은 예수님의 재림과 최후의 심판의 날을 알지 못합니다. (마태오 24:36)

■ 천사들의 수는 얼마나 되나요?

천사들의 숫자에 대한 정확한 정보나 기록은 존재하지 않습니다. 다만 성경은 거룩한 천사들이 수없이 많다고 표현합니다.

> 여러분이 와 있는 곳은 시온 산이고 살아 계신 하느님의 도성이며 하늘의 예루살렘입니다. 거기에는 수많은 천사들이 있고, 잔치가 벌어져 있고 (히브리 12:22)

이런 자들에게 아담의 칠 대 손 에녹은 이렇게 예언했습니다. "주

---

10 욥기 38:7 그 때 새벽별들이 떨쳐 나와 노래를 부르고 모든 하늘의 천사들이 나와서 합창을 불렀는데

> 님께서 거룩한 천사들을 무수히 거느리고 오셔서" (유다 1:14)
>
> 나는 또 그 옥좌를 둘러선 많은 천사들과 생물들과 원로들을 보았고 그들의 음성도 들었습니다. 그들의 수효는 수천수만이었습니다. (묵시록 5:11)

교부들에 의하면 천사들은 최후의 심판 때까지 존재할 모든 인류의 수보다 훨씬 많다고 합니다. 이것은 하느님이 천사들에게 주신 임무에 기초하여 교부들이 추정한 결론입니다.

■ 이 임무란 어떤 일입니까? 천사가 하는 일이 무엇입니까?

성경이 우리에게 알려 준 천사들의 몇 가지 임무는 다음과 같습니다.

• **천사들은 하느님을 찬양합니다.**

> 이 때에 갑자기 수많은 하늘의 군대가 나타나 그 천사와 함께 하느님을 찬양하였다. "하늘 높은 곳에는 하느님께 영광, 땅에서는 그가 사랑하시는 사람들에게 평화!" (루가 2:13-14)

이 성경 구절에서 보듯이 목자들은 구세주 예수 그리스도가 베들레헴에서 탄생하신 밤에 천사들이 성 삼위일체이신 하느님을 함께 찬양하고 경배하는 것을 목격했습니다. 또한 이사야 예언자는 하느님 왕국의 옥좌 주위에서 천사들이 "거룩하시다, 거룩하시다, 거룩하시다. 만군의 주, 그의 영광이 온 땅에 가득하시다"(이사야 6:3)라고 '삼성송'(세 번의 거룩한 찬양)을 찬양하는 소리를 들었습니다. 우리도 성찬예배 때마다 천사들의 이 삼성송으로 함께 찬양합니다.

• 천사들은 하느님의 명령을 실행하고 주님의 뜻을 전달합니다.

대천사 가브리엘은 동정녀 마리아에게 나타나 그녀가 초자연적인 방법으로 예수님을 잉태하여 세상에 낳게 될 것이라는 기쁜 소식을 전합니다.(루가 1:26-38) 주님의 천사는 또 베들레헴의 목자들에게 나타나서 이 기쁜 소식을 전해주었습니다.

천사는 "두려워하지 마라. 나는 너희에게 기쁜 소식을 전하러 왔다. 모든 백성들에게 큰 기쁨이 될 소식이다. 오늘 밤 너희의 구세주께서 다윗의 고을에 나셨다. 그분은 바로 주님이신 그리스도이시다. 너희는 한 갓난아이가 포대기에 싸여 구유에 누워 있는 것을 보게 될 터인데 그것이 바로 그분을 알아보는 표이다." 하고 말하였다. (루가 2:10-12)

• 천사들은 구원을 얻기 위해서 끊임없이 영적으로 투쟁하는 사람들에게 하느님으로부터 오는 도움을 전달해 줍니다.

사도 바울로는 이렇게 말합니다.

거룩한 천사들은 모두 하느님을 섬기는 영적인 존재들로서 결국은 구원의 유산을 받을 사람들을 섬기라고 파견된 일꾼들이 아닙니까? (히브리 1:14)

• 천사들은 신자들의 기도를 하느님께 전달합니다.

라파엘 천사가 토비트와 토비아의 아들에게 나타나서 이렇게 자신을 밝혔던 것처럼 말입니다.

당신 토비트가 기도할 때와 또 사라가 기도할 때 그 기도를 듣고 영광스런 주님께 그 기도를 전해 드린 것이 바로 나였습니다. …

나는 주님께 기도를 전달해주고 영광스런 주님을 시중드는 일곱
천사 중의 하나인 라파엘입니다. (토비트 12:12-15)

• **천사들은 다양한 위험으로부터 신자들을 보호해 줍니다.**

예를 들면 천사는 한밤중에 감옥에 갇혀 헤로데 왕에게 사형당할 처지에 놓인 사도 베드로를 감옥에서 빼내주었습니다.(사도행전 12:7-11, 5:19, 27:23-24) 또 액운을 막아주기도 했습니다.(토비트 12:14)

• **천사들은 신자들의 영혼이 육신에서 떠났을 때 그 영혼을 하늘에 계신 하느님 곁으로 인도합니다.**

얼마 뒤에 그 거지는 죽어서 천사들의 인도를 받아 아브라함의 품
에 안기게 되었고 부자는 죽어서 땅에 묻히게 되었다. (루가 16:22)

• **천사들은 주님의 생애에서 일어난 많은 사건들에 함께 참여했습니다.**

마태오 1:20, 2:13, 4:11, 루가복음 22:43, 요한복음 20:12, 사도행전 1:10-11 등에서 볼 수 있습니다.

■ 조금 전에 우리는 라파엘 천사가 토비트에게 "나는 주님께 기도를 전달해주는 일곱 천사 중의 하나인 라파엘입니다"라고 말하는 것을 들었습니다. 천사에게도 정해진 품계와 그에 따른 임무가 있습니까?

구약성경과 신약성경의 내용을 통해서 우리는 하늘의 영적세계에는 품계와 위계가 있다는 것을 알 수 있습니다. 그것은 다음과 같습니다.

- 주님의 군대 총사령관(여호수아 5:14)
- 수호천사 미카엘(다니엘 12:1, 10:21, 유다 9)
- 대천사들 : 미카엘, 가브리엘
- 헤루빔(이사야 37:16)
- 세라핌(이사야 6:2)
- 이들을 포함하여 아홉 품계의 천사단, 즉 헤루빔, 세라핌, 대천사들, 천사들, 왕권, 권세, 세력, 능력, 주권의 여러 천사들이 있습니다.(에페소 1:21, 3:10, 골로사이 1:16, Ⅰ데살로니카 4:16 등)

■ 사람마다 자신의 수호천사가 있다는 말이 사실입니까?

그렇습니다. 성경의 많은 본문을 통해서 우리는 하느님이 각 신자들에게 수호천사를 보내주시어 신자가 마지막 숨을 거둘 때까지 일생 동안 인도해주고, 또 신자가 하늘나라에 갈 때는 그 영혼과 동행해 준다는 사실을 알 수 있습니다.(마태오 18:10) 그래서 사제는 예비신자가 세례성사를 받을 때 하느님께 다음과 같은 기도를 드립니다.

> 일평생 빛의 천사를 수행케 하시어, 그를 거스르는 온갖 흉계와 악신과의 만남과 대낮의 악마와 사악한 생각에서 지켜 주소서.
> ('세례 성사와 견진 성사', 『각종예식서』 137쪽)

물론 수호천사는 그 신자가 원할 경우에만 그 곁에 머뭅니다. 하느님처럼 수호천사도 사람의 자유의지를 존중하기 때문입니다. 타락한 삶과 하느님에 대한 불신앙에 젖어서 천사의 동행을 원치 않는다면, 당연히 천사는 사람에게서 멀리 떠납니다. 이런 까닭에 신자는 천사에게 이렇게 청원합니다.

> 우리와 일생을 같이해 주시는 거룩한 천사여, 이 죄인을 멀리하지

마소서. 만일 당신이 내 마음에서 떠나신다면 내 마음의 빈자리를 악마가 차지하고 온갖 흉계로 나를 지배코자 할 것이니 나를 떠나지 마시고 내 손을 이끌어 구원의 길로 인도하여 주소서.

('수호천사에게 드리는 기도', 석후소과, 『매일 예식서』 46쪽)

- **하느님께만 기도드려야 한다고 배웠습니다. 그런데 천사들에게 기도해도 된다는 것입니까?**

석후소과[11]에는 '수호천사에게 드리는 기도'가 있습니다.

… 하느님의 거룩한 천사여, 당신은 우리 영혼과 육신의 수호자이시나니, 내가 지난날 당신을 걱정케 한 일들과 오늘 지은 여러 가지 죄들을 용서하소서. 그리고 이 밤에도 악마의 침범에서 감싸주시어 하느님의 꾸중을 받지 않도록 하소서. 그리고 언제나 하느님을 두려워하는 하느님의 선한 믿음을 가진 종의 자세를 잃지 않도록 간구하여 주소서. 아멘.

('수호천사에게 드리는 기도', 석후소과, 『매일 예식서』 46쪽)

우리는 오직 하느님만 예배합니다. 천사들을 예배(숭배)하지는 않습니다. 다만 하느님께서 우리를 위해 보내주신 천사를 우리의 친구이자 보호자로 존경할 따름입니다.

그래서 우리 교회가 하느님께 드리는 매일 예식의 연도에도 "평화의 천사를 보내시어 우리의 몸과 마음을 보호하시고, 우리를 바른길로 인도하소서"라는 내용이 들어있는 것입니다. 우리는 수호천사에게, 하느님께만 드리는 예배를 드리는 것이 아니라 바로 공경과 감사

---

11 **석후소과** 신자들이 저녁 식사 후 잠자리에 들기 전에 개인적으로 혹은 성당에서 다 함께 드리는 기도 예식.

를 드리는 것입니다. 아무튼 천사들 자신도 우리가 그들에게 예배드리는 것을 허용하지 않습니다. 복음사도 성 요한은 묵시록에서 이렇게 적고 있습니다.

> 그 때 나는 그에게 경배를 드리려고 그의 발 앞에 엎드렸습니다. 그러자 그는 나에게 "이러지 마라. 나도 너나 너의 형제들과 같이 일하는 종에 지나지 않는다. 우리는 다같이 예수께서 계시하신 진리를 간직하고 있는 자들이다. 예배는 하느님께 드려라. 예수께서 계시하신 진리야말로 예언자들에게 영감을 주는 것이다." 하고 말했습니다. (묵시록 19:10)

- **성화를 보면 천사들은 날개를 가지고 있습니다. 천사들은 정말로 날개를 가졌습니까?**

정교회의 성화는 상징을 많이 사용합니다. 영적인 존재인 천사들은 날개가 없을 뿐만 아니라 필요하지도 않습니다. 성화에 그려진 천사들의 날개는, 날개를 가진 새들이 하늘을 날듯, 천사 또한 하늘(영적인 하늘)에 속한 영적 존재임을 의미합니다.

비록 천사들은 하느님처럼 언제 어디에나 현존하는 존재는 아니지만, 하느님이 그들에게 주신 말씀을 전달하고, 실행하기 위해서 번개처럼 빠르게 움직입니다. 사람은 육체가 있기 때문에 어디론가 이동하려면 시간과 과정이 필요합니다. 그러나 우리의 생각은 몇 초 안에 우리가 알고 있는 아주 먼 장소까지 갑니다. 이렇듯 영적 존재인 천사들도 이처럼 시공에 제한을 받지 않고 움직일 수 있습니다.

하느님이 각 사람에게 수호천사를 보내주신 것은 우리에게 베풀어 주신 하느님의 큰 은혜입니다. 수많은 천사들이 우리를 곁에서 도와

주고 인도해주고 보호해주고, 승리자로 최종 목적지에 도착할 수 있도록 필요한 것들을 제공해 줍니다. 그래서 정교회는 '성 대 바실리오스 성찬예배'를 드릴 때, 하느님이 천사를 통해서 베풀어 주시는 은혜에 대해 이렇게 특별한 감사의 기도를 드리는 것입니다.

> 주 우리 하느님이시여, 주는 하늘의 천사와 대천사의 품계와 군대를 세우시어 주의 영광을 받들게 하였사오니 그들로 하여금 우리와 같이 입당하여 우리와 함께 예배를 드리고 주의 선하심에 영광을 드리게 하소서. ('입당기도', 『성찬예배서』 45쪽)

그러므로 영적 투쟁을 할 때 천사들의 보호와 지지를 받기 위해, 우리 모두 거룩한 천사들과 지속적인 교류를 가집시다.

미카엘 대천사, 목판 템페라, 14세기
비잔틴 박물관, 아테네, 그리스

제 9 장
천사들의 타락

■ 어떤 천사들은 하느님께 반역하여 하느님과 적대관계에 있다고 들었습니다. 하느님께 반역한 천사라니요? 어떻게 이런 일이 일어났습니까? 이 사건 이후 어떤 일이 벌어졌습니까?

하느님께서는 천사들을 창조하셨고 모든 천사는 자유의지가 있습니다. 하느님께서는 천사에게 자신과의 지속적인 친교를 강요하지 않으셨습니다. 그래서 천사들 스스로 자유롭게 결정할 수 있었습니다. 우리가 전에 이야기한 대로 아홉의 천사군대는 하느님께 확고한 순종을 하면서 하느님 곁에 남았고 그 이후로는 하느님 곁에서 끊임없이 찬양하고 신성한 임무를 맡아서 수행하고 있습니다.

한편 천사 루시퍼가 이끄는 또 다른 천사군대가 있었습니다. 천사 이름 '루시퍼'는 "빛을 지닌 자"라는 뜻입니다. 그는 막중한 지위와 임무를 맡은 천사였지만, 자유의지를 올바르게 사용하지 않았습니다. 성령은 예언자 이사야를 통해서 하느님이 부여하신 영광보다도 더 큰 영광을 얻고자 했던 루시퍼의 생각을 우리에게 밝혀주셨습니다.

웬일이냐, 너 새벽 여신의 아들 샛별아, 네가 하늘에서 떨어지다니! 민족들을 짓밟던 네가 찍혀서 땅에 넘어지다니! 네가 속으로 이런 생각을 하지 아니하였더냐? "내가 하늘에 오르리라. 나의 보좌를 저 높은 하느님의 별들 위에 두고 신들의 회의장이 있는 저 북극산에 자리 잡으리라. 나는 저 구름 꼭대기에 올라가 가장 높으신 분처럼 되리라." (이사야 14:12-14)

이렇게 결심한 루시퍼는 그가 지휘하는 천사들을 자기의 편으로 끌어들었습니다. 성령은 성 사도 요한의 「묵시록」에서 다음과 같은 사실을 밝혀주십니다.

그 때 하늘에서는 전쟁이 터졌습니다. 천사 미카엘이 자기 부하 천사들을 거느리고 그 용(루시퍼)과 싸우게 된 것입니다. 그 용은 자기 부하들을 거느리고 맞서 싸웠지만 당해 내지 못했습니다. 그래서 하늘에는 그들이 발붙일 자리조차 없었습니다. 그 큰 용은 악마라고도 하고 사탄이라고도 하며 온 세계를 속여서 어지럽히던 늙은 뱀인데, 이제 그 놈은 땅으로 떨어졌고 그 부하들도 함께 떨어졌습니다. (묵시록 12:7-9)

그 후로 루시퍼는 사탄이라고 불립니다. '사탄'이라는 말은 하느님에 맞서 "반역하고 적대하고 싸우는 자", 즉 하느님의 반대자, 적대자라는 뜻입니다.

성경에 보면 타락한 천사 루시퍼의 다양한 이름이 나옵니다. 루시퍼를 '디아볼로스'라고도 하는데 하느님의 진리를 왜곡하기 때문입니다. 또 사람들을 유혹하고 시험하기 때문에 '시험하는 자'라고도 하고, 욕망에 눈이 멀어 세상을 파멸시키겠다는 증오를 가지고 하느님께 반역하고 사람들을 속이는 자라는 의미로 '베엘제불' 혹은 '벨리아'라 불리기도 합니다. 이렇듯 사탄은 하느님과 거룩한 천사들과 하느님의 사람들에게 대항하는 공격자입니다. 사탄은 우리 각자를 공격하여 쓰러뜨리려고 하는 보이지 않는 적으로서, 온갖 교활한 방법을 다 동원하여 사람을 하느님으로부터 멀어지게 하려고 안간힘을 씁니다. 그렇게 하여 하느님과 멀어진 사람들을 사탄은 자신의 노예로 만들어서 절망과 영원한 지옥으로 끌어들입니다. 사탄은 사람들을 몰래 염탐하고, 위험에 빠트리고, 다양한 방법으로 유혹해서 죄에 빠지게 합니다. 사탄은 거짓말, 비방, 증오, 갈등, 의심 등을 아주 교묘하게 사용합니다. 사탄과 악령들은 자만심이 가득 차서 마치 자신들이 '세계의 통치자'인 양 행세합니다. 그러나 그들의 힘은 제한적입니다.

복음경에서 우리는 예수 그리스도가 악령들 앞에 나타나실 때 그들이 두려움에 사로잡히는 내용을 읽습니다. 악령들은 예수 그리스도께 "지극히 높으신 하느님의 아들 예수님, 왜 저를 간섭하십니까? 제발 저를 괴롭히지 마십시오"(마르코 5:7)하고 큰소리로 외쳤습니다. 다른 예로 주님께서 악령 들린 사람을 고쳐주시려고 악령들에게 그 사람으로부터 썩 나가라고 하시자, 악령들은 돼지 속으로 들어가게 해 달라고 주님께 간청하기도 했습니다.(마르코 5:12-13) 악령들은 그리스도에 속한 사람들의 영혼을 마음대로 지배할 자유가 없습니다. 세례 받은 그리스도인은, 그리스도와 친교하면서 하느님의 은총 안에서 영적 투쟁을 하는 한, 악령의 화살에도 부상을 당하지 않습니다. 복음사도 성 요한은 분명하게 이렇게 적고 있습니다.

> 젊은이들이여, 여러분은 강하고, 하느님의 말씀을 지니고 살며 악마를 이겨냈기 때문에 나는 이 편지를 씁니다. (I 요한 2:14)

> 여러분 안에 계시는 그분은(그리스도) 세상에 와 있는 그 적대자(사탄)보다 더 위대하십니다. (I 요한 4:4)

- **사실이 이렇다면 왜 세상은 사탄을 두려워합니까?**

왜냐하면 사탄은 너무도 위험한 존재이기 때문입니다. 거룩한 세례성사를 받지 않아, 아직 그의 지배에서 벗어나지 못한 사람들에게는 더욱더 위험합니다.

교회의 신비성사인 세례성사를 통해서 사람은 원죄와 자신의 죄로부터 깨끗해지고 그리스도와 연합됩니다. 그러면 주님의 은총으로 교회 안에서 안전하게 되고 영적인 무기로 힘을 키워서 사탄을 물리칩니다.(에페소 6:13-18) 그러나 세례를 받지 않는 사람들은 그 싸움에서 불리합니다. 영적인 관점에서 볼 때, 그들은 훨씬 강력한 적군 앞에서 아무런 무기도 없이 맞서고 있기 때문입니다. 성 사도 베드로는 악마를 굶주린 사자에 비유했습니다.

> 여러분의 원수인 악마가 으르렁대는 사자처럼 먹이를 찾아 돌아다닙니다. (I 베드로 5:8)

악마는 교활한 방법을 많이 사용합니다. 성 사도 바울로는 사탄이 "빛의 천사"(II 고린토 11:15)의 탈을 쓰고 나타나서 사람들을 속여 자기 편으로 끌어들이려 한다고 우리에게 경고합니다.

신앙심이 깊은 그리스도인은 악마를 두려워하지 않습니다. 오히려 악마의 덫과 악마의 유혹을 물리치는 그리스도의 힘과 은총을 가지고, 악마가 지배하지 못하도록 늘 조심하며 깨어있습니다. 우리가 알아야 할 것은, 우리가 원하지 않는다면 악마는 결코 우리 안에서 우리를 지배할 수 없다는 사실입니다. 악마가 할 수 있는 것은 우리를 유혹하여 괴롭히는 것입니다. 하지만 우리가 유혹을 허락하지 않는다면 악마는 떠나가 버립니다. 그래서 성 야고보는 다음과 같이 우리에게 충고합니다.

하느님께 복종하고 악마를 대항하십시오. 그러면 악마는 여러분을
떠나 달아날 것입니다. (야고보 4:7)

■ 귀신들이 집에 찾아오기도 하는데, 굿을 해서 그들을 돌려보내지 않으면 재앙을 받는다는 말도 있습니다. 또 주술가는 주술을 걸기도 하고 풀어주기도 한다는 이야기도 있습니다. 이런 이야기들을 어떻게 받아들여야 합니까?

이 모든 것들은 교활한 악령들의 행동입니다. 이러한 행동과 유사한 행동으로 우리의 관심을 끌고 우리를 그리스도로부터 단절시키기 위한 술책입니다. 악마로부터 선한 것은 나오지 않습니다. 설령 사탄이 우리에게 관심을 보이며 도와주겠다고 해도, 그건 어떤 교활한 목적이 있기 때문입니다. 먼저 우리의 신뢰를 얻은 다음에는 우리를 무자비하게 공격합니다. 하느님께 속한 사람은 이런 잡술(雜術)과 아무런 관계도 맺지 말아야 합니다. 우리의 미래가 어떨지, 언제 새로운 직장을 얻을 수 있을지, 누구와 결혼해야 하고 또 언제 하게 될지, 이런 중요한 문제들을 거짓의 우두머리인 악마에게 물어볼 수는 없는 일입니다.

우리는 사랑이 많으시고 전지전능하신, 하늘에 계신 아버지를 절대 신뢰하고 오직 그분께만 기도하면서, 하느님의 사람인 영적 아버지의 지도를 받아서 모든 것을 결정하고 실행해 나가야 합니다.

그리스도인은 추도식을 올려 조상을 공경하고 그들의 영혼을 위해 용서와 안식을 기원합니다. 그리고 그들의 이름으로 자선을 베풉니다. 이렇듯 조상을 공경하고 추도식을 올리는 것은 조상 숭배와는 다른 것으로, 그리스도인은 오직 하느님만 예배합니다.

우리 주 예수 그리스도를 믿는 신자들은 다음과 같은 사실을 압니다.

거룩한 천사들과 선한 관계를 유지한다면 거룩한 천사들은 우리에게 필요한 선한 것들을 주고, 우리를 돌보아 줍니다.

우리가 조상의 영혼을 위해서 기도하고 추도식을 거행하고 그분들의 이름으로 자선을 행하는 것은 그분들께 드리는 감사와 사랑의 표현입니다.

이 세상에서 하느님의 뜻을 따라서 사신 수많은 성인들은 하늘나라에서 복된 상태로 계시고, 하느님과 함께 계시면서 끊임없이 온 세상을 위해 중보해주고 계십니다. 거룩한 교회는 성인들께 경의를 표하고, 신자들은 성인들께 중보를 요청하고 감사와 찬양을 드리기 위해서 성인들에게 다가갑니다.

그러므로 그리스도인은 이러한 거룩한 영과는 달리 미혹하는 영들과는 어떠한 관계도 맺지 않습니다. 사탄은 바로 그러한 미혹의 영을 통해서 우리를 유혹하기 때문입니다. 신학자 성 요한은 우리에게 다음과 같이 충고합니다.

> 사랑하는 여러분은 자기가 성령을 받았노라고 말하는 사람들을 다 믿지 말고 그들이 성령이라고 주장하는 것이 과연 하느님께로부터 온 것인지 아닌지를 시험해 보십시오. 많은 거짓 예언자가 세상에 나타났기 때문입니다. (I 요한 4:1)

제10장
물질적인 세상의 창조

『신앙의 신조』에서 고백되듯이, 하느님은 보이지 않는 존재들, 무형의 피조물들, 다시 말해 천사들을 창조하신 후에, 물질적인 세상을 창조하셨습니다.

■ 어떻게 이 사실을 알 수 있습니까? 하느님께서 세상을 창조하셨다는 것을 누가 우리에게 증명해 줄 수 있습니까?

성령은 예언자 모세에게 이 사실을 밝혀 주셨고, 모세는 성경의 첫 번째 책인 『창세기』에 이 사실을 기록해 놓았습니다. 그렇지만 세상에 아무도 존재하지 않았을 때 일어났던 사건들을 과연 누가 확실하게 증언할 수 있겠습니까?

구약성경의 맨 첫 장을 열면 "한 처음에 하느님께서 하늘과 땅을 지어내셨다"(창세기 1:1)라는 구절을 만납니다. 다시 말해 하느님께서는 수십억 개의 별과 하늘 그리고 땅과 땅 위에 있는 모든 것을 창조하셨습니다. 그리고 계속해서 "땅은 아직 모양을 갖추지 않고 아무것도 생기지 않았는데, 어둠이 깊은 물 위에 뒤덮여 있었고 그 물 위에 하느님의 기운이 휘돌고 있었다"(창세기 1:2)라고 적혀있습니다. 다시 말해 창조된 첫 모습은 오늘날 우리가 보는 모습이 아닙니다. 하나의 거대한 덩어리였습니다. 형태가 없는 물질이었고 그 어떤 모양도 갖추지 않은 것이었으며, 보이지도 않았습니다. 왜냐하면 처음에는 빛이 없었고 물로 온통 뒤덮여 있었기 때문입니다. 어둡고 깊은 물 위에 성령과 창조적 기운이 휘돌아, 물질의 요소들을 가지고 생명이 있는 새로운 창조물을 생산해 낼 수 있도록 준비시켰습니다.

계속해서 창세기는 오늘날 우리가 보는 세상이 어떻게 창조되었는지, 순서대로 우리에게 알려줍니다.

- ■ 6일 동안 세상이 창조되었습니까? 6일 만에 세상이 이렇게 변화되는 것이 가능합니까? 과학자들은 우주가 형성되는 데, 그리고 식물과 동물이 출현하기까지 수백, 수천 만 또는 수십억 년이 걸렸다고 주장합니다. 성경과 과학은 서로 모순되고 충돌하지 않습니까?

성경은 참된 과학과는 절대로 충돌하지 않습니다. 다만 성경을 올바르게 이해하지 못하고 올바르게 해석하지 않는 사람들만이 과학과 충돌합니다. 이 주제와 관련하여, 조금 의아스러울 수도 있지만, 사실은 이렇습니다. 이미 1650년전 아테네에서 여러 학문과 더불어 천문학을 공부하셨던 케사리아의 대주교 성 대 바실리오스도, 지금 과학자들이 발견하고 연구한 내용과 거의 다르지 않는 의견을 피력하셨습니다.

성경의 창세기가 말하는 하루는 24시간이라는 시간의 길이를 의미하지 않습니다. 오늘날 우리가 알고 있는 하루의 개념과 다르다는 말입니다. 오히려 그것은 한정되지 않은 길이의 시간을 말합니다. 하루

24시간을 말할 수도 있지만, 백 년 혹은 천 년을 의미하는 것일 수도 있습니다. 창세기에서 말하는 '하루'는 이런 의미에서 '아주 긴 기간'을 말합니다.

또한 여기서 '어떤 한정된 기간'을 '하루'라고 구별하여 말할 때, 그것은 오늘날처럼 낮과 밤의 교차를 기준으로 한 것이 아닙니다. 왜냐하면 이때 하루는 밤낮의 기준이 되는 해가 아직 창조되기 전이기 때문입니다.

게다가 성경은 창조 사건의 세부사항까지 모조리 기록하여 증명하고 확인시켜 주는 천문 과학 문헌이 아닙니다. 그럼에도 불구하고 성경은 세상의 창조가 어떤 단계를 거쳐 이루어졌는지 설명하고 있으니, 우주의 기원과 그 진화를 연구하는 과학자들 중에는 성경의 창조 이야기가 현대 우주 과학과 반드시 모순되는 것이 아니라고 주장하는 이들도 많습니다. 예를 들어 어떤 과학자는 "만약 세상이 어떻게 창조되었는지 간략하게 말해 보라고 하면, 모세가 쓴 창세기 제1장을 읽어주는 것으로 충분할 것이다"라고 말했습니다.

자, 이제 처음 한 날에 무슨 일이 있었는지 『창세기』 1장 3-5절을 봅시다. 앞에서 말한 것처럼, 이 하루는 어쩌면 수많은 세기를 포함하는 것일 수도 있습니다.

> 하느님께서 '빛이 생겨라!' 하시자 빛이 생겨났다. (창세기 1:3)

이렇게 해서 그때까지 세상을 지배한 어둠이 흩어지고, 모든 곳에 빛이 빛났습니다.

계속해서 둘째 날에 하느님은 하늘과 땅을 갈라놓은 창공을 창조하셨습니다. (창세기 1:6-8)

셋째 날에는 지구의 지표를 덮고 있던 물이 한 곳으로 모여 뭍이 드러나고 그렇게 하여 바다와 대륙이 생겨났습니다. 그리고 하느님께서 명령하시는 대로, 땅에서는 온갖 다양한 새싹이 돋아나기 시작했고, 풀들과 나무들이 씨를 내 온 땅 위에 번식하기 시작했습니다.(창세기 1:9-13)

넷째 날에는 태양과 달과 수많은 별들이 창조되고 절기와 나날과 해를 표시하게 됩니다.(창세기 1:14-19) 이제 식물계에 이어서 보다 발전된 생명인 동물의 세계가 출현하게 될 것입니다.

다섯째 날에는 하느님의 명령에 따라 바다에 사는 크고 작은 다양한 물고기와 여러 종류의 바다 생명체가, 하늘에는 온갖 종류의 새들이 창조되었습니다. 하느님은 바다와 하늘의 모든 피조물들이 번성하고 불어나서 바다와 하늘에 가득 채우도록 강복해 주셨습니다.(창세기 1:20-23)

마지막으로 여섯째 날에는 하느님의 창조 명령에 따라 크고 작은 육상의 동물들, 파충류, 곤충 등 땅 위에 사는 모든 종류의 생명체가 생겨났습니다.(창세기 1:24-25)

또 같은 날 마지막으로 하느님은 사람을 창조하셨습니다. 다시 말해 영적인 세계와 물질적인 세계가 결합된, 물질로 된 육체와 영혼이 결합된 사람을 창조하셨습니다.

■ 성 삼위일체의 세 위격 중 누가 세상을 창조하셨습니까?

성 삼위일체의 세 위격 모두가 함께 협력하여 세상을 창조하셨습니다. 성부는 말씀이신 성자를 통해서 모든 것을 창조하셨고, 성령은 그것에 생명을 불어 넣어 주셨습니다. 이것은 구약과 신약 모두에서 증언됩니다. 복음사도 성 요한은 그의 복음경 첫 장에서 성 삼위일체의 두 번째 위격인 하느님의 아들을 '말씀'이라고 불렀습니다.

한 처음, 천지가 창조되기 전부터 말씀이 계셨다. 말씀은 하느님과 함께 계셨고 하느님과 똑같은 분이셨다. 말씀은 한 처음 천지가 창조되기 전부터 하느님과 함께 계셨다. 모든 것은 말씀을 통하여 생겨났고 이 말씀 없이 생겨난 것은 하나도 없다. (요한 1:1-3)

이 본문에서 하느님의 말씀이라고 불리고 있는 성자를 통해서 모든 것이 창조되었습니다. 창세기에서도 창조는 하느님의 말씀을 통해서 이루어진 것으로 나타납니다. 피조물을 창조할 때마다, "하느님께서 (예를 들어) '빛이 생겨라' 하시자 그대로 되었다"라는 표현이 반복되고 있음을 주목합시다. 영이신 하느님은, 우리처럼 입이 있어서 음성으로 말씀하시는 분이 아니십니다. 성경에 나오는 이 상징적인 표현은 성부로부터 나신 성자이신 "말씀"을 의미합니다. 성자는 자발적으로 성부의 뜻에 동의하시어, 모든 것을 창조하셨습니다. 예언자 다윗도 이것을 증언합니다.

> 말씀 한마디에 모든 것이 생기고, 한마디 명령에 제자리를 굳혔다.
> (시편 33:9)

그래서 『신앙의 신조』의 제2조는 분명하게 이렇게 선언합니다.

> 그리고 또 오직 한 분이신 주 예수 그리스도를 모든 세대에 앞서 성부로부터 나신 하느님의 외아들이시며 빛으로부터 나신 빛이시요, 참 하느님으로부터 나신 참 하느님으로서 창조되지 않고 나시어, 성부와 일체이시며 만물이 다 이분으로 말미암아 창조되었음을 믿나이다.

또 성 삼위일체의 세 번째 위격이신 성령이 세상 창조에 참여하고 계심은 다음과 같은 구절들을 통해서 알 수 있습니다.

> 땅은 아직 모양을 갖추지 않고 아무것도 생기지 않았는데, 어둠이

깊은 물 위에 뒤덮여 있었고 그 물 위에 하느님의 기운(성령)이 휘돌고 있었다. (창세기 1:2)

예루살렘의 주교 성 끼릴로스(4세기)는 "휘돌고 있었다"는 동사를 "알을 품다"라는 동사로 바꿔 비유적인 설명을 하였는데, 마치 암탉이 "알을 품어" 새 생명을 키우고 마침내 병아리를 태어나게 하듯이, 성령이 형체 없는 혼돈의 세상을 품어 온갖 생명들이 넘치는 세상을 창조했다는 것입니다.

세 위격이 함께 세상 창조에 동참했다는 증거를, 우리는 또한 『창세기』 1장 26절에서 찾을 수 있습니다. 여기서 하느님은 "우리 모습을 닮은 사람을 만들자!"(창세기 1:26)고 하십니다. 즉 "우리 모습"이라고 1인칭 복수 소유대명사를 사용하심으로써, 한 분이 아닌 복수의 하느님, 즉 삼위일체 세 위격의 공동 협의를 통해 사람을 창조하셨음을 알려주시고 계십니다. 말씀으로 성령 안에서 모든 피조물들을 창조하셨듯이, 사람을 창조할 때도 삼위일체 세 위격이 협의하시고 함께 협력하셨음을 알 수 있습니다.

제 11 장
'사람' 창조

- 대부분의 과학자들은 인간이 동물로부터 진화되었다는 다윈의 진화론을 정설로 받아들입니다. 그래서 현대인들은 창세기에 기록된 것처럼 하느님이 흙으로 인간을 빚으시어 창조하셨다는 것을 진리로 받아들이지 않습니다. 정교회 입장은 어떻습니까?

이 주제는 그 자체로 아주 광범위한 내용을 포함하고 있고, 그래서 자세하게 다루려면 많은 시간과 지면이 필요합니다. 그러므로 여기서는 아주 중요한 핵심만 간략하게 살펴보겠습니다.

19세기 중반 다윈의 진화론이 처음 등장했을 때, 이 이론과 관련하여 수많은 논쟁이 벌어졌습니다. 과학자들 사이에서 뜨거운 논쟁이 불붙었을 뿐만 아니라, 하느님의 존재를 부정하는 유물론자들은 이 이론을 받아들여, 그리스도교 신앙을 반박하고 깎아 내리려 했습니다. 하지만 일군의 위대한 과학자들은 다윈의 진화론 지지자들을 강력한 주장으로 반박했습니다. 식물과 동물의 세계에서 종의 진화가 있었음은 밝혀졌지만, 그것은 식물과 동물의 종 안에서 진화이지, 한

종에서 다른 종으로 특별한 이유 없이 진화하는 것을 뒷받침해주는 과학적인 증거가 없을뿐더러, 지능이 낮은 원숭이로부터 지능이 탁월하고 온갖 재능을 부여받은 사람이 진화되어 나왔다는 확실한 증거는 어디에도 없다는 것입니다.

과학은 연구와 관찰과 수학적 계산 등을 통해서 전개되고, 그 연구의 결과가 받아들여지면 과학적인 진리로 승인됩니다. 그러나 수천 또는 수백만 년 전에 인간이 원숭이로부터 진화되었다는 사실을 실질적으로 지켜본 어떤 관찰자도 존재하지 않습니다. 따라서 사람들에게 어떤 역사적 증거도 제시할 수 없음이 분명하다는 것입니다. 또한 이와 같은 진화의 과정은 참으로 더딘 것이기 때문에 그 모든 과정을 관찰하고 기록하는 것은 불가능합니다. 다시 말해 대상의 본성 자체가 눈으로 직접 관찰하기에는 한계가 있다는 것에 주목해야 합니다. 그래서 사실에 대한 검증뿐만 아니라 그 관찰 자체가 불가능합니다.

신(新)다윈주의의 입장에 바탕을 둔 주의 깊은 한 연구에서는 진화론으로는 설명될 수 없는 내용들이 나타남으로써 진화론에 입각한 연구 결과의 허술함이 드러나기도 했습니다. 이렇게 진화론의 허술한 증거들이 제시되면서 현대인들은 결국 진화론이 지금까지 선전되어 온 것과는 달리 자명한 이치로 간주될 수 없는 것이라는 정당한 의심을 품게 되었습니다. 더 나아가 진화론에 대한 강력한 비판도 계속해서 제기되고 있습니다.

이와 같이 신(新)다윈주의자들의 과학 사상에 있어서도 진화론자들의 주장은 단지 임의적인 것임이 분명해집니다. 전문적인 과학자들의 세 권의 책을 인용하면서, 이 주제와 관련된 설명을 마무리하겠습니다.

언젠가 다윈의 신화가 과학의 역사에서 가장 큰 거짓으로 밝혀지리라 생각한다.[12]

다윈의 성공은 과학의 완전성의 붕괴를 가져왔다. 계속해서 합리적인 증거들이 필요한 이론을 지키기 위해 역사적으로 불완전한 증거들이 총동원되었다. 이와 같은 방법으로 점점 더 혼란과 미궁으로 인도되는 허구적 가정과 사건의 다양한 사례들 위에 세워진, '흔들리는 건축물'(다윈의 이론)이 출현했다.[13]

화석 기록은 다윈의 이론을 지지하는 증거를 제공하지 않는다.[14]

결국 언제나 과학자들의 추가적이고 새로운 연구의 대상일 수밖에 없는 자연과학은 '하느님의 인간창조'에 관한 성경의 진리를 결코 증명하거나 반박할 수 없습니다. 그러므로 우리 신앙을 자연 과학 이론들로 판단하고 설명하는 것은 유익한 것이 아니라는 사실에 모두가 동의할 것이라고 생각합니다.

- 아무도 본 사람이 없는데 하느님께서 사람을 창조하신 그 모든 과정을 우리가 어떻게 알게 되었습니까?

이미 말씀드린 대로 성령의 조명과 인도를 받아서 기록된 성경으로부터 모든 것을 알 수 있습니다. 그러나 오해소지가 없도록 처음부터 확실하게 말하자면, 성경은 사람의 창조에 대해 말할 때 독자가 이해할 수 있도록 상징적 형상과 인간적 감성의 표현 방법을 사용합니

---

12   Løvtrup, Søren, *Darwinism: The refutation of a myth*, New York: Croom Helm.

13   Thompson, WR., *Introduction: Origin of Species*, by Charles Darwin.

14   Kitts, David B, *Search for the holy transformation, review of Evolution of living organisms*, by Pierre-P.Grasse, Paleobiology, vol.5

다. 우리의 모든 의문을 해소하기 위해 자세하게 설명할 수도 있었겠지만, 그렇게 했더라도 우리의 이성은 사람의 창조의 신비를 온전히 이해할 수는 없었을 것입니다. 성경은 과학적 개념을 사용하여 사건을 설명하는 과학 서적이 아닙니다. 성령께서는 우리가 꼭 알아야 할 필요가 있는 다음과 같은 내용을 우리에게 밝혀주셨습니다. 즉, 성 삼위일체이신 하느님께서 특별한 능력(에네르기아)으로 사람을 비롯한 모든 피조물을 창조하셨다는 사실, 그리고 지구의 다른 어떤 피조물과도 달리 사람은 물질인 육체와 불멸의 영혼으로 구성된다는 것, 하느님께서는 사람에게 탁월한 은사들을 주셨고 동식물을 비롯한 모든 세계를 능력껏 잘 지배하고 가꾸라는 임무를 주셨다는 것입니다. 이러한 진리들을 더 상세하게 살펴보겠습니다.

우리가 위에서 살펴본 바와 같이 성 삼위일체의 하느님께서는 함께 협의하고 결정하신 후에, 사람 창조의 계획을 실행하셨습니다. 창세기에서는 이 위대한 사건을 다음과 같이 서술합니다.

> 주 하느님께서 진흙으로 사람을 빚어 만드시고 코에 입김을 불어 넣으시니, 사람이 되어 숨을 쉬었다. (창세기 2:7)

> 하느님께서는 '우리 모습을 닮은 사람을 만들자!'[15] 그래서 바다의 고기와 공중의 새, 또 집짐승과 모든 들짐승과 땅 위를 기어 다니는 모든 길짐승을 다스리게 하자!' 하시고 당신의 모습대로 사람을 지어내셨다. 하느님의 모습대로 사람을 지어내시되 남자와 여자로

---

15 『칠십인역 구약성경』의 이 문장을 직역하면, "우리 형상대로 (우리를) 닮도록 사람을 만들자"가 된다. 칠십인역을 사용했던 알렉산드리아의 필론을 비롯한 후기 유대교 랍비들뿐만 아니라 초대 교회 교부들은 이 구절을 통해 인간에게 주어진 객관적 은총으로서의 "형상"과 하느님과의 은총을 통해서 성취해야 할 본질적 과제로서의 "(하느님과의) 닮음"을 구별하여 신학적 인간학의 기초로 삼았다. 이것은 그리스도교 전통 안에서 특별히 정교회의 구원론에서 "신화(神化) 구원론"의 인간학적 기초를 이루게 된다.

지어내셨다. (창세기 1:26-27)

여기서 보는 바와 같이 하느님은 인격적으로 사람의 창조에 개입하셨습니다. 흙으로 육체를 빚어 만드셨고, 흙으로 된 이 육체에 입김을 불어 넣으시어, 다시 말해 영혼을 불어 넣어 주시어, 살아있는 생명이 되게 하셨습니다. 이렇게 해서 사람은 영혼을 가진 존재가 되었습니다. 그러므로 예언자 다윗은 하느님께 감사를 드리면서 "손수 나를 빚어 만드셨으니 깨우침을 주소서"(시편 119:73)라고 찬양했던 것입니다. 그리고 우리 교회의 한 성가는 이렇게 찬양합니다.

> 흙으로 나의 몸을 빚어 만드시고, 신성한 생명을 주시는 입김을 불어 넣으시어 내 영혼을 만드셨나이다.
> (다마스커스의 성 요한이 지은 뜨로빠리온 6조, 『각종예식서』 241쪽)

이 표현도 물론 어떤 상징성을 가집니다. 그것은 사람이 그 물질적 몸으로는 땅의 현실을 반영하고, 그 영혼으로는 하느님과 연결되어 있다는 것을 보여주고자 합니다. 몸은 물질이 썩어 없어지듯, 결국 죽음을 맞게 됩니다.

영혼은 영이고, 그래서 불멸합니다. 영혼의 생명은 절대로 단절되지 않습니다. 그리고 영혼은 육체에 생명을 주고, 영적인 활동을 수행하기 위해 육체를 도구로 사용합니다. 영혼은 헤아릴 수 없는 가치를 지닙니다! 그러나 육체 또한 영의 명령에 순종한다면 거대한 가치를 갖게 되고, 영혼과 함께 영광을 누립니다. 그때 육체는 그리스도와 연합되는 영광을 얻고, 성령이 거하시는 성전이 되기 때문입니다. 그리고 주님의 재림 때, 육체는 다시 영혼과 결합되어 부활할 것이고, 하느님의 왕국에서 영원히 살게 될 것입니다.

- **하와는 어떻게 창조되었습니까?**

『창세기』는 우리에게 알려줍니다.

> 주 하느님께서는 "아담이 혼자 있는 것이 좋지 않으니, 그의 일을 거들 짝을 만들어주리라." 하셨다. (창세기 2:18)

> 주 하느님께서 아담을 깊이 잠들게 하신 다음, 아담의 갈빗대를 하나 뽑고 그 자리를 살로 메우시고는 그 갈빗대로 여자를 만드신 다음, 아담에게 데려오셨다. (창세기 2:21-22)

성경을 통해서 우리가 알 수 있는 것은, 여자는 결코 남자와 전혀 상관없는 또 다른 피조물이 아니라는 것입니다. 하와를 처음 보았을 때, 아담은 그것을 정확하게 알고 느꼈습니다.

> 아담은 이렇게 외쳤다. "드디어 나타났구나! 내 뼈에서 나온 뼈요, 내 살에서 나온 살이로구나. 지아비에게서 나왔으니 지어미라고 부르리라!" (창세기 2:23)

하느님께서 아담의 옆구리 갈빗대 하나를 뽑아서 하와를 만들었다고 말하는 이 성경 구절은 여자가 남자와 동등한 위치에 있다는 것, 그리고 더 나아가 남자와 여자는 같은 본질을 가진 존재라는 것을 보여주는 아주 가치 있고 소중한 말씀입니다.

- **영적인 존재인 하느님은 형체가 없어 아무도 볼 수 없는 분이신데, "하느님의 형상에 따라 사람을 창조하셨다"는 말은 무슨 의미입니까?**

"하느님의 형상에 따라" 창조된 존재란 인간의 물질적 육체가 아니라 인간의 영혼, 즉 인간의 영적인 실존과 관련됩니다. 성 삼위일체이신 하느님께서는 사람을 창조하시기로 결정하시면서 사람에게 다음과 같은 임무를 주셨습니다.

> 하느님께서는 "우리의 형상에 따라 (우리를) 닮도록 사람을 만들자![16] 그래서 바다의 고기와 공중의 새, 또 집짐승과 모든 들짐승과 땅 위를 기어 다니는 모든 길짐승을 다스리게 하자!" 하시고, 당신의 형상에 따라 사람을 지어내셨다. (창세기 1:26-27)

다시 말해 하느님께서는 사람을 모든 피조물의 주인이자 관리자로 임명하셨습니다. 하느님 자신이 모든 창조물에 대해서 권세를 가지고 계신 것처럼, 사람에게도 땅 위에 있는 모든 것들에 대해 행사할 큰 특권과 권한을 주셨습니다. 이 권세를 훌륭하게 행사할 수 있도록, 하느님께서는 사람의 불멸하는 영혼에 사유능력과 지혜, 신중함과 창의성, 그리고 자유의지를 주심으로써, 선을 선호하고 악을 피할 수 있게 하셨으며, 이를 통해서 하느님의 영적인 형상이 사람에게 반영될 수 있도록 하셨습니다. 하느님께서는 다른 어떠한 피조물에게도 사람에게 주신 영적인 자질을 주지 않으셨습니다. 땅, 하늘, 물속의 모든 동식물들에게는 다만 자신을 유지하고, 자신을 위험으로부터 보호하며, 번식하는 데에 필요한 본능만을 주셨을 따름입니다. 그리고 이러한 본능은 아무리 세월이 흘러도 발전되지 않고 동일하게 유지됩니다. 그래서 동물은 문명을 발전시킬 능력이 없는 것입니다. 동물 중에는 사람보다 훨씬 탁월한 육체적 본성을 가진 동물도 많지만, 그럼에도 불구하고 사람은 그 사유능력과 창조성을 가지고 자신의 삶을 개선시키고 발전시킬 수 있는 유일한 존재이고 그래서 모든 동물을 능가하는 피조세계의 가장 탁월한 존재인 것입니다.

---

16 여기서는 『칠십인역 구약성경』 본문의 의미를 살리기 위해서, 그리고 정교회의 신학적 인간학의 전개를 위해서 사역(私譯)을 사용하였다.

- "(하느님을) 닮도록" 사람을 창조하셨다는 말은 무슨 의미입니까? 사람이 하느님과 닮을 수 있습니까?

맞습니다. 사람이 하느님을 닮을 수 있다는 것을 의미합니다. 자유의지를 선하게 사용한다면, 사람은 하느님께서 주신 자질과 하느님의 도우심과 은총을 통해 그분을 닮을 수 있습니다. 인간의 본성에 있어서 그것은 충분히 가능한 것입니다. 물론 하느님과 동등하게 되는 그런 완전한 일치는 불가능하지만, 하느님을 닮는 것은 얼마든지 가능합니다. 다시 말해 사람은 하느님의 정의, 하느님의 진리, 하느님의 사랑, 하느님의 거룩하심을 닮을 수 있습니다. 예수 그리스도의 강생 이후의 시대를 살고 있는 우리는 이 사실을 더욱 쉽게 이해할 수 있습니다. 우리는 그것의 확실한 전형을 알기 때문입니다. 인성과 신성을 지니신 주 예수 그리스도는 사람이 되시어 사람들 가운데서 사셨고, 그 삶과 가르침의 탁월한 모범을 통해서, 하느님을 닮으려면 우리가 어떻게 살아야 하는지를 깨닫게 해주셨습니다.

사도 바울로는 우리에게 분명하게 말씀하십니다.

> 여러분은 하느님의 사랑을 받는 자녀답게 하느님을 닮으십시오.
> (에페소 5:1)

사도 베드로도 다음의 내용과 관련해서 보충해서 말씀하십니다.

> 여러분은 바로 그렇게 살아가라고 부르심을 받은 사람들입니다. 그리스도께서도 여러분을 위해서 고난을 받으심으로써 당신의 발자취를 따르라고 본보기를 남겨주셨습니다. 그리스도는 죄를 지으신 일이 없고 그 말씀에도 아무런 거짓이 없었습니다.
> (Ⅰ베드로 2:21-22)

주님께서 이 땅에서 어떻게 사셨는지에 관해서는 거룩한 복음경을 통해서 잘 알 수 있습니다. 그러므로 그리스도인들은 매일 거룩한 복음경을 열심히 읽고 그리스도의 삶을 본받아서 하느님을 닮아가야 합니다. 사람은 그리스도의 형상에 따라 빚어졌기에, 그리스도는 사람의 모범이고 원형이십니다.

아담 창조, 모자이크, 12세기
몬레알레 대성당, 팔레르모, 이탈리아

제 12 장

낙 원

하느님께서는 인간의 생존을 위해 각별한 관심을 쏟으셨습니다.

> 주 하느님께서는 동쪽에 있는 에덴이라는 곳에 동산(낙원)을 마련하시고 당신께서 빚어 만드신 사람을 그리로 데려다가 살게 하셨다. (창세기 2:8)

그리고 구약성경은 계속해서 낙원의 아름다움을 묘사합니다. 그곳에는 잎이 무성한 각양각색의 관상용 나무와 맛있고 영양이 풍부한 과일을 풍성하게 맺는 나무들, 다양한 새와 동물, 꽃, 그리고 세상 최고의 것으로 가득했습니다. 또한 낙원에 필요한 물을 공급하는, 맑은 물이 흐르는 네 개의 강이 있었습니다. 그리고 하느님께서는 으뜸가는 피조물인, 아담과 하와를 이 낙원에 데려다 놓으시어, 아무런 부족함 없이 행복하게 살게 하셨습니다.

- 낙원이 지구 어느 곳에 있었는지 알 수 있습니까?

오랜 세월 동안 성경학자들과 고고학자들이 낙원의 위치가 어디인지를 알기 위해 온갖 연구를 거듭했습니다. 그들 대부분은 오늘날 메소포타미아의 티그리스 강과 유프라테스 강 사이에 낙원이 있었을 것이라는 데에 동의합니다. 『창세기』에도 낙원에 네 개의 강(티그리스, 유프라테스, 기혼, 비손 강)이 흐르고 있었다는 설명이 나오기 때문입니다.

티그리스 강과 유프라테스 강은 크고 잘 알려진 강(江)입니다. 기혼 강은 오늘날에는 가룬 강이라고 부릅니다. 가룬 강의 발원지는 이란의 산악지대입니다. 그리고 오늘날 아만다라 불리는 곳 가까이에서 티그리스 강과 만나고 몇 마일 남쪽으로 흘러 다시 유프라테스 강과 합쳐진 다음 페르시아 만으로 흐릅니다. 또 비손 강은 오늘날에는 말라버려 더 이상 물이 흐르지 않고, 단지 마른 강바닥만이 확인되고 있습니다. 오늘날 이 지형은 '와디 알-바틴(Wadi al-Batin)'이라고 불립니다. 아주 옛날에 이 강은 기혼 강이 유프라테스 강과 합류한 곳 가까이에서 그 또한 유프라테스 강과 합류한 뒤 페르시아 만으로 흘러들어갔을 것으로 추측됩니다.

이러한 요소들은 낙원의 위치를 확정하는 데에 큰 도움이 됩니다. 그러나 불행히도 오늘날 낙원의 아름다움은 아무것도 남아 있지 않습니다.

- 낙원에는 그 밖에 다른 중요한 것이 또 무엇이 있었습니까?

성경은 매우 중요한 두 가지 나무를 언급합니다. 한 나무는 '생명의 나무', 또 다른 나무는 '선과 악을 알게 하는 나무'(창세기 2:9)라고 불립니다. 이 두 나무가 낙원 한가운데에 있었습니다.

- 하느님께서 낙원에 '선과 악을 알게 하는 나무'를 두신 이유는 무엇입니까?

하느님께서는 첫 피조물인 아담과 하와에게 모든 나무의 열매들은 따 먹을 수 있지만 선과 악을 알게 하는 나무의 열매는 결코 따 먹어서는 안 된다고 말씀하셨습니다. 그것은 인간이 자유의지로 하느님께 순종하기를 원하는지 또 하느님과 친교하며 살기를 원하는지를 확인해 보기 위한 것이었습니다. 이미 말했듯이, 하느님께서는 첫 피조물과 그들의 모든 후손에게 자유의지를 주셨습니다. 자유의지를 선하게 사용한다면, 그들은 하느님의 훌륭한 자녀로 인정받아, 선함을 계속 유지하면서, 하느님과의 지속적인 친교와 낙원의 온갖 복을 누리며 살 수 있었습니다. 하느님께서는 사람이 그들 스스로의 바람과는 상관없이, 마치 프로그램에 따라서 움직이는 로봇처럼, 이 모든 것을 누리도록 강제하지 않으셨습니다. 그러므로 하느님께서 낙원에 두신 '선과 악을 알게 하는 나무'는 하나의 '시험' 나무라 하겠습니다. 만약 그 시험을 통과한다면, 그는 가장 큰 상인 거룩함과 불멸함, 하느님과의 닮음을 얻게 될 것이었습니다.

- 그러면 '생명의 나무'의 존재는 어떤 목적을 가지고 있었습니까?

나무의 이름이 알려주는 바와 같이 이 나무의 열매를 따먹으면 영원히 죽지 않고 살게 되어 있었습니다.(창세기 3:22) 그 나무가 어떤 것이었는지는 성경 어디에도 자세한 설명이 없어, 정확하게 알 수는 없습니다. 어쩌면 그렇게 중요한 것이 아닐 수도 있습니다. 아무튼 이 나무는 불멸의 열매을 가지고 있었습니다. 이 밖의 다른 나무들은 첫 피조물인 아담과 하와의 영양 섭취를 위한 나무입니다. 이 나무들은 첫 피조물이 죽는 것을 막고 계속해서 젊음과 생명을 유지하여 영원한 불멸의 상태를 유지할 수 있게 해주기 위한 것들이었습니다.

- **아담과 하와는 낙원에서 어떻게 살았습니까?**

하느님께서는 그들에게 낙원에서 일하고 낙원을 돌보라는 임무를 주셨습니다.(창세기 2:15) 그들의 일은 즐겁고 창조적인 것이었습니다. 힘들고 어려운 일은 없었고, 곤충이나 들짐승이나 자연재해의 위험도 없었습니다. 낙원의 모든 피조물은 그들을 돌보는 아담을 주인으로 여기고 순종했습니다. 다만 이들이 지켜야 할 한 가지 하느님의 명령이 있었으니, 그것에 대해 성경은 이렇게 기록하고 있습니다.

> 주 하느님께서 아담을 데려다가 에덴에 있는 이 동산을 돌보게 하시며 이렇게 이르셨다. "이 동산에 있는 나무 열매는 무엇이든지 마음대로 따먹어라. 그러나 선과 악을 알게 하는 나무 열매만은 따먹지 마라. 그것을 따먹는 날, 너는 반드시 죽는다." (창세기 2:15-17)

이 말씀은 이런 의미입니다.

"낙원의 모든 열매와 온갖 좋은 것들은 다 너희들 것이다. 자유스럽게 만끽하여라. 단지 이 나무의 열매만은 따 먹지 말아라. 내 말을 들으면, 너희가 자유의지로 항상 내 곁에 있기를 원한다는 것이 증명될 것이다. 하지만 내 말을 듣지 않는다면 그것은 너희가 나를 뒷전으로 밀쳐내고 나와 함께 살기를 원하지 않는다는 증거가 될 것이다. 나를 떠나 홀로 독립해서 살기를 원한다는 증거가 될 것이다. 그러나 생명의 원천인 나와의 관계를 끊는다면, 그날로 너희는 영적으로 죽을 것이며 나중에는 육체도 죽을 것이다."

첫 피조물인 아담과 하와 앞에는, 하느님께 순종하여 그분과 함께 영원한 행복을 누리며 살 것인가, 아니면 하느님의 뜻을 거슬러서 그 결과로 영적인 죽음과 육체의 죽음이라는 이중의 죽음에 처해질 것인가라는 엄중한 문제가 놓여 있었던 것입니다.

아담과 하와의 만남, 모자이크, 12세기
몬레알레 대성당, 팔레르모, 이탈리아

제 13 장
아담과 하와의 타락

- 아담과 하와가 타락한 후, 그들과 하느님과의 관계는 어떻게 되었습니까?

그들은, 그들 자신과 그들의 후손인 우리 모두를 위해, 하느님의 무한한 사랑과 하느님께서 우리에게 주신 수많은 은혜에 올바르게 응답해야 했지만 불행하게도 그러질 못했습니다. 사탄에게 속고 말았던 것입니다.

- 사탄이 낙원에 들어와서 아담과 하와를 만났다니, 어떻게 그런 일이 일어난단 말입니까?

사탄은 어디나 들어갑니다. 상황에 따라서는 교활하게 변신해서 사람들을 속이고 자신의 편으로 만듭니다. 하느님께서 사람에게 주신 온갖 특권과 자질과 영예 때문에 사탄은 사람을 질투했습니다. 그래서 낙원에서 사람을 쫓아내기 위해 교묘한 속임수를 꾸몄던 것입니다. 사탄은 사람을 위하는 척하면서 거짓말을 하고 하느님을 중상모략 했습니다.

성경은 이 사건에 대해 이렇게 알려줍니다. 하와가 '선과 악을 알게 하는 나무' 가까이에 홀로 있을 때, 악마는 뱀의 모습을 하고 나타나서 그녀에게 사태를 왜곡하여 교묘하게 질문을 던집니다.

> 하느님이 너희더러 이 동산에 있는 나무 열매는 하나도 따먹지 말라고 하셨다는데 그것이 정말이냐? (창세기 3:1)

이렇게 하느님의 말씀을 자기 마음대로 왜곡하고 마치 하느님을 잔인하고 불공평한 분이라도 되는 듯 모략하는 것을 들었을 때, 하와는 곧바로 악마와 대화를 중단하고 그를 떠나야만 했습니다. 그러나 하와는 사탄과 계속 대화를 이어 나갔으니, 이것이야말로 그의 첫 번째 잘못입니다.

> 아니다. 하느님께서는 이 동산에 있는 나무 열매는 무엇이든지 마음대로 따먹되, 죽지 않으려거든 이 동산 한가운데 있는 나무 열매만은 따먹지도 말고 만지지도 말라고 하셨다 (창세기 3:2-3)

사탄은 첫 번째 거짓말이 성공하지 못한 것을 알고는 오만방자하게도 교묘하게 하느님을 거짓말쟁이로 둔갑시킵니다. 뱀의 모습을 한 사탄이 계속해서 여자를 미혹합니다.

> 절대로 죽지 않는다. 그 나무 열매를 따먹기만 하면 너희의 눈이 밝아져서 하느님처럼 선과 악을 알게 될 줄을 하느님이 아시고 그렇게 말하신 것이다. (창세기 3:4-5)

하와는 사탄의 이 말을 믿고 말았습니다. 지극히 선하신 하느님에 대항하는 사탄의 중상모략에 동의하고 말았던 것입니다. 하와에게 호기심의 불꽃이 활활 타올랐습니다. "하느님처럼 모든 것을 알 수 있다니!" 하와의 생각은 점점 더 어두워졌습니다. "하느님처럼 될 수 있다니! 정말로 엄청난 일이 아닌가!" 그리고는 '선과 악을 알게 하는 나무'의 열매를 뚫어져라 쳐다봅니다. 한 개만 먹어도 모든 지식을 얻을 수 있다고 생각하니 열매가 참으로 먹음직스러웠습니다. 하와는 하느님의 명령을 무시하고 손을 뻗어서 나무 열매를 따서 먹었습니다. 어느새 아담은 그 옆에 와 있었고 하와가 하느님의 말씀을 어기는 것을 보고도, 말로든 행동으로든 아무런 제지를 하지 않았습니다. 더구나 하와가 그에게도 그 열매를 주자 오히려 그녀의 행동을 따라 기꺼이 이 금지된 열매를 먹고 말았습니다.(창세기 3:6) 이렇게 해서 사람의 첫 번째 큰 죄가 저질러졌습니다. 이것을 "첫 조상의 죄"[17]라고 합니다.

■ 하느님께서는 그분의 명령을 위반한 것에 어떻게 반응하셨습니까?

하느님께서는, 항상 자기 자식들의 행복만을 원하는 사랑이 많으신 아버지로서, 그분의 피조물을 도우려 하셨습니다. 피조물이 저지른 큰 죄에 대해 마음 아파하시면서, 만약 그들이 회개하면 용서해주실 작정이셨습니다. 그래서 하느님께서는 아무것도 모르는 척하면서 아담과 자주 만나던 장소에 자신만의 방법으로 나타나셨습니다. 그때 아담은 그곳에 있지 않았고, 그래서 하느님께서는 아담의 이름을 불렀습니다.

아담아, 너 어디에 있느냐? (창세기 3:9)

17 흔히 '원죄'라고 번역하고 하는데, 정교회에서는 아담의 후손들이 아담의 죄의 결과는 물려받지만 죄 그 자체, 그리고 그 죄의 죄책은 물려받지 않는다고 믿는다는 점에서, 아담과 그 후손들 모두가 아담의 죄와 그 죄책을 공유한다고 주장하는 서방교회의 원죄 교리와는 차이가 있다.

"아담아, 왜 나를 피하느냐? 네가 얼마나 고귀한 존재였는지, 하지만 지금은 또 얼마나 추한 모습인지 이젠 알겠느냐? 무슨 일이 있었던 것이냐? 지금은 어디에 있느냐? 내가 너를 찾고 있단다." 이렇게 말씀하시는 것 같습니다. 하지만 아담은 자신의 죄를 고백하고 용서를 구하기는커녕 하느님께 이렇게 대답합니다.

> 당신께서 동산을 거니시는 소리를 듣고 알몸을 드러내기가 두려워 숨었습니다. (창세기 3:10)

하느님께서는 이미 모든 일을 알고 계시지만, 아담이 자신의 죄를 고백하고 용서받을 수 있는 기회를 주시기 위해, 아담에게 다시 이렇게 물으셨습니다.

> 네가 알몸이라고 누가 일러주더냐? 내가 따먹지 말라고 일러둔 나무 열매를 네가 따먹었구나! (창세기 3:11)

그러나 보십시오. 아담이 어떻게 대답하고 있는지 말입니다. 아담은 하느님께서는 모든 것을 다 알고 계시는 분이심을 잘 알면서도 오만하게 자신을 정당화하려 했습니다. "제가 잘못하지 않았습니다! 하와가 잘못했습니다. 하와가 나에게 열매를 주어서 먹었습니다." 아니 그는 책임을 하와에게 떠넘기는 것도 모자라 자신의 죄를 하느님의 책임으로 몰아갔습니다.

> 당신께서 저에게 짝지어 주신 여자가 그 나무에서 열매를 따주기에 먹었을 따름입니다. (창세기 3:13)

하느님께서는 아담이 죄를 뉘우칠 마음이 없는 것을 아시고는 이번에는 하와에게 물으십니다.

> 어쩌다가 이런 일을 했느냐? (창세기 3:13)

하지만 하와도 아담처럼 자신의 죄를 뉘우치지 않고 대신 그 죄의 책임을 뱀에게 돌렸습니다.

> 제 잘못이 아닙니다. 뱀에게 속아서 따먹었습니다. (창세기 3:13)

■ **첫 피조물들인 아담과 하와가 이와 같이 타락한 행동을 했을 때, 하느님께서는 그들을 벌하셨습니까?**

위에서도 말했듯이 하느님은 사랑이십니다. 그래서 벌이 아니라 희망을 통해서 그 자녀들을 훈육하십니다. 장차 하와의 후손(동정녀 마리아의 아들이신 예수 그리스도)은 뱀의 모습으로 나타났던 사탄에게 발꿈치를 물릴 것이지만(예수님께서 십자가에 달리심을 의미), 결국 그 머리를 짓부수실 것입니다.

> 나는 너를 여자와 원수가 되게 하리라. 네 후손을 여자의 후손과 원수가 되게 하리라. 너는 그 발꿈치를 물려고 하다가 도리어 여자의 후손에게 머리를 밟히리라. (창세기 3:15)

이 희망은 세대에서 세대로 전승 되었습니다. 그것은 어느 날 구세주가 오셔서, 사람들을 '첫 조상의 죄'로 인한 참혹한 상태에서 해방시킬 것이며, 사탄의 폭압으로부터 구원해줄 것이라는 희망입니다. 이에 관해서는 나중에 다시 배우겠지만 결론을 말하자면, 이 희망은 이미 실현되었습니다. 하느님께서 하신 두 번째 일은 첫 피조물들이 생명나무의 열매를 먹고 이 비극적인 상태에서 영원히 사는 것을 막기 위해, 생명나무로 가는 길을 막는 것이었습니다. 성 대 바실리오스는 이 대목을 "악이 영원히 존재하는 것을 막기 위한 것"이라고 해석했습니다. 그때부터 첫 피조물들은 자신들의 선택에 따른 길을 걸어가야 했습니다. 먼저 그들과 하느님과의 교류가 단절되었고, 낙원의 행복한 삶을 잃어버렸습니다. 창조주 하느님께서 주신 탁월한 은사들을 잃어버리고 벌거숭이가 되어 버렸습니다. 아담은 모든 피조물에 대한 권세 또한 잃어버리게 되었습니다. 아담과 하와가 그의 창조주에게 순종했을 때는 다른 모든 피조물이 아담과 하와에게 순종했습니다. 하지만 아담과 하와가 하느님께 순종하기를 멈춘 순간부터 다른 피조물들 또한 아담에게 적대적인 존재로 변해 버렸습니다. 아담과 하와의 삶의 방식 또한 완전히 바뀌었습니다. 그들의 노동은 더 이상 낙원에서처럼 즐겁고 쉬운 것이 아니게 되어버렸습니다. 그들은 생계를 유지하고 필요한 것들을 얻기 위해 수고하고 땀 흘려 일해야만 하게 되었습니다. 자식을 낳아야 했고, 그의 아들 카인이 질투로 인해 죄 없는 동생 아벨을 죽이는 끔찍한 사건을 겪는 크나큰 슬픔과 고통도 맛보아야 했습니다. 그리고 그들은 죽음이라는 필연적 현실을 만나야만 했습니다. 이제 자연도 사람을 거역했습니다. 들짐승은 사나워졌고, 사람들을 공격하기 시작했습니다. 질병도 생겨났고, 윤리적인 타락, 자연재해 그리고 수많은 재난이 나타났습니다. 이를 두고 사도 바울로는 이렇게 말합니다.

> 우리는 모든 피조물이 오늘날까지 다 함께 신음하며 진통을 겪고 있다는 것을 알고 있습니다. (로마 8:22)

이 '첫 조상의 죄'와 그것의 비극적 결과들은 아담과 하와의 모든 후손에게, 다시 말해 땅의 모든 백성과 모든 세기에 걸쳐서 번져갔습니다.

> 한 사람이 죄를 지어 이 세상에 죄가 들어왔고 죄는 또한 죽음을 불러들인 것같이 모든 사람이 죄를 지어 죽음이 온 인류에게 미치게 되었습니다. (로마 5:12)

> 그분은 이 세상과 그 안에 있는 모든 것을 만드신 하느님이십니다.
> … 하느님께서는 한 조상에게서 모든 인류를 내시어 온 땅 위에서
> 살게 하시고 또 그들이 살아갈 시대와 영토를 미리 정해 주셨습니
> 다." (사도행전 17:24-26)

　　죄에 전염된 피가 모두를 오염시켰습니다. 사도 바울로는 「로마인들에게 보낸 편지」에서, 첫 피조물이 타락한 후 모든 사람들이 처하게 된 상황을 아주 강렬하고도 슬픈 어조로 요약 표현합니다.[18] 이 편지를 읽으면, 우리 모두는 인류가 처하게 된 이 비극적 현실에 가슴

18　**로마 1:20-32**　하느님께서는 세상을 창조하신 때부터 창조물을 통하여 당신의 영원하신 능력과 신성과 같은 보이지 않는 특성을 나타내 보이셔서 인간이 보고 깨달을 수 있게 하셨습니다. 그러니 사람들이 무슨 핑계를 대겠습니까? 인간은 하느님을 알면서도 하느님으로 받들어 섬기거나 감사하기는커녕 오히려 생각이 허황해져서 그들의 어리석은 마음이 어둠으로 가득 차게 되었습니다. 인간은 스스로 똑똑한 체하지만 실상은 어리석습니다. 그래서 불멸의 하느님을 섬기는 대신에 썩어 없어질 인간이나 새나 짐승이나 뱀 따위의 우상을 섬기고 있습니다. 그 때문에 하느님께서는 사람들이 자기 욕정대로 살면서 더러운 짓을 하여 서로의 몸을 욕되게 하는 것을 그대로 내버려두셨습니다. 사람들은 하느님의 진리를 거짓과 바꾸고 창조주 대신에 피조물을 예배하고 섬겼습니다. 그러나 영원히 찬양을 받으실 분은 창조주이십니다. 아멘. 인간이 이렇게 타락했기 때문에 하느님께서는 그들이 부끄러운 욕정에 빠지는 것을 그대로 내버려두셨습니다. 여자들은 정상적인 성행위 대신 비정상적인 것을 즐기며 남자들 역시 여자와의 정상적인 성관계를 버리고 남자끼리 정욕의 불길을 태우면서 서로 어울려서 망측한 짓을 합니다. 이렇게 그들은 스스로 그 잘못에 대한 응분의 벌을 받고 있습니다. 인간이 하느님을 알아보려고도 하지 않았기 때문에 하느님께서는 그들이 올바른 판단력을 잃고, 해서는 안 될 일들을 하게 내버려두셨습니다. 그래서 인간은 온갖 부정과 부패와 탐욕과 악독으로 가득 차 있으며 시기와 살의와 분쟁과 사기와 악의에 싸여서 없는 말을 지어내고 서로 헐뜯고 하느님의 미움을 사고 난폭하고 거만하며 제 자랑만 하고 악한 일을 꾀하고 부모를 거역할뿐더러 분별력도, 신의도, 온정도, 자비도 없습니다. 그런 모양으로 사는 자는 마땅히 죽어야 한다는 하느님의 법을 잘 알면서도 그들은 자기들만 그런 짓들을 행하는 게 아니라 그런 짓들을 행하는 남들을 두둔하기까지 합니다.

아파하지 않을 수 없습니다.

- 하느님께서는 이 참혹한 인간 현실에 대해 어떻게 대처하셨습니까? 사람들을 이 고통에서 구하기 위해 무엇을 하셨습니까?

구약성경을 보면 주님께서는 그분의 피조물을 다시 그분 가까이로 데려오시기 위해 계속해서 사람들의 삶에 수없이 개입해 오셨다는 것이 드러납니다. '성 대 바실리오스의 성찬예배'의 제2 봉헌기도문은 인류를 하느님 가까이로 다시 오게 해주신 주님의 모든 은혜와 자비에 대해 요약하면서 깊은 감사를 표현합니다.

> 오, 선하신이여, 당신 손으로 만드신 피조물을 잊지 않으시고, 자비로운 마음에서 온갖 방법으로 그를 찾아 주셨나이다. 당신은 예언자들을 보내셨고, 영원히 당신께 큰 기쁨을 드린 성인들을 통해 놀라운 일들을 행하셨으며, 당신 종 예언자들의 입을 빌려 장차 이루어질 구원을 우리에게 알리셨고, 율법을 주어 우리를 도우셨으며, 우리에게 수호천사를 정해 주셨나이다. (제2 봉헌기도문, '성 대 바실리오스 성찬예배', 『성찬예배서』 59쪽)

하느님께서 아담의 후손에게 베푸신 은혜에 관한 자세한 언급은 특별히 첫 보제 순교자이신 성 스테파노스가 예루살렘의 유대교 의회에서 의회원들에게 행한 설교에 잘 나타나 있습니다.(사도행전 7:1-53) 그러나 불행히도 선택받은 몇 사람만이 하느님의 이 부르심에 응답했습니다. 사도 바울로는 「히브리인들에게 보낸 편지」(11:2-38)에서, 그들이 누구인지 또 어떻게 하느님의 부르심에 응답했는지를 되새깁니다. 여기서 하느님을 믿었던 사람들의 공통된 특징은 누구나 다 다른 많은 사람들의 반대와 적대를 경험했다는 것입니다. 그럼에도 불구하고 하느님께서는 절대로 사람에 대한 사랑과 관심을 거두지 않으셨고, 그때그때 필요할 때마다 인류를 구원하기 위한 계획들을 실행해 나가셨습니다.

동산에서 추방되는 아담과 하와, 모자이크, 12세기
팔라티네 채플, 팔레르모, 이탈리아

제 14 장
메시아를 기다림

- 인류 구원을 위한 주님의 계획은 무엇이었습니까?

위에서 우리는 아담과 하와의 타락으로 인해 추락한 인간을 다시 일으켜 세우기 위한 계획이 무엇인지에 대해 잠깐 언급한 바 있습니다. 그것은 바로 하와의 후손(예수 그리스도)이 사탄을 물리치고 죄로부터 사람을 구한다는 것이었습니다. 물론 처음에는 베일로 가려 있었기 때문에 그것을 확실하게 알 수 있는 사람은 없었습니다. 하지만 하느님께서는 거룩한 예언자들을 통해 신비에 가려진 이 계획을 조금씩 알려주심으로써 사람들이 그것을 준비하게 하셨습니다. 여기서 말하는 하와의 후손은, 성 삼위일체의 두 번째 위격이신 독생 성자이시고, 동정녀로부터 나시어 세상에 오신 예수 그리스도이십니다. 그분 외에 다른 누구일 수 없습니다. 우리는 구약성경의 이사야 예언서와 다른 예언서들을 통해서 분명하게 이 사실을 알 수 있습니다.

주께서 몸소 징조를 보여주시리니, 처녀가 잉태하여 아들을 낳고 그 이름을 임마누엘이라 하리라. (이사야 7:14)

또한 예언자 미가는 메시아가 어디에서 탄생하실지를 알려줍니다.

> 에브라다 지방 베들레헴아, 너는 비록 유다 부족들 가운데서 보잘 것없으나 나 대신 이스라엘을 다스릴 자, 너에게서 난다. 그의 핏줄을 더듬으면, 까마득한 옛날로 올라간다. (미가 5:2)

사도 바울로는 이 사실을 더욱 분명하게 선포했습니다.

> 그러나 때가 찼을 때 하느님께서 당신의 아들을 보내시어 여자의 몸에서 나게 하시고 율법의 지배를 받게 하시어 율법의 지배를 받고 사는 사람을 구원해 내시고 또 우리에게 당신의 자녀가 되는 자격을 얻게 하셨습니다. (갈라디아 4:4-5)

- '메시아가 오실 것'이라는 예언이 다른 백성과 민족들에게도 전해진 적이 있습니까?

모든 민족의 역사에는, 그들이 겪고 있는 고통과 불행과 죄를 없애 줄 세상의 구원자에 대한 갈망과 기다림의 전승은 존재합니다. 그러나 보통 이러한 전승들 대부분은 신화나 환상적인 이야기로 끝나고 맙니다. 기원전 6세기 경 중국에서는 서쪽에서 '성인(聖人)'이 올 것이라는 기대가 존재했습니다. 공자는 그를 '신의 사람'이라고 불렀습니다. 또한 바빌로니아 사람들도 자신들을 구원하고 해방시켜 줄 '사람이 된 신'을 기대했습니다. 인도 사람들 또한 세계를 구할 구원자의 출현을 기대했고, 그의 '황금시대'가 다시 올 것이라고 기대했습니다. 힌두교의 고대종교 형태였던 베다 경전에는 불과 태양의 신 아그니가 동정녀로부터 태어나서 하늘에 있는 아버지로부터 "하느님과 세상의 중재자로" 보내질 것이라는 사상이 나타나기도 합니다. 또 위대한 그리스 철학자 아리스토텔레스, 플라톤, 소크라테스는 참 신은 한 분이라는 사상을 주장하기도 했습니다. 소크라테스는 "새로운 신에 대한 사상"을 펼쳤다는 이유로 사형선고를 받았습니다. 소크라테스는 재판관을 향해서 다음과 같이 자신을 변론합니다.

> 여러분을 불쌍히 여기시는 신께서 여러분을 가르치시고 구원하시기 위해 그분을 보내실 때까지, 여러분이 잠자고 있는 이 상태는 계속 될 것입니다.

그러나 구원자 대망(大望)을 확실하게 보여주는 작품은 고대 그리스의 극작가 아이스킬로스의 고대 비극 삼부작 중 하나인 『프로메테우스의 비극』 삼부작입니다.(기원전 524-456년경) 프로메테우스의 신화를 소재로 한 이 삼부작의 첫째 권에는 프로메테우스가 제우스의 뜻에 반하여 불을 전해주는 내용이 나옵니다. 둘째 권의 내용은 '쇠사슬에 묶인 프로메테우스'로, 여기서 프로메테우스는 그 벌로 코카코스의 바위에 쇠사슬로 묶여 야생 독수리들에게 매일 간을 파 먹히는 고통을 받았습니다. 야생 독수리가 떠난 밤에 간은 다시 자라고, 다음 날에는 또 독수리에게 간이 파 먹히는 방식으로 이 고통은 끝없이 반복됩니다. 하지만 쇠사슬에 묶인 프로메테우스는 어느 날 "그대는 동정녀 이우스의 아들이 당신을 구하러 오기 전까지만 고통을 받을 것입니다"라는 위로의 소식을 듣게 됩니다. 셋째 권의 주제는 '풀려난 프로메테우스'로, 정말로 동정녀의 아들이 와서 야생 독수리를 죽이고 쇠사슬을 끊어 프로메테우스를 자유롭게 해준다는 내용입니다. 여기서 주인공 프로메테우스를 하느님의 명령을 어긴 아담과 하와로, 간을 파먹는 야생 독수리를 사탄과 죄로, 그리고 동정녀 이우스의 아들을 사탄과 죄의 세력을 물리치시고 사람을 그로부터 해방시키신 동정녀 마리아의 아들 예수 그리스도로 바꿔 읽는다면, 이것은 성경에 나오는 하느님의 인간 구원 드라마와 아주 유사하다는 것을 알 수 있습니다.

제 15 장
세상에 오신 하느님

- 하느님의 인간 구원 계획과 성취는 어떻게 전개되었습니까?

하느님께서는 인간 구원의 계획을 실행하실 때, 늘 그러하셨듯이 사람의 자유의지를 존중하시고 사람의 협력을 원하셨습니다. 구원사업의 실현과정을 살펴보면 하느님의 이러한 뜻이 잘 나타납니다. 하와는 순종하지 않아서 악의 첫 번째 원인이 되었습니다. 악의 이 첫 번째 원인에 대응하여, 새로운 하와가 나타나야 했습니다. 그는 자유의지로 하느님의 뜻을 받아들이고 순종하고 협력하고 그래서 불순종의 악을 사라지게 함으로써 하느님의 구원 사업이 성취되도록 해야 했습니다. "때가 되었을 때" 선택받은 여인, 순결하신 동정녀 마리아가 나타나셨습니다. 경건한 요셉과 약혼한(결혼은 하지 않았습니다) 사이였던 마리아는 갈릴래아의 나자렛 동네에서 사셨습니다. 『루가의 복음서』 1장 26-38절이 우리에게 말해주듯이, 동정녀 마리아는 "너에게 성령이 임하리니, 너는 초자연적인 방법으로 하느님 아들의 어머니가 될 은총을 받았다"라고 가브리엘 천사가 전해준 하느님의 뜻을 기꺼이 받아들였습니다.

가브리엘 대천사와의 대화에서 동정녀 마리아는 하느님의 뜻을 진심으로 믿고 겸손하게 순종하셨습니다. 마리아는 이렇게 대답하셨습니다.

> 이 몸은 주님의 종입니다. 지금 말씀대로 저에게 이루어지기를 바랍니다. (루가 1:38)

- 왜 동정녀 마리아는 이미 약혼한 상태에서 주님의 복된 뜻을 알게 된 것입니까? 더 일찍 약혼하기 전에 이 소식을 들을 수는 없었습니까?

그것은 다 하느님의 섭리에 따라 그렇게 된 것입니다. 그 시대에는 결혼하지 않은 처녀가 임신을 하거나 아이를 낳으면 모세의 법에 따라 돌로 쳐 죽이는 관습이 있었다는 것은 잘 알려진 사실입니다. 그래서 하느님께서는 요셉을 마리아의 약혼자로 세우시어, 성모 마리아와 그 아들 예수님 곁에 있게 하셨고, 그를 통해 법적으로나 사회적으로 어머니 마리아와 아들 예수를 보호하신 것입니다.

- 동정녀 마리아가 임신했지만, 그 아이가 자신의 아이가 아니라는 것을 알게 되었을 때, 요셉은 고민하지 않았습니까?

물론, 많이 당황했습니다. 더 나아가 이 사실을 밝히지 않고 몰래 파혼하기로 마음먹었습니다.(마태오 1:19) 그러나 주님의 천사가 요셉의 꿈에 나타나 성령으로 잉태한 것이니 아무런 걱정을 하지 말고 마리아를 약혼자로 받아들이라고 말했습니다.(마태오 1:20) 경건한 요셉은 그 순간부터 천사가 인도하는 대로 동정녀가 아들 예수를 잉태하고 출산하고 양육하는 그 모든 순간에 충실한 보호자로서 맡은 책임을 다 하였습니다.

우리 정교회는 매년 3월 25일을 '성모 희보 축일'로 경축하며, 이 위대한 사건을 기념합니다.

> 오늘 우리 구원이 시작되고 영원한 신비가 나타났도다. 하느님의 아들이 동정녀의 아들이 되시나니 가브리엘이 은총의 복음을 전하도다. 우리도 그와 함께 외치나니 은혜 입으신 테오토코스여 주께서 같이 계시니 기뻐하소서. (성모희보축일 찬양송)

성모희보, 목판 템페라, 1546년
크레테의 테오파니스 作, 스타브로니키타 수도원, 아토스, 그리스

- 동정녀 마리아와 요셉은 나자렛 동네에서 살았습니다. 그런데 예수님은 왜 베들레헴에서 태어나셨습니까?

『루가의 복음서』에서 답변을 얻을 수 있습니다. 이 사건이 일어날 때, 로마의 황제 아우구스투스는 로마제국의 모든 주민들에게 호구조사에 응하라는 명령을 내렸습니다. 요셉과 마리아는 다윗 왕의 족보에 속한 후손이기 때문에 다윗이 태어난 고을인 베들레헴으로 호구조사에 등록하러 갔습니다. 그때는 아기가 태어날 시기였습니다. 하지만 베들레헴에는 많은 사람들이 몰려들어, 하룻밤 묵을 숙소도 구할 수가 없었고, 그래서 동정녀 마리아는 아기 예수를 마구간에서 낳아야만 했습니다. 그리고 아기를 포대기로 잘 싸서 동물들의 음식을 담는 구유에 눕혔습니다. (루가 2:1-7)

이 사건은 『신앙의 신조』 제3조에서도 고백되고 있습니다.

> 우리 인간을 위하여 우리의 구원을 위하여 하늘에서 내려 오셔서 성령으로 또 동정녀 마리아께 혈육을 취하시고 사람이 되심을 믿습니다.

- 하느님의 아들이 왜 이렇게 낮아지셔야만 했습니까? 장성한 어른으로 권력과 명예를 가지고 위대한 방법으로 오실 수도 있었을 텐데, 더러운 마구간이라는 열악한 환경에서 연약한 아기로 태어나 이 땅에 오신 이유가 있습니까?

성경만이 우리에게 믿을 만한 대답을 줍니다. 만약 그분이 천사들을 위해서 오셨다면 아마도 천사의 모습으로 나타나셨을 것입니다. 하지만 그분은 사람을 구원하러 오셨기 때문에, 모든 연령, 모든 신분의 사람들을 구원하러, 특별히 가난한 사람들, 배고픈 사람들, 집 없는 사람들, 쫓겨나고 쫓기는 사람들, 병든 사람들, 감옥에 갇힌 사람들, 율법의 심판을 받은 사람들을 구원하러 오셨기 때문에, "그분은 모든 점에서 당신의 형제들과 같아지셔야만 했고"(히브리 2:16-17) 또 그렇게 되기를 자원하셨습니다.

자애로우신 주 우리 하느님께서는 사람으로서는 우리와 똑같이 아기로 태어나 어른으로 성장하기를 원하셨습니다. 우리 모두의 '형제'로서 우리와 똑같이 같은 고통과 같은 아픔을 겪기를 원하셨습니다. 이렇게 그분은 우리를 짓누르는 불행과 죄를 몸소 짊어지셨고, 마침내 죄로부터 우리를 구원하시어, 우리 모두가 "아버지의 자녀가 되는 자격을 얻게 하시고"(갈라디아 4:5) 그리하여 우리 모두로 하여금 다시 아버지 하느님과 친교를 누리게 하시려고, 십자가에 달려 죽으셨습니다. 아담은 불순종과 자만으로 인류에게 엄청난 고통과 죽음을 가져다주었지만, 새 아담이신 하느님의 아들 예수 그리스도께서는 '조상의 죄'로부터 초래된 인간의 모든 실존 상태를 몸소 다 경험하길 원하셨고, 그를 통해 아담과 그 모든 후손을 구원하기를 원하셨던 것입니다.

■ 세상 사람들은 오랜 세월 동안 그분을 간절하게 기다려 왔습니다. 그리스도의 이 위대한 탄생 소식을 전해 들었을 때, 사람들은 어떻게 행동했습니까?

거룩한 복음경에 기록된 내용들을 검토해 보면, 아기 예수가 태어났던 마구간에 있던 사람들도 베들레헴의 주민들도, 한밤중에 마구간에서 일어난 이 역사적 사건의 의미를 깨닫지 못했음을 알 수 있습니다.

그러나 베들레헴에서 떨어진 한적한 언덕에서 양떼를 돌보던 목자들에게 갑자기 주님의 영광의 빛이 두루 비치면서 주님의 천사가 나타났습니다. 목자들이 겁에 질려 떠는 것을 보고 천사는 이렇게 말했습니다.

> 두려워하지 마라. 나는 너희에게 기쁜 소식을 전하러 왔다. 모든 백성들에게 큰 기쁨이 될 소식이다. 오늘 밤 너희의 구세주께서 다윗의 고을에 나셨다. 그분은 바로 주님이신 그리스도이시다.
> (루가 2:9-11)

천사는 그들에게 아기 예수가 태어난 장소를 알려주었습니다. 그때 하늘에서는 갑자기 수많은 천사들이 나타나 하느님을 찬양했습니다.

> 하늘 높은 곳에는 하느님께 영광, 땅에서는 그가 사랑하시는 사람들에게 평화! (루가 2:14)

하늘에서 천사들이 사라지자 목자들은 서둘러 "구유에 누이신" 아기 예수를 찾아갔습니다. 그리고 첫 번째로 구세주 그리스도를 뵙고 경배하는 은총을 받았습니다.(루가 2:15-20)

두 번째 놀라운 일이, 40일 후 아기 예수가 모세의 법에 따라 정결예식을 치르러 예루살렘 성전으로 올라갔을 때 일어났습니다. 그곳에는 성령의 영감을 받고 메시아를 기다리고 있던 존경받는 '의인 시메온'이 있었는데, 그는 메시아로 오신 아기 예수님을 금방 알아보았습니다. 의인 시메온은 아기 예수를 안고서 경외심으로 가득 차서 이렇게 하느님을 찬양했습니다.

> 주여, 이제는 말씀하신 대로 이 종은 평안히 눈감게 되었습니다. 주님의 구원을 제 눈으로 보았습니다. 만민에게 베푸신 구원을 보았습니다. 그 구원은 이방인들에게는 주의 길을 밝히는 빛이 되고 주의 백성 이스라엘에게는 영광이 됩니다. (루가 2:29-32)

세 번째 놀라운 일이 있었으니, 동방박사들이 별들의 움직임을 연구하고 있을 때 범상치 않게 빛나는 별이 하늘로 떠오르는 것을 보았습니다. 옛날부터 전해오는 소식에 따라 유다의 위대한 왕이 태어나신 징표라고 해석한 동방박사들은 그분께 경배하고 소중한 선물을 드리기 위해 별을 따라 베들레헴을 찾아갔습니다. (마태오 2:1-11)

이 세 가지 사건은 아기 예수의 탄생과 관련된 대표적이고 위대한 은총의 사건입니다.

■ 나쁜 일도 있었습니까?

거룩한 성경이 우리에게 말해주듯이 불행하게도 나쁜 사건도 있었습니다. 예수님께서는 자원하여 사람으로서 많은 것을 겪으셨습니다.

주님의 탄생 순간부터 살펴보자면, 그분은 지저분한 마구간에서 태어나셨고, 헤로데에게 학살을 당할 위험에 처해 다른 나라로 피난을 가시기도 했습니다. (마태오 2:13-23) 소년과 청년시절에는 어려운 환경에서 목수로 일해야 했습니다. 또 예수님은 편히 쉴 집도 없었고, 예수님을 절벽 아래로 떠밀어 죽이려 했던 나자렛 사람들에게 쫓기는 신세이기도 했습니다. 유대인들의 돌팔매질도 당했고, 자주 배고픔과 목마름으로 고통 받았습니다. 끊임없는 도보여행으로 땀 흘리고 지치기도 하셨습니다. 죄인과 창녀와 어울려 지낸다는 이유로 비방을 들어야 했고, 어느 동네를 가든 경건하지 못한 사람들의 감시와 배척을 당하셨습니다. 보잘 것 없는 사람들로부터 욕을 들어야 했고 예루살렘에서 유대교 의회에 의해 불법 부당하게 사형을 선고 받았습니다. 한 제자는 은전 삼십 냥에 예수님을 팔아 배반했고, 또 다른 제자는 세 번씩이나 "나는 그 사람을 모르오"라고 잡아떼면서 예수님을 부인했습니다. 예수님께서 붙잡혀서 사형선고를 받고 죽임을 당할 때, 한 명의 제자를 제외한 다른 모든 제자들은 두려워 떨면서 예수님을 버리고 숨어버렸습니다. 채찍질, 따귀, 욕설, 조롱, 모욕, 침 뱉음, 가시면류관, 갈대로 머리를 맞으시는 능욕 등 모든 고통을 감당하셨습니다. 마침내 예수님은 강도 둘 사이에 마치 강도처럼 손과 발에 못이 박히고 발가벗긴 채 십자가에 달리셨습니다. 이보다 더 큰 고통과 참혹함을 찾을 수 없는 그런 고난을 주님께서는 기꺼이 감내하셨습니다.

주님께서는 십자가에서 흘리신 그 거룩한 피로 우리들의 죄를 깨끗하게 해주셨고, 우리를 구원해 주셨으며, 우리에게 다시 천국의 문을 열어 주셨습니다. 땅에 있었던 옛날의 낙원과는 비교도 할 수 없는 하늘의 영원한 낙원을 열어 주셨습니다. 이렇게 주님께서는 그분을 닮고자 하는 모든 사람들이, 과연 어떻게 살아야 하고 어떻게 행동해야 하는지 배우고 따를 수 있도록 몸소 모범을 보여주셨습니다.

> 여러분은 바로 그렇게 살아가라고 부르심을 받은 사람들입니다. 그리스도께서도 여러분을 위해서 고난을 받으심으로써 당신의 발자취를 따르라고 본보기를 남겨주셨습니다. (Ⅰ베드로 2:21)

복음사도 성 요한도 이렇게 권면합니다.

> 자기가 하느님 안에서 산다고 말하는 사람은 그리스도께서 사신 것처럼 살아야 합니다. (Ⅰ요한 2:6)

■ 복음경에는 기록되어 있지 않지만, 예수님께서 젊은 시절에 인도에 가셔서 고행자들에게 지혜와 기적 일으키는 법을 배웠다는 이야기가 있습니다. 그것이 진실입니까?

그것은 불경스런 자들의 엉뚱한 생각이라고 여겨집니다. 그것이 진실이라는 근거가 어디에도 없기 때문입니다. 그러므로 그것은 병적인 상상에서 비롯된 것입니다. 그리스도의 가르침은 힌두교와 아무 상관이 없습니다. 만약 그리스도의 가르침이 힌두교와 밀접한 관계가 있다면, 적어도 힌두교에서 그리스도를 따르는 사람들이 적잖게 있어야 하지 않겠습니까? 인도의 고행자들이 행했다는 기적들은 진짜 기적이 아닙니다. 그리고 그것은 그리스도의 기적과 아무런 관계가 없습니다. 또 젊은 시절에 예수님은 고향 밖으로 나가 학문을 배운 적이 없습니다. 주님의 지혜는 철학자 스승에게 배워 얻은 지혜가 아닙니다. 복음경에 기록된 대로, 열두 살 때 주님은 예루살렘 성전에서 유대교의 학자들과 토론을 한 적이 있습니다. 복음경은 이에 대해 이렇게 기록하고 있습니다.

> 사흘 만에 성전에서 그를 찾아냈는데 거기서 예수는 학자들과 한 자리에 앉아 그들의 말을 듣기도 하고 그들에게 묻기도 하는 중이었다. 그리고 듣고 있던 사람들은 모두 그의 지능과 대답하는 품에 경탄하고 있었다. (루가 2:46-47)

"아기는 날로 튼튼하게 자라면서 지혜가 풍부해지고 하느님의 은총을 받고 있었다"(루가 2:40)고 기록된 것처럼, 주님의 지혜는 인간에게서 온 것이 아니라 하느님으로부터 온 것입니다.

공생애를 시작하시기 전까지 예수님은 나자렛에서 사셨습니다. 그래서 나자렛 사람으로 불리셨고 목수 요셉의 아들로 알려지셨습니다. 예수님은 고향 나자렛의 유대교 학교에서 공부한 것이 전부일 것입니다. 그래서 복음을 전파하며 여행을 다니시다가 어느 날 나자렛에 가셔서 가르치셨을 때, 그 가르침을 들은 고향 사람들이 놀라움을 금치 못하며 이렇게 말했던 것입니다.

저 사람이 저런 지혜와 능력을 어디서 받았을까? 저 사람은 그 목수의 아들이 아닌가? 어머니는 마리아요, 그 형제들은 야고보, 요셉, 시몬, 유다가 아닌가? 그리고 그의 누이들은 모두 우리 동네 사람들이 아닌가? 그런데 저런 모든 지혜와 능력이 어디서 생겼을까? (마태오 13:54-56)

이것만 보더라도 공생애를 시작하시기 전 30세까지 예수님은 나자렛에서 다른 이들과 별 차이 없이 목수 일을 하시면서 평범하게 사셨음이 틀림없습니다.

■ 예수님께 친형제들이 있었습니까?

앞에서도 말했듯이, 요셉은 사회법적으로 예수님의 아버지로 알려졌었지만 실제적으로는 보호자였습니다. 전승에 의하면 동정녀 마리아와 약혼을 했을 당시 요셉은 나이가 많았고 아내와 사별한 후였습니다. 사별한 아내와의 사이에 야고보, 요셉, 시몬, 유다라 불리는 네 아들과 이름이 알려져 있지 않은 딸들을 두었다고 합니다. 흔히 이들은 예수님의 형제들이라고 칭해지지만, 실상은 피가 섞인 친형제가 아니라 이복형제들인 셈입니다. 그리고 예수님의 어머니이신 성모 마리아는 오직 예수님만을 낳으셨고, 평생 동정을 유지하셨습니다. 그래서 교회는 성모 마리아를 언제나 '평생 동정녀'라고 부르고 고백하는 것입니다.

■ 세상에 오신 주님께서는 구원의 사업을 완성하시기 위해 몇 년 동안이나 공생애를 사셨습니까?

요르단 강에서 세례 받으셨을 때, 주님의 나이는 서른 살이었음을 우리는 복음경을 통해 알고 있습니다.(루가 3:23) 성경에 기록된 주님의 생애와 여러 사건들, 절기를 살펴볼 때, 주님께서는 그후 십자가에 달려 돌아가실 때까지 약 3년 동안 계속해서 공생애를 사셨다고 말할 수 있습니다. 대부분의 성경학자들도 이러한 견해에 동의합니다.

■ 3년 동안 주님께서는 정확하게 어떤 일들을 하셨습니까?

이것은 주님과 늘 동행했던 제자들의 증언을 통해 알 수 있는데, 먼저 복음사도 성 마태오는 이렇게 적습니다.

> 예수께서 온 갈릴래아를 두루 다니시며 회당에서 가르치시고 하늘나라의 복음을 선포하시며 백성 가운데서 병자와 허약한 사람들을 모두 고쳐주셨다. (마태오 4:23)

사도 베드로는 주님의 사역을 이렇게 요약했습니다.

> 나자렛 예수에 관한 일들입니다. 하느님께서는 그분에게 성령과 능력을 부어주시고 그분과 함께 계셨습니다. 그래서 그분은 두루 다니시며 좋은 일을 해주시고 악마에게 짓눌린 사람들을 모두 고쳐주셨습니다. (사도행전 10:38)

의사였던 복음사도 성 루가는 또 이렇게 기록합니다.

> 내가 너희에게 뱀이나 전갈을 짓밟을 능력과 원수의 모든 힘을 꺾는 권세를 주었으니 이 세상에서 너희를 해칠 자는 하나도 없다. (루가 19:10)

> 사람의 아들은 잃은 사람들을 찾아 구원하러 온 것이다. (루가 19:10)

바로 이런 일들을 하시려고 사랑이신 하느님께서 이 땅에 오셨습니다. 사람들은 하느님을 멸시하고 하느님으로부터 멀어지려 하지만, 하느님께서는 오히려 자신을 낮추시고 거리를 돌아다니시며 모든 사람들에게 "회개하라"고 외치셨고, 구원의 기쁜 소식을 전해주셨고, 진리를 선포하셨습니다. 또한 주님께서는 다양한 방법을 통해서 사람들에게 은혜를 베푸셨습니다. 병자들, 심지어 불치병에 걸린 병자들을 고쳐주셨고, 사탄에 속박된 이들을 해방시켜 위험에서 구하셨으며, 많은 기적을 행하셨고, 기적을 통해 그들에게 필요한 양식을 제공해 주셨으며, 그들의 죄들을 용서해 주셨습니다.

유대교 지도자들이 어렵고 복잡하게 만들어 놓은 모세의 율법이 참으로 의미하는 바가 무엇인지도 밝혀 주셨습니다. 그리고 마침내 예수님을 구원자와 하느님으로 믿고 세례를 받아 그분의 몸된 교회에서 주님과 함께 항상 연합되어 살기를 원하는 사람들의 모든 개인적인 죄와 원죄를 그 거룩한 피로 깨끗하게 해주기 위해서, 주님께서는 스스로 십자가 위에서 희생되기를 허락하셨습니다.

주님의 일은 하느님의 영감을 받은 예언자들에 의해 이미 주님께서 오시기 전부터 예언되었습니다. 예언자들 중에서도 가장 위대한 마지막 예언자, 세례자 요한은 예수님을 믿고 영접할 수 있도록 돕기 위해서 자기 곁에 머물며 따르던 제자들을 예수님께 보내어 질문하게 합니다.

> 오시기로 되어 있는 분이 바로 선생님이십니까? 그렇지 않으면 우리가 다른 분을 기다려야 하겠습니까? (마태오 11:2)

그러자 예수께서는 그들에게 이렇게 대답하셨습니다.

> 너희가 듣고 본 대로 요한에게 가서 알려라. 소경이 보고 절름발이가 제대로 걸으며 나병환자가 깨끗해지고 귀머거리가 들으며 죽은

사람이 살아나고 가난한 사람들에게 복음이 전하여진다.
(마태오 11:3-5)

그러나 이미 800년 전 예언자 이사야는 장차 오실 메시아에 대해 예언하며 똑같이 말했습니다. 아마도 주님께서는 이 말씀을 통해 그들에게 이렇게 말씀하시고자 했을 것입니다. "메시아에 관한 예언자들의 예언이 나에게서 실현되고 있음을 너희들은 보고 있다. 그러니 내가 누구인지 더 설명할 것이 무엇이더냐?"라고 말입니다.

그 시대 사람들에게 예수 그리스도가 하느님의 아들이시며 "이 세상의 죄를 없애시는 하느님의 어린 양"(요한 1:29)이심을 믿기 쉽게 하려면, 아마도 이런 일들이 꼭 필요했을 것입니다.

■ 왜 예수님께서는 자신을 낮추셔서 강도처럼 십자가 위에서 돌아가셔야만 했습니까?

우리 주님께 직접 이 대답을 요청 드려 봅시다. 잡히기 바로 전날 밤, 주님께서는 제자들과 함께 최후의 만찬을 나누시면서 그들에게 말씀하셨습니다.

벗을 위하여 제 목숨을 바치는 것보다 더 큰 사랑은 없다. 내가 명하는 것을 지키면 너희는 나의 벗이 된다. (요한 15:13-14)

친구를 위해 자기 목숨을 희생하는 것보다 더 큰 사랑은 없습니다. 그리스도께서 우리를 위해서 십자가 위에서 희생하신 것은 바로 이 사랑 때문이었습니다. 그 무엇과도 비교할 수 없는 사랑을 우리에게 보여주시기 위한 것이었습니다. 주님보다 우리를 더 사랑하는 사람은 아무도 없다는 것을 우리는 알아야만 합니다.

십자가에 달리신 그리스도, 목판 템페라, 8세기
성 까떼리나 수도원, 시나이, 이집트

그러나 한 가지 이유가 더 있습니다. 주님께서는 말씀하셨습니다.

> 나를 따르려는 사람은 누구든지 자기를 버리고 매일 제 십자가를 지고 따라야 한다. 제 목숨을 살리려고 하는 사람은 잃을 것이요, 나를 위하여 제 목숨을 잃는 사람은 살 것이다. (루가 9:23-24)

주님께서는 마지막까지 희생과 인내의 모범을 보여주시기 위해 자발적으로 희생의 길을 가셨습니다. "당신 자신을 낮추셔서 죽기까지, 아니, 십자가에 달려서 죽기까지 순종하셨습니다."(필립보서 2:8) 주님의 제자들과 주님을 믿는 수백만의 그리스도인들은 바로 그리스도의 이 희생을 본받아 삶의 모든 고통과 슬픔과 위험을 견뎌냈고, 인내와 불굴의 의지를 가지고 용기와 힘을 내어 그리스도교 박해자들의 끔찍한 고문과 폭력에 희생되어 기꺼이 순교의 길을 갔던 것입니다.

그리스도의 희생은 이렇게 제자들과 그분을 믿는 충실한 신자들에 의해 대대로 이어져 갔습니다. 그래서 그리스도의 거룩한 십자가는 그리스도인들의 가장 대표적인 상징이 되었습니다. 그것은 희생의 상징이지만 동시에 승리의 상징이기도 했습니다. 이 십자가의 고귀함과 능력에 대해서 성 사도 바울로는 이렇게 선포합니다.

> 그러나 나에게는 우리 주 예수 그리스도의 십자가밖에는 아무것도 자랑할 것이 없습니다. 그리스도께서 십자가에 못 박히심으로써 세상은 나에 대해서 죽었고 나는 세상에 대해서 죽었습니다.
> (갈라디아 6:14)

그래서 우리는 『신앙의 신조』 제4조에서 그리스도께서 세상의 구원을 위해 행하신 모든 거룩한 사역을 이렇게 믿음으로 고백합니다.

> 본디오 빌라도 시대에 우리를 위하여 고난을 받으시고 십자가에 못박히시고 묻히심을 믿습니다.

거룩한 복음경은 주님께서 붙잡히시고 사형 당하신 이야기, 먼저는 유대교 회당에서 유대교 지도자들에게, 다음에는 예루살렘의 로마 총독 관저에서 빌라도에게 심판 받으신 일, 채찍으로 맞으시고 침 뱉음 받으시고 매 맞으시고 조롱당하시고, 마지막에는 십자가 위에서 처참하게 죽임을 당하신 이 모든 희생의 발자취를 기록하고 있습니다. 우리 교회는 주님께서 십자가에 달리시어 죽임을 당하신 이 고귀한 희생을 늘 기억하고 기념하지만 특별히 매년 부활절 전 성 대금요일에 매우 거룩하고 장엄하게 기념하며 기억합니다.

■ 그리스도께서 십자가에 달리신 후에 어떤 일들이 일어났습니까?

네 개의 복음서는 그 후에 일어난 일들에 대해 아주 큰 관심을 가지고 상세하게 보고합니다. 유대교 의회의 구성원으로서 예수님의 사형 집행을 반대한 아리마태아 출신 요셉은, 역시 유대교 의회 의원이었던 니코데모스의 도움으로 빌라도의 허락을 받아, 십자가 위에서 돌아가신 그리스도의 시신을 내려서, 경건하게 자기의 새 동굴무덤에 묻었습니다. 성모 마리아와 함께 갈릴래아에서부터 주님과 제자들을 따라다니며 봉사하고 섬겼던 경건한 여인들도 예수님의 무덤을 찾아갔습니다. 이 여인들은, 주님께 경배하고 감사를 드리는 그들만의 방법으로, 돌아가신 예수님의 몸에 발라드리기 위해 향료를 가지고 무덤을 찾아 갔습니다. 무덤에 묻히신 날은 안식일이었고, 모세의 율법에 따르자면, 이날에는 아무 일도 해서는 안 되고 바깥출입도 할 수 없었기 때문에, 여인들은 주님께서 동굴에 묻히신 지 이틀 후에 향료를 가지고 동굴 무덤을 찾아 갔습니다.

제 16 장
그리스도의 부활

- 예수님의 몸에 발라드릴 향료를 가지고 무덤을 찾아가려 했던 향료 가진 여인들의 희망은 실현되었습니까?

향료 가진 여인들은 거룩한 소망을 실현하기 위해 아침 일찍 향료를 준비하여 서둘러 동산으로 향했습니다. 그런데 이들 앞에 놀랄만한 사건이 벌어졌습니다. 거룩한 네 복음저자는 자세하게 이 사건을 기록했습니다. 첫 번째로 놀라운 일은 향료 가진 여인들이 동굴 무덤 입구의 큰 돌을 어떻게 굴려서 열 수 있을까 하고 근심하며 그곳에 도착했을 때, 돌은 이미 누군가에 의해 굴려져 있었고, 무덤은 열려 있었다는 것입니다. 경건한 마음으로 동굴에 들어갔을 때, 돌아가신 예수님의 시신은 온데간데없고 오직 하얀색 옷을 입은 천사만 보였습니다. 천사는 여인들에게 "주님께서는 부활하셨으니, 제자들에게 가서 이 사실을 알려라."라고 말했습니다. (마르코 16:2-6)

- 부활하신 예수님을 본 사람이 있습니까?

많은 사람들이 부활하신 예수님을 뵈었고 또 여러 번 본 사람도 있습니다. 거룩한 복음경과 사도 바울로의 서신들에 나타난 증언에 의

주님이 누우셨던 곳을 보아라, 프레스코, 1312년
바토페디 수도원, 아토스, 그리스

하면 주님께서는 부활하신 후 총 열한 번에 걸쳐 수백 명의 사람들 앞에 나타나셨습니다. 자세하게 서술하자면 다음과 같습니다.

- 부활하신 예수님께서는 첫 번째로 막달라 마리아에게 나타나셨습니다. 그녀는 부활하신 일요일 아침, 가장 먼저 주님의 무덤으로 달려갔습니다.(요한 20:16, 마르코 16:9)

- 그 후 다른 향료 가진 여인들에게 나타나셨습니다. 여인들 중에는 요안나, 야고보의 어머니 마리아, 그리고 살로메가 있었습니다.(마르코 16:1, 마태오 28:1)

- 그리고 같은 날, 사도 베드로에게 나타나셨습니다.(루가 24:34)

- 그 다음에는 엠마오로 가는 글레오파와 그의 동료에게 나타나셨습니다.(루가 24:13-16, 31)

- 같은 날 저녁에 사도 토마를 제외한 열 명의 제자들이 모여 있는 곳에 나타나셨습니다.(요한 20:19)

- 일주일이 지난 다음, 일요일에 다시 제자들에게 나타나셨으니 그때는 사도 토마도 함께 있었습니다.(요한 20:26)

사도 바울로의 증언에 따르면, 한번은 오백 명이 넘는 사람들에게 나타나셨습니다.(I 고린토 15:6) 많은 성경 해석가들은 "열한 제자는 예수께서 일러주신 대로 갈릴래아에 있는 산으로 갔다. 그들은 거기에서 예수를 뵙고 엎드려 절하였다. 그러나 의심하는 사람들도 있었다"(마태오 28:16-18)라는 성경 구절에 근거하여, 아마도 이렇게 많은 사람들 앞에 나타나신 장소가 갈릴래아에 있는 산일 것이라고 추정합니다.

- 예루살렘의 첫 주교였던 예수님의 형제 성 야고보에게도 나타나

셨습니다.(Ⅰ고린토 15:7)

- 한번은 티베리아 호숫가에서 일곱 명의 제자들 앞에 나타나셨는데, 복음경에 따르면 베드로, 토마, 나타나엘, 제베대오의 두 아들인 야고보와 요한 그리고 이름을 밝히지 않은 두 명의 제자가 그곳에서 부활하신 주님을 뵈었습니다.(요한 21:1)
- 또 한번은 열한 명의 사도들과 칠십 인 사도들 앞에 나타나셨습니다.(Ⅰ고린토 15:7)
- 마지막으로 베다니아 근처의 올리브 산에 나타나신 뒤 영광스럽게 승천하셨습니다.(루가 24:50, 사도행전 1:9)

이렇게 주님께서는 제자들에게 나타나셔서 그들의 믿음에 확신을 주셨고, 또한 그 후 모든 세대의 그리스도인들이 그리스도의 부활에 대해 확신을 가지고 그리스도만이 세상의 구원자, 오직 홀로 참되신 하느님이심을 온 세상에 전파할 수 있게 하셨습니다.

우리는『신앙의 신조』제5조에서 "성경 말씀대로 사흘 만에 부활하셨음을 믿습니다"라고 고백함으로써, 주님의 생애와 사역의 절정을 이루는 이 부활 사건에 대한 우리의 믿음을 선포합니다.

우리 정교회는 한 해 전례 주기의 정점에 해당하는 부활 대축일에 주님의 부활을 가장 장엄하게 경축하고, 그 후 주님의 승천 축일까지 이어지는 40일 동안을 주님의 부활을 경축하는 부활 축제 기간으로 삼습니다. 그리고 주님께서 안식일 다음날인 일요일에 부활하셨기 때문에, 매주 일요일을 '주님의 날(주일)'로 삼아 주님의 부활을 기념하고 경축합니다. 하지만 주님의 예루살렘 입성 축일과 오순절 성령

강림 축일은 비록 주일이지만, 주님의 부활을 경축하는 대신 각 축일의 사건을 기념하고 경축합니다.

■ 정교회는 왜 이렇게 그리스도의 부활을 중요하게 여깁니까?

앞에서 잘 설명된 것처럼 우리 그리스도교 신앙은 예수님의 빈 무덤에 기반을 둡니다. 사도 바울로는 부활의 의미를 강조하기 위해 이렇게 말했습니다.

> 만일 그리스도께서 다시 살아나시지 않았다면 여러분의 믿음은 헛된 것이 되고 여러분은 아직도 죄에서 헤어나지 못하고 있을 것입니다. (I 고린토 15:17)

주님의 구원 사업은 그분의 부활로 완성되었습니다. 주님께서는 잡히시기 전까지 팔레스타인에 살던 사람들에게 그분의 복음을 전파하셨습니다. 십자가 위에서 숨을 거두셨을 때, 신성과 연합된 주님의 영혼은 지하 세계로 내려가셔서 이미 죽은 모든 사람들의 영혼에게도 회개를 통해 구원에 이를 수 있다는 복되고 기쁜 소식을 전파하셨습니다.

부활하신 예수 그리스도를 만나 알게 된 이 놀라운 신비를 사도 베드로는 이렇게 증언합니다.

> 이리하여 그리스도께서는 갇혀 있는 영혼들에게도 가셔서 기쁜 소식을 선포하셨습니다. (I 베드로 3:19)

주님의 구원 소식을 받아들인 영혼들은 악마의 지배에서 자유롭게 되었고 주님께서 부활하셨을 때 그분과 함께 죽음과 지하 세계의 사슬에서 풀려났습니다. 그리하여 믿을 수 없는 놀라운 사건이 일어났으니, 그리스도께서 부활하셨을 때 예루살렘에서는 많은 무덤이 열리면서 이전에 잠들었던 많은 성인들이 다시 살아나 많은 사람들에게 나타났습니다.(마태오 27:52-53) 그것은 앞으로 있을 보편적 부활, 즉

주님의 부활, 목판 템페라, 2004년
서미경 따띠안나 作, 성 니콜라스 주교좌 대성당, 서울

우리 모두가 마지막 날에 함께 부활할 것임을 미리 암시하는 사건이었습니다. 이렇게 그리스도의 부활로 말미암아 아담과 하와뿐만 아니라 의롭게 살았던 그들의 모든 후손이 구원받았습니다.

주님의 부활과 관련된 이 모든 사건과 그 의미는 '주님의 부활 성화'에 아주 상징적인 방식으로 묘사되어 있습니다. '주님의 부활 성화'에서 주님은 사람의 모습으로 그려진 악마의 머리를 발로 짓밟고 계시고, 인류에게 죽음을 가져온 악마는 손과 발이 묶여 꼼짝 못하고 있는 모습으로 묘사되어 있습니다. 또한 주님은 지하 세계의 부서진 문을 밟고서, 한 손으로는 아담의 손을, 다른 한 손으로는 하와를 붙잡아 올리니, 이렇게 지하 세계에 살고 있는 사람들을 무덤 밖으로 끌어올리십니다. 예언자들과 대선조들과 의인들, 그리고 자신의 삶으로 하느님을 기쁘게 해 드린 모든 사람들이 그 뒤를 따릅니다. 그뿐만 아니라 부활 대축일 찬양송도 아주 간결하면서도 웅장하고 강력하게 이 부활 사건을 노래합니다.

> 그리스도께서 부활하셨네. 죽음으로 죽음을 멸하시고 무덤에 있는 자들에게 생명을 베푸셨나이다. (주님의 부활 대축일 찬양송)

사람의 가장 큰 적은 악마와 죽음입니다. 하지만 우리 그리스도께서는 부활하심으로써 악마를 이기셨고 죽음을 멸하셨으며 최후의 심판 때까지 죽음을 일시적인 잠으로 바꾸셨습니다. 그리고 그리스도를 믿는 신앙 안에서 돌아가신 모든 영혼들은 하느님의 왕국에서 영원히 살기 위해서 마지막 날 육체와 다시 결합하여 부활할 것입니다. 그러므로 부활절은 우리 교회의 가장 큰 축일입니다.

제 17 장
그리스도의 승천

■ 부활하신 예수님과 그분의 제자들이 지상에서 마지막으로 만났을 때, 정확히 어떤 일이 일어났습니까?

복음저자 성 루가는 자신의 복음경의 마지막 부분과 사도행전의 첫 부분에서 자세하게 이 기적적인 사건을 설명해 줍니다. 부활하신 후 40일째 되던 날 주님께서는 예루살렘 외곽에 있는 올리브 산으로 제자들을 부르셨습니다.

주님께서는 마지막으로 그곳에서 제자들에게, 이 '거룩하고 복되고 기쁜 소식(복음)'을 온 세상에 전하라고 당부하셨습니다. 또한 주님께서는 비록 육신의 눈으로는 더 이상 주님을 볼 수 없게 되겠지만, 세상이 끝날 때까지 제자들과 그리고 모든 시대의 신자들과 함께 하실 것이고, 그리하여 그들을 더욱 굳건하게 해주실 것이라고 약속하시면서 위로해 주셨습니다. 그리고 며칠 후면 그들 위에 성령을 보내주시어, 그들로 하여금 하느님의 권능과 힘을 얻게 해주시겠다고 약속하셨습니다. 이렇게 말씀을 하시고, "예수께서는 사도들이 보는

앞에서 승천하셨는데 마침내 구름에 싸여 그 모습이 보이지 않게 되셨습니다."(사도행전 1:9)

놀라움과 황홀경에 빠진 제자들이 넋 놓고, 하늘로 오르시어 사라지시는 주님을 바라보고 있을 때, 흰옷을 입은 두 천사가 갑자기 그들 앞에 나타나서 이렇게 말했습니다.

> 예수께서 너희가 보는 앞에서 하늘로 올라가시던 그 모양으로 영광에 둘러싸여 다시 오실 것이다. (사도행전 1:8-11)

우리는 『신앙의 신조』 제6조와 제7조에서 주님의 승천과 주님의 재림을 이렇게 고백합니다.

> 하늘에 올라 성부 오른 편에 앉아 계시며 (6조)

> 산 이와 죽은 이를 심판하러 영광 속에 다시 오시리라 믿나니 그의 나라는 끝이 없으리이다. (7조)

주님의 승천, 프레스코, 1330년
오디기뜨리아 성모 교회, 페야, 코소보

제 18 장
주님의 재림

■ 주님의 재림은 언제 일어납니까?

주님께서는 어느 누구에게도 이날을 밝혀주지 않으셨습니다. 그러나 언젠가는 그날이 올 것임을 확신하며 우리는 『신앙의 신조』 제7조에서 이렇게 고백합니다.

> 산 이와 죽은 이를 심판하러 영광 속에 다시 오시리라 믿나니 그의 나라는 끝이 없으리이다.

그러나 그때가 언제인지는 아무도 모릅니다. 하느님을 제외하고는 아무도, 우리뿐만 아니라 그 누구라도 그 정확한 날짜를 알 수 없습니다. 종종 최후의 심판과 그리스도의 재림의 날을 제시하는 헛된 무리들이 있기도 하지만, 그것은 신자들을 현혹하여 넘어뜨리려는 거짓이요 속임수에 불과합니다. 주님께서는 제자들에게 분명히 말씀하셨습니다.

그러나 그날과 그 시간은 아무도 모른다. 하늘의 천사들도 모르고

아들도 모르고 오직 아버지만이 아신다.(마태오 24:36)

또한 주님께서는 "우리가 생각지도 않은 때에"(마태오 24:44) "갑자기 번개치듯이"(마태오 24:27) 그렇게 다시 오시겠다고 말씀하셨습니다.

■ 주님의 재림 때에 무슨 일이 일어납니까?

이 중대한 문제에 대해서 우리가 반드시 알아야 사항을 주님께서는 직접 그리고 성 사도들을 통해 밝혀주셨습니다. 세상의 종말이 오고 "그 재난이 다 지나면 해는 어두워지고 달은 빛을 잃고 별들은 하늘에서 떨어지며 모든 천체가 흔들릴 것"(마르코 13:24-25)이라고 말씀하셨습니다. 주님께서 직접 알려주신 이 계시는 완전하고도 올바른 진리입니다. 새로운 세상의 출현은 주님의 다시 오심을 미리 예고합니다. 물질의 세계에는 처음이 있는 것처럼 또한 마지막도 있습니다. 오늘날도 별은 계속해서 사라져버리고 있음은 과학적 관찰을 통해 확인된 현상입니다. 그러나 사도 베드로가 기록하고 있듯이 "우리는 하느님의 약속을 믿고 새 하늘과 새 땅을 기다리고 있습니다. 거기에는 정의가 깃들여 있습니다."(Ⅱ베드로 3:13)

온 세상 피조물은 사람의 타락으로 인해 함께 고통을 당하고 있습니다.

> 우리는 모든 피조물이 오늘날까지 다 함께 신음하며 진통을 겪고 있다는 것을 알고 있습니다. (로마 8:22)

하지만 사람이 새롭게 됨으로써 "피조물에게도 멸망의 사슬에서 풀려나서 하느님의 자녀들이 누리는 영광스러운 자유에 참여할 날이 올 것입니다."(로마 8:21)

그리고 그때 하느님의 아들이신 우리 주 예수 그리스도께서는 모든 거룩한 천사들의 호위를 받으시며 영광 가운데 다시 오시어, 그 빛나는 보좌에 앉게 됩니다.(마태오 25:31) 마르코 복음에서는 이렇게 묘사합니다.

> 그러면 사람들은 사람의 아들이 구름을 타고 권능을 떨치며 영광에 싸여 오는 것을 보게 될 것이다. 그 때에 사람의 아들은 천사들을 보내어 땅 끝에서 하늘 끝까지 사방으로부터 뽑힌 사람들을 모을 것이다. (마르코 13:26-27)

하느님의 명령으로, 먼저는 그리스도를 믿다가 잠든 사람들이 불멸의 몸으로 부활하여 주님을 맞이할 것입니다.(Ⅰ데살로니카 4:16) 그 다음으로는 그때까지 살아있는 사람들이 주님과 영원히 함께 있기 위해 구름을 타고 주님의 왕좌까지 올라갈 것입니다. 그리고 영원한 생명을 얻을 사람들의 사멸할 육신은 불멸하는 육신으로 바뀔 것입니다. 계속해서 사도 바울로는 이렇게 설명합니다.

> 마지막 나팔 소리가 울릴 때에 순식간에 눈 깜빡할 사이도 없이 죽은 이들은 불멸의 몸으로 살아나고 우리는 모두 변화할 것입니다. 이 썩을 몸은 불멸의 옷을 입어야 하고 이 죽을 몸은 불사의 옷을 입어야 하기 때문입니다. (Ⅰ고린토 15:52-53)

물론 모든 사람이 하느님의 왕좌 앞에 나서게 될 것입니다. 그리고 각자의 모든 행동이 밝혀질 것입니다. 이렇게 하여 각자는 살아가면서 선한 행실을 했는지 아니면 악한 행실을 했는지에 따라서 대가를 받게 됩니다.(Ⅱ고린토 5:10) 주님께서도 직접 이렇게 분명히 말씀하셨습니다.

그 때가 오면 선한 일을 한 사람들은 부활하여 생명의 나라에 들어가고 악한 일을 한 사람들은 부활하여 단죄를 받게 될 것이다.
(요한 5:29)

■ 주님의 재림과 관련하여 주님께서 해주신 또 다른 말씀들은 어떤 것입니까?

예수 그리스도께서는 체포되기 이틀 전, 제자들을 모아놓으시고, 재림 때 어떻게 다시 오실 것인지, 최후의 심판은 어떻게 전개될 것인지, 어떤 기준으로 사람들이 심판을 받게 될 것인지, 어떻게 하느님의 정의가 구현될 것인지 자세하게 설명해주셨습니다. 이 모든 것을 복음사도 성 마태오는 자세히 기록해 놓았습니다.(마태오 25:31-36) 또한 정의로운 보상의 기준은 사랑의 실천이고, 이 계명을 어떻게 실천했느냐에 따라 심판받을 것이며, 모든 신자는 바로 이 기준에 따라 언제든 주님 앞에 나설 준비가 되어 있어야 함을 성 마태오는 자세하게 기록하고 있습니다.(마태오 24:30-51, 25:1-30)

우리가 살펴본 바와 같이 우리가 항상 고백하는 『신앙의 신조』는 제1조에서 성부 하느님에 대한 고백을 다루고, 제2조부터 제7조까지는 성 삼위일체의 두 번째 위격인 하느님의 외아들, 주 예수 그리스도에 대한 고백을 다룹니다. 주 예수 그리스도는 "시간이 창조되기 전에" 하느님 아버지로부터 태어나신 하느님이시고, 그렇기 때문에 하느님 아버지가 "시작이 없으신 분"이시듯이 그 아들이신 하느님 주 예수 그리스도도 "시작이 없으신 분"이십니다. 여기서 이 용어를 언급한 이유는 이 용어가 "시작이 없으신 아들", "아버지와 함께 똑같이 시작이 없으신 분" 등의 표현으로 예배드릴 때 기도문이나 성가에 자주 등장하기 때문입니다. 그러나 아들(성자)은 하느님으로서는 시작이 없으신 분이시고 아버지(성부)로부터 태어나셨으며, 사람으로서는 아버지 없이 초자연적인 방법으로 성령으로 말미암아 동정녀 마리아로부터 특정한 때에 태어나셨습니다. 그러므로 아들이신 주님은 하느님으로서는 어머니 없이 오직 아버지만 계시고, 사람으로서는 아버지 없이 오직 어머니만 계십니다.

성 삼위일체의 모든 근본적인 지식을 완성하기 위해, 이제 성 삼위일체의 세 번째 위격인 성령에 대해 고백하고 있는『신앙의 신조』제8조를 살펴보도록 하겠습니다.

전능자 그리스도(판토크라토르), 모자이크, 13세기
하기아 소피아, 이스탄불, 터키

제 19 장

성 령

- 우리는 예수 그리스도를 "주님"이라고 부릅니다. 그런데 『신앙의 신조』 제8조를 보면 성령께도 "주님"이라는 호칭을 붙입니다. 그 이유가 무엇입니까?

우리가 예수 그리스도를 주님이라고는 부르는 것은 사실입니다. 그러나 성경과 우리 교회의 거룩한 예식서에서는 하느님 아버지도 주님이라고 부릅니다.

> 이리하여 주께서 예언자를 시켜 "내가 내 아들을 이집트에서 불러내었다." 하신 말씀이 이루어졌다. (마태오 2:15)

우리는 한 하느님이신 삼위 하느님을 주님이라고 부릅니다.

> 예수께서는 "사탄아, 물러가라! 성서에 '주님이신 너희 하느님을 경배하고 그분만을 섬겨라.' 하시지 않았느냐?" 하고 대답하셨다. (마태오 4:10)

성 삼위 하느님의 세 위격은 그 본질에 있어서 완전히 같으시기 때문에, 하느님이신 성령 또한 주님이라고 부릅니다.

> 주님은 곧 성령입니다. 주님의 성령이 계신 곳에는 자유가 있습니다. (II 고린토 3:17)

■ "생명을 주시는 성령"이라고 하는 이유는 무엇입니까?

"생명을 주시는 성령"이라고 하는 이유는 아버지와 아들과 함께 모든 피조물에게 생명을 공급해주시기 때문입니다. 예언자 에제키엘의 환상은 참으로 인상 깊습니다. 그 환상은 사람의 마른 뼈들이 움직여서 서로 붙고 성령의 기운(에너지)으로 육체의 힘줄이 이어지고 살이 붙고 살가죽이 씌워져서 살아나게 된다는 것입니다.(에제키엘 37:1-10) 이 환상의 특징은 신성과 인성을 지니신, 하느님의 말씀이신 아들이 성령과 협력한다는 것입니다. 가브리엘 대천사는 동정녀 마리아에게 소식을 전했습니다.

> 성령이 너에게 내려오시고 지극히 높으신 분의 힘이 감싸주실 것이다. (루가 1:35)

또 나중에는 요셉에게 "그의 태중에 있는 아기는 성령으로 말미암은 것이니 걱정하지 말라"(마태오 1:20)고 충고합니다. 그래서 우리 교회는 거룩한 예식을 시작할 때마다, 그리고 신자들의 개인기도에서 늘 특별히 성령께 드리는 기도인 "성령기도"를 드리는 것입니다.

> 하늘의 임금이시여, 위로자시여, 진리의 성령이시며 어디에나 현존하시며 온갖 것을 채워 주시는 이여, 행복과 생명을 주시는 이여, 오시어 우리 안에 머무르시어 우리의 불결하게 된 모든 것을 깨끗하게 하시고 선하신 이여, 우리 영혼을 구원해 주시옵소서.

이 기도문에서도 우리는 성령을 "생명을 주시는 이여"라고 부릅니다. 그런데 성령은 동물과 식물 그리고 사람에게 자연적인 생명만 주는 것이 아니라 영적인 생명도 불어 넣어 줍니다.

> 누구든지 하느님의 성령의 인도를 따라 사는 사람은 하느님의 자녀입니다. (로마 8:14)

그래서 신자들이 성령의 열매인 "사랑, 기쁨, 평화, 인내, 친절, 선행, 진실, 온유, 절제"(갈라디아 5:22)를 누리는 것은 지극히 당연합니다. 주 예수 그리스도께서는 우리에게 이렇게 말씀하셨습니다.

> 좋은 열매를 얻으려거든 좋은 나무를 길러라. 나무가 나쁘면 열매도 나쁘다. 열매를 보아 나무를 알 수 있다. (마태오 12:33)

그러므로 성령으로 거듭난 사람은 성령의 열매들로 치장하여 어디서나 돋보입니다.

- 우리는 『신앙의 신조』에서 성령은 "아버지(성부)로부터 나오신다"고 고백합니다. 이 고백의 근거는 무엇입니까?

우리 모두가 이해하고 있듯이, 이렇게 미묘한 주제에 대해 자신 있게 말할 수 있는 사람은 아무도 없을 것입니다. 우리 신앙의 가장 높은 진리 중에 하나인 "성령에 관한 진리"를 우리에게 밝혀주실 수 있는 분은 오직 사람이 되신 하느님의 아들뿐이십니다. 우리 주 예수 그리스도께서는 제자들과 함께 최후의 만찬을 나누시는 자리에서 그들에게 이 진리를 정확하게 밝혀 주셨습니다.

> 내가 아버지께 청하여 너희에게 보낼 협조자 곧 아버지께로부터 나오시는 진리의 성령이 오시면 그분이 나를 증언할 것이다. (요한 15:26)

그리스도의 이 말씀을 근거로 콘스탄티노플에서 열린 제2차 세계 공의회는 니케아에서 열린 제1차 세계 공의회에서 채택된 『신조』 중 성령에 관한 조항에 "그리고 주님이시며 생명을 주시는 성령을 믿나니, 성령은 성부로부터 나오시며"라는 구절을 추가하여, 성령에 관한 진리를 보강했습니다.

- 하지만 가톨릭교회는 성령은 "아버지와 '아들로부터'(Filioque, 필리오쿠에) 나오셨다"는 표현을 사용합니다. 이 표현은 올바르지 않다는 말입니까?

예, 그렇습니다. 이것은 올바르지 않은 표현, 아주 크게 잘못된 표현입니다. 과연 그 누가 그리스도께서 직접 명백하게 밝혀주신 말씀을 수정할 권한을 가질 수 있습니까? 주님께서는 이렇게 말씀하셨습니다.

> 그러므로 가장 작은 계명 중에 하나라도 스스로 어기거나, 어기도록 남을 가르치는 사람은 누구나 하늘나라에서 가장 작은 사람 대접을 받을 것이다. 그러나 스스로 계명을 지키고, 남에게도 지키도록 가르치는 사람은 누구나 하늘나라에서 큰 사람 대접을 받을 것이다. (마태오 5:19)

이런 간단한 계명을 어기는 것도 안 되는 것일진대, 심지어 신성과 인성을 가진 주님께서 직접 밝혀주셨고, 세계 공의회가 성령의 조명을 받아서 결정한 가장 근본적인 신앙의 교리를 바꾼다면, 그가 하느님 앞에서 져야 할 책임은 얼마나 크겠습니까? 정교회와 가톨릭교회의 주요한 교리적 차이점인 이 중대한 문제에 대해서 더 길게 설명하지는 않겠습니다. 다만 이것만 보충하여 설명 드립니다. 신앙의 신조에 부적절하게 추가된 "아들로부터"라는 구절의 문제는 결코 가벼운 것이 아닙니다. 간단히 말해 이 구절은 성 삼위 하느님의 세 위격들의 관계를 혼란스럽게 만듭니다. 말하자면 두 위격(성부와 성자)이 기원으로 제시됨으로써, 성령은 성부와 성자보다 그 위상이 격하된다는 말입니다.

하지만 이런 복잡한 신학적 논쟁은 이런 주제를 연구하는 신학자들에게 맡기도록 합시다. 다만 우리는 그리스도의 말씀에 근거하고 제2차 세계 공의회가 채택한 신조, 그리고 1700년 동안 다른 모든 교리와 함께 변함없이 고백되어 온 보편적 신앙의 신조, 즉 『니케아 콘스탄티노플 신조』만이 정통 교리임을 알고 그 믿음을 지켜나갑시다.

■ 『신앙의 신조』는 또한 성령에 관해서 "예언자를 통하여 말씀하셨나이다"라고 고백합니다. 성령은 구약시대부터 활동했단 말입니까?

물론입니다. 아니 그보다 더 오래 전, 세상 창조의 첫 순간부터, 하느님이신 성령께서는 성부 하느님과 성자 하느님과 협력하시면서, 세상 창조를 비롯하여 하느님의 모든 일에 참여하셨습니다. 신적인 영감으로 충만했던 베드로는 특별히 구약성경의 예언 활동에 대해 이렇게 적습니다.

> 예언은 인간의 생각에서 나온 것이 아니라 사람들이 성령에 이끌려서 하느님께로부터 말씀을 받아 전한 것입니다. (II베드로 1:21)

그리고 사도 바울로도 이렇게 말씀하셨습니다.

> 어떤 사람은 성령에게서 지혜의 말씀을 받았고 어떤 사람은 같은 성령에게서 지식의 말씀을 받았으며 어떤 사람은 같은 성령에게서 믿음을 받았고 어떤 사람은 같은 성령에게서 병 고치는 능력을 선

물로 받았습니다. 어떤 사람은 기적을 행하는 능력을, 어떤 사람은 하느님의 말씀을 받아서 전하는 직책을, 어떤 사람은 어느 것이 성령의 활동인지를 가려내는 힘을, 어떤 사람은 여러 가지 이상한 언어를 말하는 능력을, 어떤 사람은 그 이상한 언어를 해석하는 힘을 받았습니다. (I 고린토 12:8-10)

이렇듯이 성령께서 예언자들에게 빛을 비춰 주시어, 하느님의 뜻을 사람들에게 전하게 하셨다는 것은 명백합니다. 이러한 이유로『신앙의 신조』는 성령에 대하여 "예언자를 통하여 말씀하셨나이다"라고 고백하는 것입니다.

■ 지금까지 배운 것 말고도 세상에서 활동하는 성령에 대해 우리는 또 어떤 것들을 더 알 수 있습니까?

우리는 매일 읽는 성경에서 성령의 활동에 대한 수많은 지식을 만

오순절 성령강림, 목판 템페라, 1998년
소조스 야누디스 作, 정교회 한국대교구, 서울

납니다. 다만 우리는 여기서 아주 중요한 한 사건, 즉 주님께서 부활하신 후 50일째 되던 날이자 주님께서 하늘로 승천하신 후 10일째 되던 날에 일어난 한 사건, 즉 오순절 성령강림 사건에 대해서만 말해보겠습니다. 복음사도 성 루가는 전무후무한 유일하고도 새로운 이 사건을 사도행전에서 자세히 묘사합니다.(사도행전 2:1-40)

이날, 이전에 예수님께서 제자들에게 하신 약속, 즉 "새로운 위로자 성령을 보낼 것이니 이 성령이 모든 것을 가르쳐 줄 것이며 충만한 진리로 인도해줄 것이라"고 하셨던 약속이(요한 14:25, 16:13) 성취되었습니다.

제자들이 주님과 최후의 만찬을 나누었던 바로 그 2층 방에 "신도들과 함께 모여 있었는데", 갑자가 성령이 혀 모양의 불로 각 사람 머리 위로 내려왔습니다. 성령이 임하셨을 때, 사람들은 "갑자기 하늘에서 세찬 바람이 부는 듯한 소리가 들려오는 것"을 느꼈습니다. 그때부터 배우지 못한 제자들은 새롭고 영적인 힘을 가진 사람들로 변했습니다. 먼저 눈에 띄는 변화는 이것이었습니다.

> 그들의 마음은 성령으로 가득 차서 성령이 시키시는 대로 여러 가지 외국어로 말을 하기 시작하였습니다. (사도행전 2:4)

또 놀랄 만한 것은 사도 베드로가, 큰소리가 나는 것을 듣고 놀라 그 2층 앞에 모여든 군중 앞에서 용기 있게 설교를 하였다는 것입니다. 사도 베드로는 그리스도께서 잡히시어 심문 받으시던 그날 밤, 미천한 여종 앞에서도 자신이 예수님의 제자라고 밝히기를 두려워했던 겁쟁이였습니다. 그러나 지금 성령을 받은 사도 베드로는 수천 명이나 되는 사람들 앞에서 그들의 잘못을 지적하면서 그들이 십자가에 못 박아 죽인 예수가 바로 메시아(그리스도)라고 거침없이 선포했습니다.(사도행전 2:36) 결과는 놀라웠습니다. 사도 베드로와 다른 사도들이 성령의 영감을 받아 전한 설교를 듣고 백성들은 마음 깊이 큰 감동을 받았습니다. 그들이 사도들에게 어떻게 해야 하느냐고 물었을 때 사도들은 이렇게 대답했습니다.

> 회개하시오. 그리고 여러분은 한 사람도 빠짐없이 예수 그리스도의 이름으로 세례를 받고 여러분의 죄를 용서받으시오. 그리하면 성령을 선물로 받게 될 것입니다. (사도행전 2:38)

그러자 백성들은 사도 베드로의 설교를 듣고 세례를 받았습니다.

> 그날에 새로 신도가 된 사람은 삼천 명이나 되었습니다.
> (사도행전 2:41)

예수 그리스도께서 붙잡히시어 십자가형에 처해지실 때, 자기만 살겠다고 스승을 버리고 도망쳐 숨어버렸던 제자들이 이렇게 큰 용기와 담대함을 가지게 될 줄 누가 상상이나 했겠습니까! 게다가 그들은 놀라운 지혜와 권능으로 설교해서 그날 하루 만에 삼천 명이나 세례를 받게 했습니다! 이들이 어떤 사람들이었습니까? 이들은 얼마 전만 해도 빌라도 앞에서 예수님을 십자가에 못 박아 처형하라고 부르짖었던 그 군중들이었습니다.

이 모든 것들이 오순절 날 성령께서 강림하신 결과였으니, 이로써 그리스도의 거룩한 교회가 이 땅에 세워졌고, 그 후 성령께서는 언제나 교회 안에 계시면서 교회를 굳세게 하시고 보호하시고 영감을 불어넣어주시고 인도하시어 교회가 맡은 바 구원의 사명을 다 완수할 수 있도록 인도하십니다.

제 2 부

정교회 신자의 신앙생활

제 20 장
사람의 최종 목표 : 신화

■ 지금까지 우리는 정교회 신자가 무엇을 믿는지 배웠습니다. 그런데 질문이 하나 생깁니다. 우리는 왜 삽니까? 사람의 삶에서 궁극적인 목적은 무엇입니까?

매우 중요한 질문입니다. 아주 옛적부터 인간은 이 문제에 대해 고민했습니다. 그리고 많은 철학자들과 성현들이 이에 대해 훌륭한 답변을 내놓았습니다. 하지만 우리는 그들에게서 궁극적이고 참된 해답을 찾지 않고, 오직 오류가 없는 진리를 담고 있고 하느님의 거룩한 영감으로 기록된 성경에서 그 해답을 구할 것입니다.

건물, 기계, 도구, 기구 등의 용도와 용법을 알려면, 우리는 그것을 만든 사람이나 제조업체가 어떤 목적을 가지고 만들었는지, 어떻게 사용하도록 만들었는지 알아야 합니다. 그래서 제작자나 제조업체는 사용 설명서를 제공하여 그 용도와 용법에 대해 상세하게 풀이해 줍니다. 그래서 누구든 이 안내서를 따르지 않는다면, 그것들을 사용할 수 없거나 고장을 내거나 혹은 위험한 사고를 당할 수도 있습니다.

이와 마찬가지로 모든 피조물 중에서도 가장 완벽하게 창조된 사람의 목적이 정확하게 무엇인지, 창조주께서 사람에게 부여한 최종 목표가 무엇인지 알려면, 우리는 사람을 창조하신 하느님께 여쭈어야 합니다. 그렇다면 하느님께서 직접 우리에게 주시는 대답은 무엇입니까?

우리는 성 삼위일체 하느님께서 "우리 형상에 따라 우리를 닮도록 사람을 만들자"(창세기 1:26)고 결의하신 것에 대해 이미 언급한 바 있습니다. 이어서 우리는 곧바로 다음과 같은 내용을 읽을 수 있습니다.

> 하느님께서 사람을 지어내셨으니, 하느님의 형상대로 사람을 지어내시되 남자와 여자로 지어내셨다. (창세기 1:27)

그런데 이 구절에서는 1:26절과는 달리 "하느님의 형상대로"라는 말만 있지 "우리 모습을 닮도록"이란 말이 없습니다. 왜 그랬을까요? 하느님의 결의는 사람을 하느님의 형상대로 그리고 하느님 모습과 닮도록 창조하는 것이었습니다. 그러나 하느님께서는 먼저 사람을 당신의 형상에 따라서만 창조하셨습니다. 다시 말해 하느님께서는 사람에게 지성, 혹은 지적인 능력을 주시어, 하느님과 하느님의 뜻을 알고 또 하느님과 대화하고 교제할 수 있게 하셨습니다. 그뿐만 아니라 자신의 생각과 말과 행동을 통제할 수 있는 의지 능력과 그리고 진리를 추구하고 알고자 하는 양심을 주셨습니다. 이미 언급한 바 있듯이, 하느님께서는 사람에게 지성뿐만 아니라 완벽한 자유를 주셨으니, 스스로 결정하고 원하는 대로 행동할 수 있는 이 "지성 능력"과 "자유의지"야말로 하느님의 형상을 반영하는 가장 큰 선물인 것입니다.

하느님께서는 사람을 창조하실 때 부여해 주신 이 자유의지를 전적으로 존중하시기 때문에 "하느님의 모습을 닮는" 것에 대해서 온전히 사람 스스로 결정하길 원하셨습니다. 즉 사람은 자신의 동의 없이 자동적으로 하느님을 닮도록 창조된 것이 아니라, 닮을 수 있는 능력은 받았지만 그 능력을 사용하여 닮아가는 것은 온전히 자기 스스로의 선택에 달려 있는 그런 존재로 창조된 것입니다. 다시 말해 "하느님을 닮은 존재"가 되는 것은 하느님께서 사람에게 바라시는 궁극적인 목표이지, 이미 사람 안에 구현되어 있다거나, 혹은 저절로 구현되도록 설정된 것이 아니라는 말입니다. 그러나 우리가 앞에서 살펴본 바와 같이 사람은 낙원에서 하느님의 뜻을 자신의 삶 속에 구현하는 대신 뱀의 속임수에 넘어가 버렸습니다. 하느님을 등지고, 하느님의 뜻을 배반하고 사탄을 향해 돌아서서 사탄의 꾐에 동의했습니다. 그 결과를 우리는 모두 알고 있습니다. 사람은 자신의 잘못된 선택으로, 즉 자유의지를 잘못 사용하여 낙원에서 누렸던 기쁨을 잃어버리게 되었고, 하느님과 사람의 교제는 단절되었습니다.

이미 다 알고 있는 내용들이겠지만, 사실 이 모든 내용들은 뒤에서 계속 다뤄질 주제들을 이해하는 데 반드시 필요한 것이기에 다시 한 번 상기해 보았습니다.

하느님과의 관계 단절, 그리고 그에 따르는 모든 불행한 현실들에도 불구하고, 사람을 창조하신 하느님의 뜻, 다시 말해 "하느님을 닮은 존재가 되는 것"이라고 하는 인간 창조의 궁극적인 목표가 완성되기를 바라시는 하느님의 간절함은 조금도 사그라지지 않았습니다. 결론적으로 말해서 인간의 삶의 궁극적인 목표가 무엇이냐고 물을 때 우리는, 그것은 바로 "하느님을 닮아가는 것", "하느님과 닮은 존재가 되는 것"이라 말할 수 있습니다. 그리하여 타락으로 인해 낙원에서 쫓겨났었지만 이제 하느님을 닮은 존재로서 천상의 낙원(천국)에서 영원히 하느님과 교제하며 사는 것이라고 말할 수 있습니다.

여기서 말하는 천국은 태초에 세상 안에 창조되었던 낙원, 지금은 거친 사막이 되어 물도 말라버리고 동식물도 살 수 없는 에덴의 낙원이 아닙니다. 그것은 오히려 앞에서도 말한 바 있는, 하늘의 영적인 낙원, 새 하늘 새 땅으로 도래할 하느님의 영원한 왕국을 말합니다.

- 흙으로 빚어진 사람이 거룩하신 하느님을 닮는, 그렇게 높은 경지에 도달하는 것이 가능한 일입니까?

먼저 확실하게 구별해야 할 것이 있습니다. 사람은 하느님과 동일하게 되어야 하는 것이 아니라 하느님을 닮아야 한다는 것입니다. 하느님과 동일하거나 동등한 존재는, 천사나 사람이나 결코 있을 수 없습니다. 제 아무리 거룩하게 사신 성인이라도 결코 하느님과 동등하게 될 수는 없습니다. 타락한 천사 루시퍼는 하느님과 동등하게 되고 싶은 헛된 욕망에 빠져서 결국에는 빛의 천사에서 어둠의 악마(사탄)로 추락하고 말았습니다.

하지만 사람이 하느님을 닮는 것은 가능할 뿐만 아니라, 하느님께서 사람을 창조하신 궁극적인 목적입니다. 하느님께서는 이러한 목적을 위해 사람을 창조하셨고, 이 목적을 달성하는 데 필요한 모든 자질을 사람의 본성 안에 선물로 주셨기 때문입니다. 그와 동시에 하느님께서는 사람 혼자 이 목적 달성을 위해 분투하도록 내버려두지 않으시고, 오히려 그것을 돕고 지지하고 이끌어주시기 위해 몸소 사람들 가까이로 오셨습니다. 거룩한 영감을 받아 『복음경』을 기록한 복음사도 성 요한은 그리스도께서 다시 나타나실 때(재림하실 때) 그분을 믿는 모든 신자들은 그리스도와 완벽하게 닮은 상태에 이를 것이라고 밝혀주셨습니다.

> 그리스도께서 나타나시면 우리도 그리스도와 같은 사람이 되리라
> 는 것을 우리는 알고 있습니다. 그 때에는 우리가 그리스도의 참모
> 습을 뵙겠기 때문입니다. (I 요한 3:2)

교회의 교부들은 "사람이 하느님과 닮은 상태에 이르는 것"을 '신화(神化, 테오시스)'라는 개념으로 표현했습니다. 이 신화는 지금 현재의 삶에서부터 시작되고 발전하여 미래의 삶에서 완성됩니다. 다시 말해 천국에 이르면 이 신화는 최종적인 완성에 이르게 됩니다. 주님께서 재림하시면 모든 신자들의 육체가 부활하여 그들의 영혼과 결합되고, 그 사람 전체, 즉 영혼과 육체 모두가 신화되기 때문입니다. 그러므로 분명히 "하느님을 닮는 것"은 사람의 궁극적인 목표이고, 또 분명 가능한 일입니다.

교회의 영적 삶을 통해 영적 투쟁을 하시고 주님의 은총으로 그리스도와 연합되었던 사도 바울로는 신화에 대해 이렇게 고백했습니다.

> 이제는 내가 사는 것이 아니라 그리스도가 내 안에서 사시는 것입니다. (갈라디아 2:20)

그리고 사도 바울로와 같은 경지에 오르신 수많은 성인들의 삶과 증거들이 또한 이 '신화'의 가능성을 입증해 줍니다.

■ 신화가 정확하게 무엇입니까?

정교회가 사용하는 '신화'라는 개념은 사람이 하느님과 연합된 영적인 상태, 단절되었던 하느님과의 관계가 회복되고 지속적으로 이어지는 상태를 말합니다. 신학자 성 그레고리오스는 신화란 인간의 본성이 도달할 수 있는 가장 높은 단계, 가장 높은 영적인 경지라고

설명했습니다. 물론 하느님의 본질은 "끝이 없으시고 도달할 수 없는 분"이어서 사람이 하느님의 본질에 도달하는 것은 불가능합니다. 그러나 신화는 거룩하고 선한 행위와 하느님의 은사를 통해서 도달할 수 있습니다. 그것은 우리가 받게 될 몫입니다.

> 하느님께서는 여러분을 위하여 썩지 않고 더러워지지 않고, 시들지도 않는 분깃을 하늘에 마련해 두셨습니다. (I베드로 1:4)

신약에서도 "하느님의 닮음"과 유사한 개념들이 나타납니다. 사람은 "그리스도의 생각을 아는"(I고린토 2:16) 상태까지 도달할 수 있다는 것입니다. 그렇게 되면 사람은 살아가면서 항상 주님의 뜻만을 생각하고 신성과 인성을 지니신 예수 그리스도를 모델로 삼아 날마다 예수님을 닮고자 영적 투쟁을 하게 될 것입니다.

사도 바울로는 언제나 예수님을 본받는 삶을 추구했고, 다른 사람들에게도 그런 자신을 본받으라고 설교했습니다.

> 내가 그리스도를 본받는 것처럼 여러분도 나를 본받으십시오.
> (I고린토 11:1)

그리고 그는 또 에페소의 그리스도인들에게 이렇게 권고합니다.

> 여러분은 하느님의 사랑을 받는 자녀답게 하느님을 닮으십시오.
> (에페소 5:1)

한편 그리스도의 위대한 사도 베드로는 이렇게 신화의 의미를 설파합니다.

> 여러분은 바로 그렇게 살아가라고 부르심을 받은 사람들입니다. 그리스도께서도 여러분을 위해서 고난을 받으심으로써 당신의 발자취를 따르라고 본보기를 남겨주셨습니다. (I베드로 2:21)

보이지 않는 하느님을 어떻게 닮을 수 있을지 이해하기 어렵다면, 인간 사회에서 사셨던 그리스도의 삶을 배우고 그분의 삶의 발자취를 따라가면 됩니다. 사랑의 제자로 불린 복음사도 성 요한도 분명하게 이러한 삶을 강조합니다.

> 자기가 하느님 안에서 산다고 말하는 사람은 그리스도께서 사신 것처럼 살아야 합니다. (Ⅰ요한 2:6)

낙원의 사다리, 목판 템페라, 12세기
성 까떼리나 수도원, 시나이, 이집트

제2부 정교회 신자의 신앙생활_179

- **사람은 어떻게 그리고 어떤 조건에서 하느님을 닮을 수 있습니까?**

사람이 아무리 영적 투쟁을 하고 노력을 한다 할지라도 오직 자기 혼자 자기 힘으로만 하려 한다면 결코 하느님을 닮을 수 없습니다. 주님께서도 분명히 말씀하셨습니다.

나를 떠나서는 너희가 아무것도 할 수 없다. (요한 15:5)

하지만 하늘에 계시는 하느님께서는 사람이 신화에 도달할 수 있도록 손수 모든 가능성과 도움과 그에 필요한 은사들을 제공해주십니다. 그리고 사람의 본성 안에 신화가 이루어지도록, 하느님의 아들이 몸소 육신을 취하시어 사람이 되셨습니다. 그리고 사람이 되신 하느님 그리스도의 몸인 교회의 울타리 안에서 올바른 신앙(정통 신앙)을 고백하고 지켜나가며 그 일원으로 거룩한 삶을 살아갈 때 그 신화의 목표에 이를 수 있습니다. 다른 한편 신화에 성공하려면, 우리 각자가 스스로 자유롭게 원하고 선택하고 또 노력하고 참여하는 것이 또한 절대적으로 필요합니다. 신화는 본질적으로 신자들이 교회의 신비성사에 참여할 때 일어납니다. 사람이 그리스도를 하느님으로서 믿게 되면, 먼저 지난날의 삶을 회개하고 믿음을 가지고 거룩한 세례성사로 나아갑니다. 세례성사를 통해서 우리는 "그리스도를 옷 입듯이 입는"(갈라디아 3:27) 상태가 됩니다. 이렇게 세례성사를 통해서 신성과 연합되고, 새롭게 태어난 뒤에는 감사의 성만찬에 참여함으로써 "한 몸의 지체"가 됩니다. 다시 말해 그리스도의 거룩한 몸의 거룩한 한 지체가 됩니다.(에페소 3:6) 그러면 그리스도는 그 사람 안에 있게 되고 그 사람은 그리스도와 함께 살게 됩니다.(요한 6:56) 이렇게 영적인 양식을 공급받아 새로운 영적 삶을 살아감으로써, 사람은 점차 신화로 나아갑니다. "신이 되게 하는 반죽"인 주님의 거룩한 몸과 피를 우리가 받아먹으면, 그 반죽은 우리의 존재 전체를 채우고, 우리로 하여금 '신'이 되게 합니다. 「영성체 준비 기도문」에는 이러한 내용이 포함되어 있습니다.

> 하느님의 몸이 나를 깨끗하게 하고 살찌게 하는도다. 내 영혼을 정화하고 내 생각을 풍부케 하는도다.

신화는 이렇듯 신자들이 교회의 영적인 삶에 자발적으로 동참함으로써 그리스도와 신비롭게 연합해갈 때 실현되기 시작합니다. 그래서 신화는 신자의 일상생활 속에 곧바로 영적 열매를 맺게 해줌으로써 지상 세계에서부터 실현되기 시작하여 하늘나라에서 최종적인 완성에 이르게 될 것입니다.

■ **교회의 신비성사에 참여하는 것만으로 신화에 이를 수 있습니까? 아니면 그 밖에 더 해야 할 것이 있습니까?**

우리가 말한 교회의 거룩한 신비성사는 사람이 하느님과 만나는 가장 기본적인 바탕입니다. 또한 신자들은 하느님의 계명에 자발적으로 순종함으로써 첫 피조물 아담과 하와의 불순종을 무력화시킵니다. 하느님의 계명이 기록되어 있는 성경을 읽고 지식을 쌓는 것만으로는 충분치 않습니다. 하느님의 뜻인 계명을 우리 삶에 적용시켜 실천해야 합니다. 교회의 교리와 윤리적 가르침은 신자들의 발걸음을 하늘나라의 영원한 기쁨과 신화로 안내하는 푯말과 같습니다.

예수 그리스도께서는 그의 제자들에게 명백하게 말씀하셨습니다.

> 너희가 나를 사랑하면 내 계명을 지키게 될 것이다. (요한 14:15)

> 내가 명하는 것을 지키면 너희는 나의 벗이 된다. (요한 15:14)

복음사도 성 요한도 주님의 말씀을 따라 이렇게 확언합니다.

> 우리가 무엇을 구하든지 하느님께로부터 다 받을 수 있습니다. 우리가 하느님의 계명을 지키고 있으며 하느님께서 기뻐하실 만한 일들을 하고 있기 때문입니다. (1요한 3:22)

그런데 하느님의 계명을 지키려면 먼저 그 계명을 알아야 합니다. 시편작가는 이렇게 고백하듯 말입니다.

> 당신의 법이 너무나도 사랑스러워 자나 깨나 나는 그 말씀을 되새깁니다. (시편 119:97)

교회는 신자들에게 매일 성경을 읽으라고 권고합니다. 그리고 성당에서는 매일 드리는 예식 속에서 구약성경과 신약성경, 특별히 사도경과 복음경을 봉독하고 신자들은 주의 깊게 이를 경청합니다. 성경 읽는 일을 의무로 여기거나 지루하고 귀찮은 일이라 생각하지 마십시오. 성경 말씀을 길가는 사람에게 생명을 주는 시원한 물로(요한 4:14), 배고픈 영혼을 채워주는 양식으로(마태오 4:4), 신자가 가는 길을 인도하는 빛으로(시편 119:105), 달콤한 꿀로(시편 119:103), "당신께서 가르치신 법이야말로 천만 금은보다 유익합니다"(시편 119:72)라고 노래한 시편 저자의 고백처럼 아주 값진 금은보화로, 악마의 화살을 막는 아주 강력한 방패로, 그리고 예수님께서 광야에서 악마의 유혹을 말씀으로 무찔렀듯이 악마를 무찌르는 강력한 무기로(마태오 4:4,7,10), 그렇게 느낄 수 있길 바랍니다.

- 어떤 면에서 사람이 하느님을 닮을 수 있습니까?

하느님의 말씀이 이에 대한 대답을 줍니다.

- **하느님은 거룩하십니다.**

    내가 거룩하니 너희들도 거룩하게 되어라. (Ⅰ베드로 1:16)

    하느님께서 여러분에게 원하시는 것은 여러분이 거룩한 사람이 되는 것입니다. (Ⅰ데살로니카 4:3)

    모든 사람과 화평하게 지내며 거룩한 사람이 되도록 힘쓰시오. 거룩해지지 않으면 아무도 주님을 뵙지 못할 것입니다. (히브리 12:14)

 하느님은 거룩하신 분이십니다. 사람이 하느님을 닮아가려면 지속적으로 회개하면서 죄를 멀리해야 합니다. 그리고 사도 바울로의 이 권면처럼 거룩하게 살아가려 노력해야 합니다.

    무엇이든지 참된 것과 고상한 것과 옳은 것과 순결한 것과 사랑스러운 것과 영예로운 것과 덕스럽고 칭찬할 만한 것들을 마음속에 품으십시오. (필립보 4:8)

- **하느님은 사랑이십니다.**

    하느님은 사랑이십니다. 사랑 안에 있는 사람은 하느님 안에 있으며 하느님께서는 그 사람 안에 계십니다. (Ⅰ요한 4:16)

 따라서 하느님을 닮아가려면 신자는 계속해서 하느님을 향한 사랑을 키워가고 아무런 차별 없이 우리 이웃을 사랑하도록 노력해야 합니다. 최후의 심판 때 주님께서는 오직 이 사랑의 잣대를 가지고 심판하실 것입니다. 즉 얼마나 하느님 사랑과 이웃 사랑을 실천했는지를 기준으로 삼아 심판하실 것이라는 말입니다. 그리하여 이웃을 내 몸과 같이 참되게 사랑하면서 산 사람만이 하늘나라로 부름 받을 것입

니다.(마태오 25:34-46)

- **하느님은 정의이십니다.**

    주님 공정하시어 옳은 일 좋아하시니, 올바른 자 그 얼굴 뵙게 되리라. (시편 11:7)

    하느님은 올바르고 곧기만 하시다. (신명기 32:4)

따라서 신자들은 먼저 불의를 멀리하고 그 다음으로는 언제나 공정하게 생각하고 정의를 실천해서 가장 완전하게 의로우신 하느님을 닮도록 해야 합니다.

- **하느님은 진리이십니다.**

    하느님은 참되시다. (요한 3:33)

    나는 길이요 진리요 생명이다. (요한 14:6)

이렇게 말씀하신 것은 신자들이 진리이신 하느님을 본받게 하려는 데 목적이 있습니다. 진리이신 하느님을 본받는다면, 그 사람의 입술에서는 결코 거짓이 나올 수 없을 것입니다. 또 그 사람은 거짓된 행동도 할 수도 없을 것입니다. 성령의 영감을 받은 사도 바울로가 우리들에게 권고합니다.

    하느님의 형상대로 창조된 새 사람으로 갈아입어야 합니다. 새 사람은 올바르고 거룩한 진리의 생활을 하는 사람입니다. 그러므로 거짓말을 하지 말고 이웃에게 진실을 말하십시오. 우리는 서로 한 몸의 지체들입니다. (에페소 4:24-25)

하느님을 어떤 면에서 닮아야 하는가에 대한 답을 우리는 또한 육신을 취하신 하느님의 말씀, 우리 주 예수 그리스도의 인격 안에서 발견할 수 있습니다. 주님의 생애를 기록하고 있는 신약의 복음경에서 그 구체적인 모습을 찾아봅시다.

- **하느님은 온유하십니다.**

주님께서는 이렇게 말씀하셨습니다.

나는 마음이 온유하고 겸손하니 내 멍에를 메고 나에게 배워라. 그러면 너희의 영혼이 안식을 얻을 것이다. (마태오 11:29)

주님께서는 조롱과 모욕과 채찍질을 당하시고, 십자가에 못 박히실 때조차도 그 온유함을 보여주셨습니다. 그러므로 우리는 사도 바울로의 이 권고를 마음 깊이 새기고 실천해야 하겠습니다.

주님의 종은 다투어서는 안 됩니다. 도리어 모든 사람을 온유하게 대하고 잘 가르치고 참을성이 있어야 합니다. 또 반대자들을 부드러운 마음으로 바로잡아 주어야 합니다. 그렇게 하면 하느님께서는 그들에게 회개할 기회를 주셔서 진리를 깨닫게 해주실 것입니다. (Ⅱ디모테오 2:24-25)

- **하느님은 자비로우시고 형제 사랑이 지극하신 분이십니다.**

우리 구세주 하느님께서는 당신의 인자와 사랑을 나타내셔서 우리를 구원하셨습니다. 우리가 무슨 올바른 일을 했다고 해서 구원해 주신 것이 아니라 오직 그분이 자비하신 분이시기 때문에 성령으로 우리를 깨끗이 씻어서 다시 나게 하시고 새롭게 해주심으로써 우리를 구원하신 것입니다. (디도 3:4-5)

거룩한 복음경은 우리에게 예수 그리스도의 사역을 이렇게 요약해 줍니다.

> 예수께서 온 갈릴래아를 두루 다니시며 회당에서 가르치시고 하늘 나라의 복음을 선포하시며 백성 가운데서 병자와 허약한 사람들을 모두 고쳐주셨다. (마태오 4:23)

주님의 사랑과 자비는 팔레스타인을 넘어 온 세상 모든 사람들을 향했습니다.

> 예수의 소문이 온 시리아에 퍼지자 사람들은 갖가지 병에 걸려 신음하는 환자들과 마귀 들린 사람들과 간질병자들과 중풍병자들을 예수께 데려왔다. 예수께서는 그들도 모두 고쳐주셨다. (마태오 4:24)

주님께서는 3년의 공생애 동안 도움이 필요한 모든 사람들을 돌보아 주셨습니다. 슬프고 아픈 사람들은 위로해주셨고, 배고픈 사람들에게는 양식을 제공해 주셨고, 바다에서 폭풍우를 만나 위험에 처한 사람들을 구해 주셨으며, 게다가 죽은 사람도 살려내시어 그 가족들의 슬픔을 씻어 주셨습니다. 거룩한 복음경에는 주님께서 사람들을 도우시기 위해서 행하신 많은 기적 이야기가 기록되어 있습니다. 그래서 우리 교회의 거룩한 예식서들은 주님을 "선하신 이여", "자애로우신 이여", "동정을 베푸시는 이여", "우리 삶의 보호자시여" "동정심 많으신 이여", "자비로우신 이여" 등과 같은 여러 호칭으로 부르는 것입니다. 이런 표현을 통해서 교회는 주님께서 우리에게 베풀어 주신 온갖 은총에 감사를 표현합니다.

그러나 주님께서는 우리가 주님을 자애로우시고 자비로우신 분으로 알고 고백하는 것으로 만족하지 않으십니다. 거기에서 더 나아가 우리도 주님을 닮아 자비로운 사람이 되길 바라십니다.

너희의 아버지께서 자비로우신 것같이 너희도 자비로운 사람이 되어라. (루가 6:36)

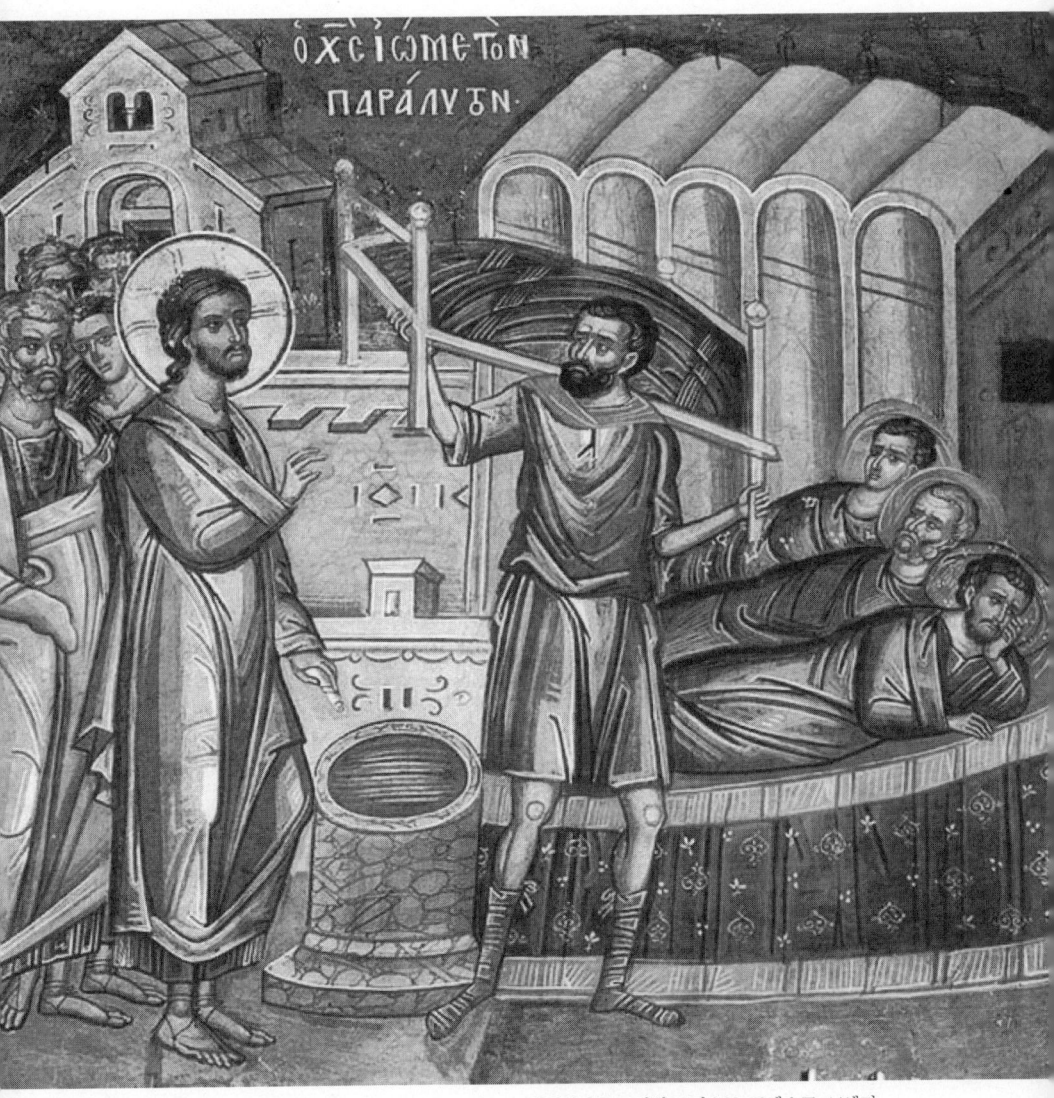

중풍병자를 고치신 그리스도, 프레스코, 14세기
스타브로니키타 수도원, 아토스, 그리스

제 21 장
하느님의 계명을 지킴

■ 하느님의 계명에 절대 순종하고 하느님의 뜻대로 살아야 한다고 말합니다. 그러나 무엇이 하느님의 뜻인지 어떻게 알겠습니까? 그리고 주님의 계명은 어떤 것들이 있습니까?

앞에서도 언급한 바 있듯이 하느님의 뜻은 성경에 기록되어 있습니다. 영원히 변치 않는 진리가 담겨진 성경을 바르게 이해하려면 성령의 빛을 받아야 합니다. 그러므로 성령의 조명을 간구하면서 겸손한 마음을 가지고 성경을 공부한다면, 하느님의 계명이 무엇인지 알 수 있을 뿐만 아니라 그 계명을 통해서 하느님께서 우리에게 원하시는 삶이 어떤 것인지 분명히 알 수 있습니다.

하느님께서는 시나이 산의 꼭대기에서 모세에게 십계명이 적힌 두 개의 석판을 주시어, 하느님께서 원하시는 삶이 무엇인지 우리가 쉽게 이해하고 기억하고 실천할 수 있게 해주셨습니다. 우리의 삶 속에서 제기되는 모든 문제들은 다 이 십계명과 연관되어 있습니다.

또 우리 주 예수 그리스도께서는 공생애 초기에 주님의 말씀을 들기 위해 갈릴래아 모든 지방에서 몰려든 군중들에게 그 유명한 「산상설교」를 행하셨습니다. 주님께서는 이 「산상설교」를 통해서 십계명의 의미를 더욱 깊고 완전하게, 그리고 영적으로 풀어주셨습니다.

십계명을 받는 모세, 목판 템페라, 13세기
성 까떼리나 수도원, 시나이, 이집트

제 22 장
십계명

■ 십계명은 구체적으로 어떤 것들입니까?

두 개의 석판에 적힌 십계명은 다음과 같습니다.

1. 너희는 내 앞에서 다른 신을 모시지 못한다. 너희는 위로 하늘에 있는 것이나 아래로 땅 위에 있는 것이나, 땅 아래 물 속에 있는 어떤 것이든지 그 모양을 본떠 새긴 우상을 섬기지 못한다.

2. 그 앞에 절하며 섬기지 못한다. 나 주 너희의 하느님은 질투하는 신이다. 나를 싫어하는 자에게는 아비의 죄를 그 후손 삼 대에까지 갚는다. 그러나 나를 사랑하여 나의 명령을 지키는 사람에게는 그 후손 수천 대에 이르기까지 한결같은 사랑을 베푼다.

3. 너희는 너희 하느님의 이름 주를 함부로 부르지 못한다. 주는 자기의 이름을 함부로 부르는 자를 죄없다고 하지 않는다.

4. 안식일을 기억하여 거룩하게 지켜라. 엿새 동안 힘써 네 모든 생

업에 종사하고 이렛날은 너희 하느님 주 앞에서 쉬어라. 그 날 너희는 어떤 생업에도 종사하지 못한다. 너희와 너희 아들 딸, 남종 여종뿐 아니라 가축이나 집 안에 머무는 식객이라도 일을 하지 못한다. 주께서 엿새 동안 하늘과 땅과 바다와 그 안에 있는 모든 것을 만드시고, 이레째 되는 날 쉬셨기 때문이다. 그래서 주께서 안식일에 복을 내리시고 거룩한 날로 삼으신 것이다.

5. 너희는 부모를 공경하여라. 그래야 너희는 너희 하느님 주께서 주신 땅에서 오래 살 것이다.

6. 살인하지 못한다.

7. 간음하지 못한다.

8. 도둑질하지 못한다.

9. 이웃에게 불리한 거짓 증언을 못한다.

10. 네 이웃의 집을 탐내지 못한다. 네 이웃의 아내나 남종이나 여종이나 소나 나귀 할 것 없이 네 이웃의 소유는 무엇이든지 탐내지 못한다.

(출애굽기 20:3-17, 신명기 10:1-4)

주전 13세기에 살던 사람들의 영적 상태에서는 이 십계명만으로도 거짓 우상 숭배에 속아 넘어가지 않고 우리 안에 있는 어두운 욕망들을 억제하기에 충분했습니다. 그러나 사람을 구원하기에는 십계명만으로 충분치 않았습니다. 그래서 우리 주 예수 그리스도께서, 완벽한 진리를 밝혀 주시고 사람을 변화시켜 '시초의 아름다움'을 다시 얻을 수 있게 하기 위해 세상에 오셨습니다. 이렇게 해서 사람은 은총을 통해서, 다시 하느님의 자녀가 되고 하느님 나라의 온갖 복을 상속 받을 수 있는 자격을 얻게 되었습니다.

제 23 장
참된 행복 : 구복단

■ 주님께서 원하시는 진정한 그리스도인은 어떤 사람입니까?

주님께서는 「산상설교」를 통해서 주님께서 원하시는 진정한 그리스도인이 무엇인지 밝혀주셨습니다. 이 「산상설교」 안에 '구복단'[19]이 나오는데, 이렇게 이름 붙여진 것은 그것이 아홉 가지의 '참된 행복'에 대해 말하고 있기 때문입니다.

구복단에 나오는 아홉 가지 참된 행복을 조금 더 쉽게 풀어보면 이

---

19 **구복단 (마태오 5:3-12)** 1. 마음이 가난한 사람은 행복하다. 하늘 나라가 그들의 것이다. 2. 슬퍼하는 사람은 행복하다. 그들은 위로를 받을 것이다. 3. 온유한 사람은 행복하다. 그들은 땅을 차지할 것이다. 4. 옳은 일에 주리고 목마른 사람은 행복하다. 그들은 만족할 것이다. 5. 자비를 베푸는 사람은 행복하다. 그들은 자비를 입을 것이다. 6. 마음이 깨끗한 사람은 행복하다. 그들은 하느님을 뵙게 될 것이다. 7. 평화를 위하여 일하는 사람은 행복하다. 그들은 하느님의 아들이 될 것이다. 8. 옳은 일을 하다가 박해를 받는 사람은 행복하다. 하늘 나라가 그들의 것이다. 9. 나 때문에 모욕을 당하고 박해를 받으며 터무니없는 말로 갖은 비난을 다 받게 되면 너희는 행복하다. 기뻐하고 즐거워하여라. 너희가 받을 큰 상이 하늘에 마련되어 있다. 옛 예언자들도 너희에 앞서 같은 박해를 받았다.

렇습니다.

1. 마음이 가난한 사람, 즉 영적인 가난과 겸손을 소유하여 자신이 하느님 품 안에 있음을 느끼고 언제나 하느님만 의지하는 사람은 행복합니다. 왜냐하면 하느님 나라가 그들의 것이기 때문입니다.

2. 죄와 악에 물든 세상을 슬퍼하는 사람들은 행복합니다. 그들은 하느님으로부터 위로를 받을 것이기 때문입니다.

3. 다른 사람을 온유하게 대하는 사람은 행복합니다. 이들은 하느님께서 약속하신 땅을 상속받게 될 것이고, 그 땅의 온갖 선한 열매를 현생의 삶에서부터 맛보며 살 것이기 때문입니다.

4. 배고프고 목마른 사람처럼 주님의 뜻만을 구하며 그 뜻대로 살기를 열망하는 사람은 행복합니다. 하느님께서 그들의 염원을 만족시켜 주실 것이기 때문입니다.

5. 이웃 사람의 불행을 함께 아파해 주는 자비로운 사람은 행복합니다. 최후의 심판 때 하느님으로부터 자비를 입을 것이기 때문입니다.

6. 마음이 깨끗한 사람은 행복합니다. 하느님을 뵙게 될 것이기 때문입니다.

7. 마음에 평화를 간직하고 다른 사람들에게 그 평화를 전파해주는 사람은 행복합니다. 그들은 그 공로를 인정받아 하느님의 자녀라 불릴 것이기 때문입니다.

8. 하느님의 뜻을 따르고 지키기 위해 박해를 받는 사람들은 행복합니다. 이들은 하느님 나라에 속할 것이기 때문입니다.

9. 주님 때문에 모욕을 당하고 박해를 받으며 터무니없는 말로 갖

은 비난을 다 받는 사람은 행복합니다. 하늘나라에서 받을 상은 클 것이니, 기뻐하고 즐거워하십시오. 하느님께서 앞서 보내신 옛 예언자들도 같은 박해를 받았습니다.

주님께서는 가장 훌륭하고 완벽하고 행복한 그리스도교적 삶의 내용으로 이 '구복단'을 제시하심으로써, 그리스도인들이 현재의 삶에서부터 누리기 시작하여 장차 이르게 될 하느님 나라에서 그 최고의 경지에 도달하게 될, 참된 행복과 감사와 기쁨을 밝혀주셨습니다. 주님께서는 또한 「산상설교」를 통해 겸손이 사람을 하늘나라에 이를 수 있게 해주며, 겸손에서 나오는 참된 회개는 사람을 깨끗하게 해주고 새롭게 태어나게 해주며 평화롭게 해준다고 말씀하셨습니다. 그리고 회개를 통해 마음이 깨끗해진 사람은 하느님을 뵐 수 있다고 말씀하셨습니다. 그 밖에도 선함과 평화, 자비와 자선은 사람으로 하여금 하느님을 닮게 해주는 높은 덕목이며, 세상에 복음을 전파하는 선교의 열정은 하늘나라에서 영원한 기쁨의 상을 받게 해줍니다. 믿음을 위해 박해, 순교, 조롱, 비방을 참고 견디는 것은 하늘에서의 큰 영광을 보장합니다.

제 24 장
율법의 참된 의미

■ 주님께서 구약의 율법과 십계명의 참된 의미를 밝혀주셨다고 했는데, 그 내용은 어떤 것들입니까?

주님께서는 「산상 설교」를 통해서 십계명과 율법의 참된 의미를 밝혀 주셨는데, 그것은 바로 모든 율법의 행위는 사랑에 기반을 두어야 한다는 것입니다. 어떤 행위가 참으로 선한 행위가 되려면, 그 행위의 동기도 정직하고 참되고 깨끗하고 사랑에 기반을 둔 것이어야 한다는 것입니다. 반대로 어떤 잘못된 행동도 단지 결과만 놓고 볼 것이 아니라 그 잘못에 이르게 한 모든 요소들, 과정을 헤아려 살펴보아야 한다는 말씀입니다. 구체적으로 살펴봅시다.

• **자선에 대하여**

자선은 남뿐만 아니라 자선을 행하는 사람 자신에게도 이롭습니다. 자선을 행하는 사람 자신도 하느님의 자비를 입을 것이기 때문입니다. 또한 자선은 절박한 문제에 봉착한 이들을 구해줄 수 있기 때문에 그들에게 매우 큰 도움이 됩니다. 그러나 주님께서는 또한 이런 자선 행위에도 피해야 할 위험이 있다고 경고하십니다.

그러므로 자선을 베풀 때는 주의해야만 합니다. 자신의 자선을 사람들에게 알리고, 그래서 그들의 칭찬을 받기 위한 것이라면, 그들로부터 선한 사람이라는 평가를 받기 위한 것이라면 그런 자선은 하지 않는 편이 낫습니다. 자선을 베푼 것에 대해 사람들의 칭찬을 받는다면, 더 이상 하느님으로부터 받을 보상은 없습니다. 반대로 자선을 베풀 때 오른손이 하는 일을 왼손이 모르도록 그렇게 은밀하게 자선을 베푼다면, 다시 말해 가까운 사람도 모르게 숨기면서 자선을 베푼다면, 하느님 나라의 온갖 보화로 보상받는 것은 물론이요, 마지막 심판 때 그 자선이 만방에 드러나 알려지고 칭송을 받게 될 것입니다.(마태오 6:1-4 참고)

- **기도에 대하여**

사람이 하느님과 대화하는 순간보다 더 거룩한 순간이 있을까요? 하지만 누구나 기도는 할 수 있지만, 잘못된 방법으로 기도한다면 기도에서 아무런 유익도 얻지 못할뿐더러, 하느님께서도 좋아하지 않으실 것이라는 사실을 또한 염두에 두어야 합니다. 그래서 주님께서는 우리가 기도할 때 주의해야 할 점에 대해 이렇게 가르쳐주십니다.

> 기도할 때에도 위선자들처럼 하지 마라. 그들은 남에게 보이려고 회당이나 한길 모퉁이에 서서 기도하기를 좋아한다. 나는 분명히 말한다. 그들은 이미 받을 상을 다 받았다. 너는 기도할 때에 골방에 들어가 문을 닫고 보이지 않는 네 아버지께 기도하여라. 그러면 숨은 일도 보시는 아버지께서 다 들어주실 것이다. (마태오 6:5-6)

또 다른 곳에서 기도에 대해 이렇게 가르쳐 주십니다.

> 너희는 기도할 때에 이방인들처럼 빈말을 되풀이하지 마라. 그들은 말을 많이 해야만 하느님께서 들어주시는 줄 안다. 그러니 그들을 본받지 마라. 너희의 아버지께서는 구하기도 전에 벌써 너희에게 필요한 것을 알고 계신다. (마태오 6:7-8)

주님께서는 '주기도문'을 주셔서, 우리가 어떻게 기도해야 할지, 또 무엇을 하느님께 구해야 할지 그 모범을 가르쳐주셨습니다.(마태오 6:9-13)

> 하늘에 계신 우리 아버지
> 아버지의 이름이 거룩하게 하시며
> 아버지의 나라가 오게 하시며
> 아버지의 뜻이 하늘에서와 같이
> 땅에서도 이루어지게 하소서.
> 오늘 우리에게 필요한 양식을 주시고
> 우리가 우리에게 잘못한 이들을 용서하듯이
> 우리의 잘못을 용서하시고
> 우리를 유혹에 빠지지 않게 하시고 악에서 구원하소서.
> 나라와 권세와 영광이 성부와 성자와 성령의 것이나이다. 아멘

주기도문에서 삶의 직접적인 물질적 필요에 대한 간구는 "오늘 우리에게 필요한 양식을 주시고"라는 구절 하나뿐입니다. 그 앞에서는 하느님의 이름이 영광 받으시길, 또 하느님 나라가 임하시길, 그리고 하느님의 뜻이 사람들에게 이루어지길 기도합니다. 그 뒤에서는 하느님께 우리의 죄를 용서해 달라고 간구하고, 영혼에 치명적인 결과를 가져오는 유혹으로부터 보호해주시고, 악마의 덫에서 빠져나오게 해주시길 기도합니다. 그리고 처음처럼 마지막에는 다시 하느님께 영광을 돌리며 기도를 마칩니다.

모범으로 제시된 이 기도는 정교회의 모든 성사와 거룩한 예식에

서 매일같이 드려질 뿐만 아니라 우리 신자들의 개인적인 기도에서도 유익하게 사용됩니다. 우리가 드리는 그 밖의 모든 기도가 주님께서 가르쳐주신 이 기도의 모범에 부합하게, 그 정신에 맞게 드려져야 할 것입니다.

• 금식에 대하여

금식은 구약성경에서도 언급되는 아주 오래된 종교 관습입니다. 신약성경을 보면, 가장 위대한 예언자이며 주님의 선구자이신 세례자 요한은 금식하면서 생활했으며 또한 주 예수 그리스도 당신도 금식하셨다는 사실을 알 수 있습니다. (마르코 1:6, 마태오 4:2) 올바른 금식은 그리스도인들의 영적 투쟁에 큰 유익을 가져다줍니다. 그러나 이스라엘 백성은 금식의 의미를 잘못 이해하고 실천하였습니다. 그 결과 사람들의 칭송을 얻기 위해 드러내 놓고 금식을 하는 일이 많았습니다. (루가 18:12) 그래서 주님께서는 금식의 올바른 실천이 무엇인지를 가르쳐 주셨습니다.

> 너희는 단식할 때에 위선자들처럼 침통한 얼굴을 하지 마라. 그들은 단식한다는 것을 남에게 보이려고 얼굴에 그 기색을 하고 다닌다. 나는 분명히 말한다. 그들은 이미 받을 상을 다 받았다. 단식할 때에는 얼굴을 씻고 머리에 기름을 발라라. 그리하여 단식하는 것을 남에게 드러내지 말고 보이지 않는 네 아버지께 보여라. 그러면 숨은 일도 보시는 아버지께서 갚아주실 것이다. (마태오 6:16-18)

• 용서에 대하여

불완전한 인간인 우리는 매일 죄를 짓습니다. 이것은 분명 의심할 수 없는 현실입니다.

> 우리는 모두 실수하는 일이 많습니다. (야고보 3:2)

> 만일 우리가 죄없는 사람이라고 말한다면 우리는 자신을 속이는 것이고 진리를 저버리는 것이 됩니다. (I 요한 1:8)

우리는 하느님과 우리 이웃들에게 언제나 잘못을 범하기 마련입니다. 또한 타인이 우리에게 잘못을 범하기도 합니다. 이에 대해 구약성경의 모세의 율법은 이렇게 명합니다.

> 눈은 눈으로, 이는 이로, 손은 손으로, 발은 발로. (출애굽기 21:24)

이것은 말하자면 원수가 당신의 한쪽 눈을 다치게 한다면 똑같이 한쪽 눈을 다치게 만들어 복수하라는 것입니다. 그런데 여기서도 받은 만큼만 갚아주어야지 두 눈을 다 다치게 해서는 안 됩니다. 구약성경에는 이러한 율법 조항들이 여러 군데에서 발견됩니다.

그러나 신약성경은 타인의 잘못에 대해, 원수에 대해 구약성경과는 아주 다른 대응을 권고합니다. 그것은 훨씬 영적으로 깊고 높고 완전한 경지입니다.

> 아무에게도 악을 악으로 갚지 말고 모든 사람이 다 좋게 여기는 일을 하도록 하십시오. 여러분의 힘으로 되는 일이라면 모든 사람과 평화롭게 지내십시오. 친애하는 여러분, 여러분 자신이 복수할 생각을 하지 말고 하느님의 진노에 맡기십시오. 성서에도 "원수 갚는 것은 내가 할 일이니 내가 갚아주겠다." 하신 주님의 말씀이 있습니다. 그러니 원수가 배고파하면 먹을 것을 주고 목말라하면 마실 것을 주십시오. 그렇게 하면 그의 머리에 숯불을 쌓아놓는 셈이 될 것입니다. 악에게 굴복하지 말고 선으로써 악을 이겨내십시오. (로마 12:17-21)

그리고 주님께서는 우리가 남을 용서해주는 것이 우리가 하느님의 용서를 받기 위한 조건이라는 점을 자주 강조하셨습니다.

> 너희가 남의 잘못을 용서하면 하늘에 계신 아버지께서도 너희를 용서하실 것이다. (마태오 6:14)

아무리 하느님의 다른 모든 계명을 지켰다 해도, 다른 사람을 적으로 삼고 그를 용서하지 않는다면 그 모든 것이 의미를 상실합니다. 하느님의 용서를 받지 못한 상태에 머물기 때문입니다. 그래서 정교회는 자기에게 잘못한 사람을 용서하지 못하고 여전히 증오심을 간직하고 있는 신자에게는 성체성혈을 주지 않는 규칙을 정했습니다. 죄 용서의 은총을 가져다주는 성체성혈을 받기 전에, 먼저 남을 용서하고 성체성혈을 받으러 나오라고 권고하는 것입니다. 주님의 가르침에 따라 우리는 모든 것을 용서할 수 있어야 합니다. 사도 베드로가 몇 번이나 용서해야 하는지, 일곱 번 용서해주면 충분한 것인지 주님께 여쭈었을 때, 주님께서는 일곱 번이 아니라 일흔 번이라도 용서해주어야 한다고 대답하셨습니다. 다시 말해 용서에는 충분한 횟수가 있을 수 없고, 횟수를 헤아리지 말고, 용서를 구하면 모두 다 용서해주어야 한다는 것입니다. (마태오 18:22)

실제로 주님께서는 이렇게 중요한 영적 주제인 용서에 대하여, 단지 가르침만 주신 것이 아니라, 마지막 고난 받으실 때, 주님께 욕하고 침 뱉고 조롱하고, 마침내 주님을 불명예스러운 십자가에 못 박은 모든 사람들을, 십자가 위에서 용서해주심으로써 용서의 모범을 보여 주셨습니다.

> 아버지, 저 사람들을 용서하여 주십시오! 그들은 자기가 하는 일을 모르고 있습니다. (루가 23:34)

• 비판에 대하여

　모세 율법을 연구하여 백성들에게 해석해주던 바리사이파 사람들은 자기 스스로를 율법의 준수자로, 신실한 이스라엘 백성으로 드러내 보이려고 애썼습니다. 그래서 그들은 자신의 '위대함'을 돋보이려고 다른 사람들의 잘못된 행동들을 지적하고 비판하기를 좋아했습니다.
　하지만 주님께서는 이렇게 말씀하셨습니다.

> 남을 판단하지 마라. 그러면 너희도 판단 받지 않을 것이다. 남을 판단하는 대로 너희도 하느님의 심판을 받을 것이고 남을 저울질하는 대로 너희도 저울질을 당할 것이다. (마태오 7:1-2)

　그리고 계속해서 다른 사람들의 작은 잘못을 들추어내어 비판하고 심판하는 일은 어리석은 일이라고 말씀하셨습니다. 그런 사람은 보통 남의 잘못에는 엄격하지만, 자신의 잘못에 대해서는 아무리 크고 심각한 것이라도 지극히 관대하고 애써 못 본 체하기 마련입니다. 그래서 주님께서는 남의 잘못을 들추어내고 비판하기 전에 먼저 자신의 잘못부터 깨닫고 고치라고 말씀하셨습니다.

> 어찌하여 너는 형제의 눈 속에 있는 티는 보면서 제 눈 속에 들어 있는 들보는 깨닫지 못하느냐? 제 눈 속에 있는 들보도 보지 못하면서 어떻게 형제에게 '네 눈의 티를 빼내어 주겠다.' 하겠느냐? 이 위선자야! 먼저 네 눈에서 들보를 빼내어라. 그래야 눈이 잘 보여 형제의 눈에서 티를 빼낼 수 있지 않겠느냐? (마태오 7:3-5)

• 살인에 대하여

　십계명 중에서 여섯 번째 계명은 "살인하지 말라"입니다. 살인을 하면 누구든지 죄인이고 그의 행동은 심판 받을 것입니다.

하지만 주님께서는 단지 살인의 행동만을 심판하시지 않고, 비록 살인하지 않았어도 형제를 미워하고 욕하고 저주하는 모든 가증스러운 행동까지도 지옥불로 심판받을 것이라고 가르치셨습니다.

> "살인하지 마라. 살인하는 자는 누구든지 재판을 받아야 한다." 하고 옛 사람들에게 하신 말씀을 너희는 들었다. 그러나 나는 이렇게 말한다. 자기 형제에게 성을 내는 사람은 누구나 재판을 받아야 하며 자기 형제를 가리켜 바보라고 욕하는 사람은 중앙 법정에 넘겨질 것이다. 또 자기 형제더러 미친놈이라고 하는 사람은 불붙는 지옥에 던져질 것이다. (마태오 5:21-22)

주님께서는 비판과 증오와 반복과 갈등과 저주 대신에 평화와 이해와 용서와 화해와 사랑을 실천하는 새 사람을 원하셨고, 모든 사람들이 그렇게 새로워지길 원하셨음이 분명합니다.

• 간음에 대하여

십계명의 일곱 번째 계명은 "간음하지 말라"입니다. 유대교 전통의 해석에 따르면, 이 계명은 결혼한 사람들에게만 적용되는 것입니다. 다시 말해, 배우자에 대한 신의를 저버리는 행위를 금지하는 것입니다. 그러나 주님께서는 그 의미를 더욱 확장시켜 매춘 행위처럼 결혼 생활 밖에서 행해지는 모든 성관계는 물론이요, 비록 행동으로 옮겨지지 않았다 해도 마음속에 품고 있는 불결한 욕망도 다 간음의 죄에 해당된다고 가르치셨습니다. 겉으로 드러나는 행위뿐만 아니라 드러나지 않는 마음속의 욕망과 생각도 다 죄라는 것입니다.

> "간음하지 마라." 하신 말씀을 너희는 들었다. 그러나 나는 너희에게 이렇게 말한다. 누구든지 여자를 보고 음란한 생각을 품는 사람

은 벌써 마음으로 그 여자를 범했다. (마태오 5:27-28)

성 요한 크리소스토모스는 이 구절에 대해 이렇게 해설해 놓았습니다.

> 호기심과 음흉한 생각을 품고 아름다운 육체를 바라보는 자는 불에 끓는 화로처럼 그 마음속에 육체의 욕망을 들끓게 하고, 마침내 그 영혼은 육체로 하여금 죄를 짓게 만드는 그 욕망의 노예가 되고 맙니다.

그러므로 이런 상태에 놓인 사람은 비록 그 육체에 손을 대지 않았다 해도 이미 마음속에 음란한 욕정을 품고 있기에 죄를 지은 것이나 마찬가지입니다. 그러므로 그리스도인은 행동뿐만 아니라 그 행동을 낳는 원인까지도 멀리해야 합니다. 그것은 물론 남자와 여자 모두에게 적용됩니다.

그래서 주님께서는 그런 죄악에 휘말리게 할 수 있는 관계나 상황을 애초부터 멀리하여 그 가능성을 제거해야 한다고 말씀하십니다.

> 오른눈이 죄를 짓게 하거든 그 눈을 빼어 던져버려라. 몸의 한 부분을 잃는 것이 온몸이 지옥에 던져지는 것보다 낫다. 또 오른손이 죄를 짓게 하거든 그 손을 찍어 던져버려라. 몸의 한 부분을 잃는 것이 온몸이 지옥에 던져지는 것보다 낫다. (마태오 5:29-30)

오른눈, 오른손은 우리에게 없어서는 안 될 소중한 것이지만, 그것이 죄짓게 만든다면 차라리 없는 편이 낫다는 말씀입니다. 아무리 가깝고 소중하고 도움이 되는 관계라도 우리를 죄로 유혹하고 인도한다면 과감하게 그 관계를 단절해야 옳다는 것입니다. 되돌릴 수 없는 악에 빠져드는 것보다는 차라리 그 관계와 그로부터 오는 모든 유익을 포기하고서라도 악을 피하고 구원받는 것이 더 유익하다는 것입니다.

- **이혼에 대하여**

　모세의 율법은 이혼을 정당화하는 사유를 제시하면서, 그런 사유에 해당할 경우에는 남자가 이혼 증서를 써주고 여자를 쫓아낼 수 있다는 규정을 두고 있습니다.(신명기 24:3)
　하지만 주님께서는 이렇게 말씀하십니다.

> "누구든지 아내를 버리려면 그에게 이혼장을 써주어라." 하신 말씀이 있다. 그러나 나는 이렇게 말한다. 누구든지 음행한 경우를 제외하고 아내를 버리면, 이것은 그 여자를 간음하게 하는 것이다. 또 그 버림받은 여자와 결혼하면 그것도 간음하는 것이다.
> (마태오 5:31-32)

　복음저자 성 마르코는, 예수님과 바리사이파 사람들이 이 주제와 관련하여 나눈 긴 대화를 소개한 후 마지막에 예수님께서 그들에게 말씀하신 결론을 전해줍니다.

> 하느님께서 짝지어 주신 것을 사람이 갈라놓아서는 안 된다.
> (마르코 10:9)

- **맹세에 대하여**

　십계명의 아홉 번째의 계명은 "거짓 증언을 하지 말라"입니다. 모세의 율법은 또한 "주님께 맹세한 것은 지키라"고 말합니다. 하지만 주님께서는 「산상설교」에서 이렇게 말씀하십니다.

> "거짓 맹세를 하지 마라. 그리고 주님께 맹세한 것은 다 지켜라." 하고 옛 사람들에게 하신 말씀을 너희는 들었다. 그러나 나는 이렇게

말한다. 아예 맹세를 하지 마라. 하늘을 두고도 맹세하지 마라. 하
늘은 하느님의 옥좌이다. 땅을 두고도 맹세하지 마라. 땅은 하느님
의 발판이다. 예루살렘을 두고도 맹세하지 마라. 예루살렘은 그 크
신 임금님의 도성이다. 네 머리를 두고도 맹세하지 마라. 너는 머
리카락 하나도 희게나 검게 할 수 없다. (마태오 5:33-36)

어떤 말이나 행동의 확실성을 보장하기 위해 함부로 증언하거나 맹세를 해서는 안 됩니다. 단지 우리는 진실만을 받들고 말하고 행해야 합니다. 그래서 주님께서는 이렇게 정직하길 요청하신 것입니다.

너희는 그저 '예.' 할 것은 '예.' 하고 '아니오.' 할 것은 '아니오.'만
하여라. 그 이상의 말은 악에서 나오는 것이다. (마태오 5:37)

• 이웃 사랑에 대하여

모세의 율법에는 "네 이웃을 사랑하고 원수를 미워하여라"(마태오 5:43)라는 규정이 있습니다. 그러나 주님께서는 이렇게 말씀하십니다.

그러나 나는 이렇게 말한다. 원수를 사랑하고 너희를 박해하는 사
람들을 위하여 기도하여라. 그래야만 너희는 하늘에 계신 아버지
의 아들이 될 것이다. 아버지께서는 악한 사람에게나 선한 사람에
게나 똑같이 햇빛을 주시고 옳은 사람에게나 옳지 못한 사람에게
나 똑같이 비를 내려주신다. (마태오 5:44-45)

주님의 모든 가르침은 동포건 이방인이건, 아는 사람이건 모르는 사람이건, 선한 사람이건 악한 사람이건, 그 누구도 구별하지 않고 차별하지 않는 그런 '사랑'에서 흘러나옵니다. 하늘에 계신 아버지 하느님께서는 "악한 사람에게나 선한 사람에게나 똑같이 햇빛을 주시

고 옳은 사람에게나 옳지 못한 사람에게나 똑같이 비를 내려주시는" 분이십니다. 다시 말해 그분은 차별 없이 모든 사람을 사랑하시는 분이십니다. (마태오 5:45-48)

특별히 예수님의 그 유명한 '선한 사마리아인의 비유'(루가 10:25-37)에서는 이웃 사랑의 위대함을 감동적으로 보여줍니다.

선한 사마리아인, 목판 템페라, 현대 이콘
16세기 프레스코 모사본, 그리스

제 25 장
먼저 하느님 나라를 구하라

■ 주님께서는 산상설교에서 그 밖에 어떤 다른 주제를 언급하셨습니까?

시대를 막론하고 사람의 주된 관심 중 하나는 편안하고 쾌적한 생활을 보장해주는 물질을 얻는 데 있습니다. 물질을 얻기 위해서 사람들은 매일 노력하고 또 얻은 물질은 소비합니다. 그러나 그것은 늘 쉽지만은 않습니다.

농산물을 생산하는 농부들은 자주 나쁜 날씨나 자연재해와 같은 것으로 인해 큰 피해를 입습니다. 장사를 하는 사람들도 손해 보는 일이 적지 않습니다. 공산품을 생산하는 기업도 생산품이 팔리지 않아 적자를 보기 일쑤입니다. 또 많은 사람들이 일용직으로 근근이 살아가는데, 가진 것이라곤 몸 밖에 없는 이들은 한번 건강이라도 잃게 되면 그때는 정말 살아갈 길이 막막해집니다. 경제 사정이 어려워질수록, 또 가난한 사람일수록 이러한 두려움은 점점 더 커집니다. 만약 가진 것이 없을수록, 현재는 물론이요 미래에 대한 걱정은 더 클 수밖에 없습니다. 하지만 가진 사람이든, 가지지 못한 사람이든, 수많은 사람들은 돈을 행복의 척도로 삼아 살아갑니다. 그래서 다른 무엇보다도 소유하는 것, 보다 많은 부의 축적에 인생의 목적과 의미를 두고 살아갑니다.

그러나 주님께서는 「산상설교」를 통해, 그리고 기회가 있을 때마다 이렇게 먹고 사는 문제에 대해 어떻게 대처해야 하는지 가르쳐 주셨습니다. 주님께서 말씀하셨습니다.

> 그러므로 나는 분명히 말한다. 너희는 무엇을 먹고 마시며 살아갈까, 또 몸에는 무엇을 걸칠까 하고 걱정하지 마라. 목숨이 음식보다 소중하지 않느냐? 또 몸이 옷보다 소중하지 않느냐? 공중의 새들을 보아라. 그것들은 씨를 뿌리거나 거두거나 곳간에 모아들이지 않아도 하늘에 계신 너희의 아버지께서 먹여주신다. 너희는 새보다 훨씬 귀하지 않느냐? 너희 가운데 누가 걱정한다고 목숨을 한 시간인들 더 늘일 수 있겠느냐? 또 너희는 어찌하여 옷 걱정을 하느냐? 들꽃이 어떻게 자라는가 살펴보아라. 그것들은 수고도 하지 않고 길쌈도 하지 않는다. 그러나 온갖 영화를 누린 솔로몬도 이 꽃 한 송이만큼 화려하게 차려 입지 못하였다. 너희는 어찌하여 그렇게도 믿음이 약하냐? 오늘 피었다가 내일 아궁이에 던져질 들꽃도 하느님께서 이처럼 입히시거든 하물며 너희야 얼마나 더 잘 입히시겠느냐? 그러므로 무엇을 먹을까 무엇을 마실까, 또 무엇을 입을까 하고 걱정하지 마라. 이런 것들은 모두 이방인들이 찾는 것이다. 하늘에 계신 아버지께서는 이 모든 것이 너희에게 있어야 할 것을 잘 알고 계신다. 너희는 먼저 하느님의 나라와 하느님께서 의롭게 여기시는 것을 구하여라. 그러면 이 모든 것도 곁들여 받게 될 것이다. 그러므로 내일 일은 걱정하지 마라. 내일 걱정은 내일에 맡겨라. 하루의 괴로움은 그 날에 겪는 것만으로 족하다.
> (마태오 6:25-34)

전지전능하시고 사랑이 많으신 하늘에 계신 아버지 하느님의 섭리를 굳게 믿고, 자신과 가족의 필요를 채우기 위해 열심히 성심껏 일하십시오. 하느님께서 그 자녀들이 살아가는 데 필요한 것을 제공하시기 위해 직접 기적적으로 개입하신 사건들을 우리는 성경에서 많이 발견합니다.

하지만 주님께서는 물질적인 부에 대한 집착과 탐욕으로 끊임없이 부를 축적하려는 이들에게 이렇게 말씀하십니다.

> 재물을 땅에 쌓아두지 마라. 땅에서는 좀먹거나 녹이 슬어 못쓰게 되며 도둑이 뚫고 들어와 훔쳐간다. 그러므로 재물을 하늘에 쌓아 두어라. 거기서는 좀먹거나 녹슬어 못쓰게 되는 일도 없고 도둑이 뚫고 들어와 훔쳐가지도 못한다. 너희의 재물이 있는 곳에 너희의 마음도 있다. (마태오 6:19-21)

물질이 사람의 마음을 종으로 만든다면, 그래서 육체의 만족을 위한 물질에만 신경을 쓴다면, 육체보다 더욱 소중한 영혼과 영적인 필요들에 대해서는 신경을 쓰지 못하게 될 것이고, 그렇게 되면 그것은 그 어떤 것보다도 사람에게 큰 해악을 미치게 될 것입니다. 그리고 주님께서는 계속해서 이렇게 말씀하십니다.

> 아무도 두 주인을 섬길 수는 없다. 한 편을 미워하고 다른 편을 사랑하거나 한 편을 존중하고 다른 편을 업신여기게 된다. 너희는 하느님과 재물을 아울러 섬길 수 없다. (마태오 6:24)

사도 바울로는 주님의 가르침을 좇아 그리스도인들에게 이렇게 권면합니다.

> 마음이 썩고 진리를 잃어서 종교를 한낱 이득의 수단으로 생각하는 사람들 사이에는 분쟁이 있게 마련입니다. 물론 자기가 갖고 있는 것으로 만족할 줄 아는 사람에게는 종교가 크게 유익합니다. 우

리는 아무것도 세상에 가지고 온 것이 없으며 아무것도 가지고 갈 수 없습니다. 먹을 것과 입을 것이 있으면 그것으로 만족하시오. 부자가 되려고 애쓰는 사람은 유혹에 빠지고 올가미에 걸리고 어리석고도 해로운 온갖 욕심에 사로잡혀서 파멸의 구렁텅이에 떨어지게 됩니다. (Ⅰ디모테오 6:5-9)

주님께서는 이 밖에도 신자의 영적 삶에 중요한 다른 많은 문제들에 대해 가르침을 주셨습니다. 주님의 「산상설교」에 관해서 전체적이고 완벽한 지식을 얻으려면 『마태오의 복음서』 5장부터 7장까지의 내용을 열심히 읽고 배우는 것이 꼭 필요합니다.

산상설교, 모자이크, 6세기
산타 폴리나레 누오보 성당, 라벤나, 이탈리아

제 26 장
황금률

■ 어떻게 해야 우리가 이 모든 것을 기억하고 또 실천할 수 있습니까?

주님께서는 우리가 이 모든 계명을 쉽게 실천할 수 있도록, 아주 단순하고 명쾌한 원리를 가르쳐주셨습니다. 그것은 바로 이 황금률입니다.

> 너희는 남에게서 바라는 대로 남에게 해주어라. (루가 6:31)

우리가 이 규칙에 따라 다른 사람과의 관계에서 말하고 행동한다면, 그것은 분명 하느님의 뜻에 따라서 행동하는 것과 다르지 않을 것입니다. 물론 여기서 중요한 것은 우리가 남에게서 바라는 것이 우리의 양심에서 울리는 하느님의 음성, 우리를 올바른 길로 인도하시는 성령의 인도하심에 부합해야 한다는 것입니다. 이런 전제만 충족된다면 우리는 우리가 남에게서 바라는 대로 남에게 해줌으로써 이 모든 계명을 손쉽게 실천에 옮길 수 있을 것입니다.

제 27 장
첫째 되고 가장 위대한 계명

■ 하느님께서 사람에게 주신 많은 계명 중에서 가장 위대하고 중요한 계명은 무엇입니까?

율법교사가 예수님께 이렇게 질문했습니다. "선생님, 율법 중에서 어느 계명이 가장 큰 계명입니까?" 그러자 예수님께서 대답하셨습니다.

> 네 마음을 다하고 목숨을 다하고 뜻을 다하여 주님이신 너희 하느님을 사랑하여라.' 이것이 가장 크고 첫째 가는 계명이고, '네 이웃을 네 몸같이 사랑하여라.' 한 둘째 계명도 이에 못지않게 중요하다. 이 두 계명이 모든 율법과 예언서의 골자이다. (마태오 22:37-40)

주님의 말씀들을 깊이 묵상해보면 모든 말씀이 '사랑'과 관련이 있다는 사실을 쉽게 이해할 수 있습니다. 우리가 어떤 사람을 사랑한다면 그 사람에 대해서 추악한 생각은 절대로 하지 않을 것입니다. 그 사람을 경멸하거나 그 사람에게 악담을 해서 슬프게 하지 않을 것입니다. 물론 그에게 거짓말을 하거나 지키지 못할 약속을 하지도 않을 것이며, 혹시 그에게서 어떤 단점이나 잘못이 발견된다 할지라도 그것을 남에게 전하지 않을 것입니다. 그에게 피해를 줄 만한 부당한 일을 하지 않을 것이고, 그가 가진 어떤 것도 탐내거나 훔치지 않을 것이며, 그가 슬퍼하거나 해를 입게 될 그 어떤 일도 피하려 할 것입니다. 반대로 사랑하는 그를 위해서 최선을 다해 선을 베풀 것이고, 그를 도와주고 그에게 늘 감사한 마음을 가질 것입니다.

그러므로 이웃을 향한 참된 사랑을 끊임없이 우리 영혼 안에 가꾸어 나간다면, 우리는 저절로 우리의 이웃들과 관련된 하느님의 계명들을 성취하게 될 것입니다.

반면에, 하느님을 향한 우리의 사랑이 계속해서 늘어날 때, 우리는 끊임없는 기도를 통해서 하느님과의 친교 안에 있기를, 또한 거룩한 성체성혈성사를 통하여 자주 그분과 연합되기를 갈망할 것입니다. 그리고 하느님께서 싫어하실 만한 행동과 말은 피하고, 언제나 하느님의 뜻에 따라서 생각하고 말하고 행동하려 할 것입니다. 이렇게 함으로써 우리는 벌 받을까봐 두려워서가 아니라 하느님을 사랑하기 때문에 계명을 지키게 됩니다. "사랑에는 두려움이 없다"(Ⅰ요한 4:18)고 사도 요한은 말씀하셨습니다. 종은 벌을 두려워하여, 벌을 받지 않으려고 주인의 명령을 지킵니다. 하지만 아버지를 사랑하는 자녀들은 아버지에게 감사하는 마음으로 아버지의 말을 따릅니다. 이렇게 우리도 하늘에 계신 우리 아버지를 사랑하는 자녀들로서, 오직 그분만을 위해서, 그분에 대한 감사로써 모든 일을 사랑으로 행해야 합니다.

제 28 장

계명의 준수

- 이 모든 것은 다 훌륭합니다. 하지만 이 계명들은 너무 지키기 어려운 것 아닙니까? 다른 사람들은 아무런 계명도 없이 자유롭게 살고 있는데 반해, 우리만 이렇게 많은 계명을 지켜야 한다면, 그것은 도리어 우리에게서 삶의 기쁨을 빼앗은 것 아닙니까?

우리 생각을 다 아시는 주님께서는 우리가 마음속에 이런 의심을 품게 될 것을 미리 다 아시고 그에 대한 대답을 주셨습니다.

> 고생하며 무거운 짐을 지고 허덕이는 사람은 다 나에게로 오너라. 내가 편히 쉬게 하리라. 나는 마음이 온유하고 겸손하니 내 멍에를 메고 나에게 배워라. 그러면 너희의 영혼이 안식을 얻을 것이다. 내 멍에는 편하고 내 짐은 가볍다. (마태오 11:29-30)

그리고 복음사도 성 요한도 자신의 경험에 따라 이렇게 확언합니다.

> 하느님의 계명을 지키는 것이 곧 하느님을 사랑하는 일입니다. 그리고 하느님의 계명은 무거운 짐이 아닙니다. (I 요한 5:3)

그래서 지금까지 수백, 수천만, 아니 수억만 명의 신자들이 이 계명들을 지켜왔습니다.

더욱이 하느님의 계명은 결코 통치자들이 시민들에게 내리는 그런 강제적 명령이 아닙니다. 오히려 그것들은, 악천후 속에서 바다를 항해하는 선박을 보호하기 위해, 태풍의 발생 지점과 강도와 진로, 파도의 높이, 암초의 유무 등을 알려주는 기상 예보와 항해 지침과 같은 것입니다. 지속적으로 이러한 정보와 지침을 제공받을 때, 항해사는 가장 안전하게 항해할 수 있습니다. 이와 마찬가지로 하느님께서도 인생의 험한 바다를 살아가는 우리에게 다양한 정보와 지혜와 지침을 제공해주십니다. 그것은 우리 삶을 힘들게 하려는 것이 아니라 오히려 이미 험한 바다 한가운데 표류하고 있는 우리를 가장 안전하고 가장 확실하게 최종 목적지인 '항구'에 도달하도록 인도해주시기 위한 것입니다.

미끄럼 주의, 유턴 금지, 차선 변경 금지, 제한 속도 준수 등의 표지판이나 교통법규를 무시하고 주변의 자동차를 배려하지 않는 운전자들이 있습니다. 이러한 경고 표지판은 운전자를 사고로부터 보호하고 목적지에 안전하게 갈 수 있게 해주기 위한 것들입니다. 이런 교통 표지판이나 신호를 위반하면 사고의 위험이 크고, 때로는 치명적인 사고로 사망에 이를 수도 있습니다! 이렇듯 교통 표지판과 같은 계명을 통해서, 우리의 생명을 구해주시고, 우리를 모든 '위험'과 '함정'에서 보호해주시며, 온갖 지혜와 섭리로 우리를 최종 목적지까지 안전하게 인도해 주시는 하느님께 항상 감사드려야 합니다.

하지만 어떤 사람들은 오랜 세월 동안 존중되어 온 윤리적 가치에 전혀 구애받지 않고 제 맘대로 사는 것이 참으로 행복한 삶이라고 생각합니다. 아버지가 물려준 유산을 모두 탕진해 버린 탕자가 바로 그런 사람이었습니다.(루가 15:11-24) 부잣집 아들이었던 탕자는 처음 생각했던 것과는 달리 타향에서의 방탕한 생활로는 전혀 기쁨을 얻지 못했습니다. 오히려 결국 남은 것은 고통과 배고픔과 슬픔뿐이었습니다. 하지만 아버지의 집에 다시 돌아왔을 때, 그는 기쁨과 평화를 되찾았습니다. 여기서 아버지의 집은 바로 교회를 상징합니다. 하느님 아버지를 멀리 떠난 사람들 중 많은 사람들이 이렇게 파란만장하고 고통스러운 삶을 살게 된다는 사실을 확인할 때, 우리는 크나큰 놀라움을 경험합니다. 참되고 지속적인 기쁨과 행복은 하느님의 뜻 밖에서는 결코 얻을 수 없습니다. 하느님의 말씀이 이를 확증해 줍니다.

> 이 몸과 이 마음이 사그라져도 내 마음의 반석, 나의 몫은 언제나 하느님, 당신을 떠난 자 망하리니, 당신을 버리고 다른 신을 섬기는 자, 멸하시리이다. (시편 73:27)

기쁨의 원천은 하느님이십니다. 하느님께 가까이 가면 항상 그 기쁨을 누립니다. 최후의 만찬이 거행된 그날 밤의 예수님 말씀을 기억합시다. 제자들에게 한참을 말씀하신 후 마지막에 이렇게 말씀하셨습니다.

> 내가 이 말을 한 것은 내 기쁨을 같이 나누어 너희 마음에 기쁨이 넘치게 하려는 것이다. (요한 15:11)

> 이와 같이 지금은 너희도 근심에 싸여 있지만 내가 다시 너희와 만나게 될 때에는 너희의 마음은 기쁨에 넘칠 것이며 그 기쁨은 아무도 빼앗아가지 못할 것이다. (요한 16:22)

하느님께서 사람들에게 자신의 뜻을 나타내시는 것은 기쁨을 빼앗으려는 것이 아니라 오히려 참된 기쁨을 죽여 버리는 '죄의 독'에서 우리를 구원하시기 위해서입니다. 성 요한 크리소스토모스는 다음과 같이 말했습니다.

> 여러분에게는 모든 것을 즐길 자유가 있습니다. 다만 죄만은 피하십시오.

사도 바울로는 우리에게 말합니다.

> 죄의 대가는 죽음이지만 하느님께서 거저 주시는 선물은 우리 주 그리스도 예수와 함께 사는 영원한 생명입니다. (로마 6:23)

그렇습니다. 죄의 열매는 불행과 죽음입니다. 하느님께서 우리에게 계명을 지키라고 명하시는 것은 그분 자신을 위해서 그런 것이 결코 아닙니다! 하느님께서는 만물의 주인이시고 완전하신 분이시기에 "더 필요한 무엇이 없으신 분"이십니다. 그러므로 하느님께서 계명을 주신 것은 우리에게 선을 베푸신 것이며, 우리 자신의 이익을 위해서라는 것을 알아야 합니다. 그리고 이 계명이라는 표지판의 안내를 따라 갈 때, 우리를 위협하는 모든 신체적, 정신적 위험을 피할 수 있고, 우리가 가는 이 거룩한 길을 반대하고 방해하려는 모든 세력들을 무력하게 만들 수 있으며, 그리하여 마침내 우리가 궁극적으로 열망하는 하늘의 기쁨을 마음껏 맛볼 수 있게 될 것입니다.

제 29 장
신자를 유혹하는 것들

■ 하느님의 뜻대로 살기 위해, 그리스도인들이 이겨내야 할 적대 세력은 어떤 것들이 있습니까?

여기에는 크게 세 가지의 적대 세력이 있습니다.

• **첫 번째 적대 세력은 사탄으로부터 직접 옵니다.**

사탄이 사람이신 예수님과 또 의인 욥과 싸웠듯이, 사탄은 또한 태초의 시조 아담과 하와로부터 세상 끝날까지 하느님에 따라 살기 원하는 모든 사람들과 전쟁을 합니다. 그래서 사탄을 적그리스도라고 하는 것입니다. 성 사도 베드로는 우리에게 이렇게 경고합니다.

> 정신을 바짝 차리고 깨어 있으십시오. 여러분의 원수인 악마가 으르렁대는 사자처럼 먹이를 찾아 돌아다닙니다. (I 베드로 5:8)

신자가 그리스도께 더욱 가까이 다가갈수록, 악마는 그리스도에게서 그를 떼어놓기 위해 더욱 집요하고 더욱 강력하게 공격을 합니다.

그러나 신자가 악마의 공격에 굳세게 맞서면, 적그리스도의 공격은 오히려 신자에게 영적으로 유익함을 주고, 더욱 거룩한 사람이 되게 해줍니다. 사탄과의 이 전쟁이 없었다면 그 어떤 성인도 영적으로 큰 업적을 남기지 못했을 것이고, 영적인 빛을 발하지 못했을 것입니다. 신자는 악마의 덫에 걸리지 않도록 조심해야 합니다. 악마가 그물로 신자들을 잡아채려 해도, 그 앞에서 결코 놀라지 말아야 합니다. 성경을 통해서 우리는 악마의 힘이 제한적이라는 걸 알 수 있기 때문입니다. 오직 하느님만이 전지전능한 분이십니다. 악마는 하느님 앞에서 두려워 떱니다. 그를 기다리고 있는 것이 무엇인지 알고 있기 때문입니다. 가다라 지방을 지나가실 때, 예수님이 나타나시자 악령들이 얼마나 두려워했는지 우리는 알고 있습니다. 악마들은 갑자기 "하느님의 아들이여, 때가 되기도 전에 우리를 괴롭히려고 여기 오셨습니까?" 하고 소리 질렀습니다. 그리고 돼지들 속으로 들어가게 해 달라고 주님께 간청했습니다.(마태오 8:29-31)

사탄은 사람들을 유혹할 뿐, 사람들에게 그 유혹에 넘어가도록 강요하거나 강제할 능력도 권한도 없습니다. 악마는 사람에게 이롭게 하는 척 접근해서 수단과 방법을 가리지 않고 갖은 술책과 거짓으로 사람을 무너뜨리려 합니다. 그래서 사탄은 "악", "유혹"(마태오 6:13) 혹은 "유혹하는 자"(마태오 4:3)라 불리기도 하는 것입니다. 그러한 유혹에 어떤 태도를 취할지는 모두 사람의 자유에 달려있습니다. 악마의 유혹에 넘어가 굴복할 것인지 아니면 유혹에 넘어가지 않고 승리할 것인지는 사람의 자유로운 선택에 달려 있다는 말입니다. 그리스도인은 유혹하는 자가 설치해 놓는 덫을 지혜롭게 빠져나갈 수 있는 방법을 배워야 합니다. 우리가 원하기만 한다면 '거미줄'같이 촘촘하게 연결된 적그리스도의 교활하고도 악마적인 계획들을 끊어버릴 수 있습니다. 성 사도 야고보는 우리에게 권면합니다.

> 하느님께 복종하고 악마를 대항하십시오. 그러면 악마는 여러분을 떠나 달아날 것입니다. (야고보 4:7)

물론 우리는 결코 혼자가 아닙니다. 우리 각자에게는 수호천사가 있어서, 우리를 언제나 보호해 주고 우리의 영적 투쟁을 지원해 줍니다.

- **두 번째 적대 세력은 하느님의 뜻과는 반대로 살아가는 세상입니다.**

복음사도 성 요한은 "온 세상은 악마의 지배를 받고 있다"(I 요한 5:19)고 말했습니다. 또한 그는 복음경에서, 그렇기 때문에 하느님의 아들이 인성과 신성을 지니신 분으로 이 땅에 오셨을 때, 세상이 그분을 알아보지 못했고 그분을 받아들이지 않았다고 말합니다.(요한 1:10-11)

여기에는 한 가지 설명이 필요합니다. 여기서 '세상'이라는 말은 하느님께서 창조하신 세상, "이렇게 만드신 모든 것을 하느님께서 보시니 참 좋았다"(창세기 1:31)고 하신 그 '세상'을 말하는 것이 아닙니다. 창조된 세계 전체를 그리스 말로 "코스모스"라고 하는데, 그것은 "아름다운 치장", "아름답게 꾸며짐"을 의미합니다. 이렇듯 사탄의 지배를 받는 "세상"은 하느님께서 창조하신 본래 모습의 "세상"이 아니라 악마들의 지배 아래 있는 세상, 사람들이 그 악마들에 굴복하여 그 명령대로 행할 때 나타나는 세상을 의미합니다.

사탄 편을 선택한 사람들은 그 명령을 따르든지 따르지 않든지 간에 하느님과 그리고 하느님께 속한 사람들과 적대적입니다. 그래서 그리스도인은 죄로 물든 세계 안에서 매일같이 악과의 전쟁에 직면하여 그것에 저항하고 투쟁하도록 부름 받습니다.

- **세 번째 적대 세력은 우리 자신입니다.**

 이상하게 들릴지 모르지만, 이것은 분명한 현실입니다. 성 사도 바울로는 모든 사람의 내면에 존재하는 내적 전쟁을 이렇게 묘사합니다.

> 내 몸 속에는 내 이성의 법과 대결하여 싸우고 있는 다른 법이 있다는 것을 알고 있습니다. 그 법은 나를 사로잡아 내 몸 속에 있는 죄의 법의 종이 되게 합니다. (로마 7:23)

 성 사도 바울로는 선을 행하려고 하지만 악을 행하게 되는 모순된 내적 경험에 대해서도 말합니다.

> 여기에서 나는 한 법칙을 발견했습니다. 곧 내가 선을 행하려 할 때에는 언제나 바로 곁에 악이 도사리고 있다는 것입니다.
> (로마 7:21)

 어떻게 이런 일이 일어날까요? 앞에서도 언급했듯이 그리스도인은 세례 성사를 통해서 '첫 조상의 죄'와 모든 '개인적인 죄'를 용서 받고 해방됩니다. 그럼에도 불구하고 사람 안에는 여전히 죄로 향하는 경향이 남아 있습니다. 물론 그것만으로는 죄책을 가져오지 않지만, 이것 또한 강력하게 물리쳐야 합니다. 이 경향이 바로 사도 바울로가 "또 다른 법"이라고 불렀던 내 안에 있는 또 다른 힘입니다. 그러므로 그리스도인은 "죄를 범하지 않기 위해", "죄에 빠지지 않기 위해" 미리부터 내 안에 있는 죄짓는 경향에 주의 깊게 대처하고 싸워야 합니다.

 위에서 말한 적대 세력들은 그리스도인들과 전쟁을 할 때 서로 분리되어 공격하지 않습니다. 언제나 서로 연합하여 공격을 합니다. 특별히 외부에 있는 악의 세력은 언제나 사람의 내적인 연약함, 내적인 악과 협공을 하여 사람을 죄에 빠뜨립니다. 그러므로 외부의 악에도 물들지 않아야겠지만, 늘 우리 자신의 마음을 성찰하고 주의를 기울여야 합니다.

- **죄란 정확하게 무엇입니까?**

복음사도 성 요한은 이렇게 말합니다.

> 법을 어기는 것이 곧 죄입니다. (1요한 3:4)

> 죄를 짓는 자는 누구나 하느님의 법을 어기는 자입니다. (1요한 3:4)

> 언제나 죄를 짓는 자는 악마에게 속해 있습니다. 사실 죄는 처음부터 악마의 짓입니다. (1요한 3:8)

악마는 아담과 하와를 속였고, 아담과 하와는 그 속임수에 넘어가 낙원에서 처음으로 죄를 지었습니다. 다양한 핑계를 대면서 하느님과 그 율법을 무시하게 되면, 결국 악마의 유혹에 넘어가서 그 희생양이 되고, 그래서 사람들은 개인적으로 계속 죄를 짓게 됩니다. 그리고 모든 죄는 죽음과 연결됩니다. 성 야고보는 편지에서 다음과 같이 적고 있습니다.

> 욕심이 잉태하면 죄를 낳고 죄가 자라면 죽음을 가져옵니다. (야고보 1:15)

다시 말해 생명의 원천이신 그리스도에게서 멀어지면 사람은 영적으로 죽게 됩니다.

> 죄의 대가는 죽음이지만 하느님께서 거저 주시는 선물은 우리 주 그리스도 예수와 함께 사는 영원한 생명입니다. (로마 6:23)

그러므로 각 신자는 어떠한 희생을 치르더라도 죄로부터 벗어나기 위해 영적 투쟁을 합니다. 그리고 죄를 지었을 때는, 지체하지 말고 빨리 회개하고, 고백성사를 통해서 깨끗함을 얻어야 합니다. 일반적으로 회개하지 않는 것, 죄를 숨기고 고백하길 거부하는 것은 사탄이 가장 좋아하는 상태입니다. 그만큼 더 쉽게 죄에 빠질 수 있습니다. 그러므로 죄에는 언제나 회개라는 무기로 대항하고 고백성사라는 약으로 치유해야 합니다.

성 사도 베드로와 바울로, 목판 템페라, 15세기
신학자 성 요한 수도원, 파트모스, 그리스

제 30 장
그리스도인의 투쟁

■ 어떻게 하면 그리스도인이 죄를 짓지 않고, 사탄의 수많은 공격을 확실하게 물리쳐 최종 목적지에 도착할 수 있습니까?

우리 주 예수 그리스도께서 직접 그 방법을 우리에게 밝혀주셨습니다. "영적으로 투쟁하십시오." 이것이 바로 그분의 계명입니다. 하늘나라의 상을 받을 때까지 끊임없이 영적으로 투쟁하십시오. 경기장에서 상을 받는 사람은 누구입니까? 관람석에 앉아 멀리서 경기를 구경하는 사람입니까? 물론 아닙니다. 승리의 월계관을 받는 사람은 열심히 훈련한 뒤 경기장에 나가 규칙에 따라서 훌륭한 경기를 치르는 사람입니다. 그래서 위대한 영적 투사였던 사도 바울로는 그의 제자인 디모테오에게 이렇게 권고합니다.

믿음의 싸움을 잘 싸워서 영원한 생명을 얻으시오. (I 디모테오 6:12)

또 그는 「히브리인들에게 보내는 편지」에서 그리스도인들에게 새로운 영적 투쟁에 나서도록 권면합니다.

이렇게 많은 증인들이 구름처럼 우리를 둘러싸고 있으니 우리도
온갖 무거운 짐과 우리를 얽어매는 죄를 벗어버리고 우리가 달려
야 할 길을 꾸준히 달려갑시다. (히브리 12:1)

사도 바울로 스스로도 다른 어떤 사람 못지않게 열심히 영적 투쟁을 전개하며 사셨습니다. 사도 바울로가 걸었던 수많은 시련의 길들, 그가 겪었던 수많은 고통 그리고 그가 치러낸 수준 높은 영적 투쟁의 경험담들을 읽으면, 누구든지 놀라움을 금치 못합니다. 사도 바울로는 인생의 마지막 시기에 로마로 잡혀가 사형선고를 받고 감옥에 갇혔지만 마음의 평화를 잃지 않았습니다. 그는 도리어 제자 디모테오에게 편지를 써 이렇게 고백했습니다.

성 사도 바울로, 목판 템페라 1986년
올림비아스 수녀 作, 파트모스, 그리스

> 나는 훌륭하게 싸웠고 달릴 길을 다 달렸으며 믿음을 지켰습니다. 이제는 정의의 월계관이 나를 기다리고 있을 뿐입니다. 그날에 정의의 재판장이신 주님께서 그 월계관을 나에게 주실 것이며, 나에게뿐만 아니라, 다시 오실 주님을 사모하는 모든 사람에게도 주실 것입니다. (II디모테오 4:7-8)

결론적으로 그리스도인은 영적인 투쟁을 통해서 죄와 사탄에 대항하여 싸우고, 그 싸움에서 승리하면, 투쟁을 주관하시는 그리스도께서는 그에게 "하느님과 닮음", 즉 신화와 승리의 월계관을 보장해 주십니다.

- 올림픽 경기나 또 여러 다른 경기에서는 수많은 선수가 경기에 참여해도 메달을 획득하는 선수는 극소수로 제한되어 있습니다. 영적인 경기에서도 마찬가지입니까?

우리는 여기서 하느님께서 얼마나 자애로우신 분이신지 깨닫게 됩니다. 이 영적 투쟁의 승리자는 결코 한 명이 아닙니다. 메달을 따지 못해 슬퍼하고 억울해 하고 낙담하는 사람이 없습니다. 영적 투쟁에 나선 모든 선수들에게 상이 주어집니다. 더군다나 그 상의 가치는 값을 매길 수 없을 만큼 엄청납니다! 그러므로 아무리 열심히 싸워도 메달을 따지 못하면 어쩌나 하는 걱정은 하지 않아도 됩니다. 우리 모두는 크든 작든 다 승리자, 우승자가 될 것입니다. 게다가 우리에게 주어질 상은 우리가 흘린 땀과 노력과 고통과는 비교할 수도 상상할 수도 없을 만큼 값지고 영예로운 것입니다. 우리는 영적 투쟁에 나서서 싸우기만 하면 됩니다.

제 31 장

그리스도인의 영적 무기들

■ 악하고 위험한 사탄에 대항하여 싸우려면 어떤 무기와 장비가 필요합니까?

위대한 영적 투사이신 사도 바울로가 우리에게 이 모든 장비를 준비해주셨습니다! 경험이 풍부한 영적 투사이신 사도 바울로는 우리를 "믿음의 훌륭한 영적 군대"로 불러 모읍니다.

> 내가 끝으로 여러분에게 권고할 말은 이것입니다. 여러분은 주님과 함께 살면서 그분에게서 강한 힘을 받아 굳세게 되십시오. 속임수를 쓰는 악마에 대항할 수 있도록 하느님께서 주시는 무기로 완전무장을 하십시오. 우리가 대항하여 싸워야 할 원수들은 인간이 아니라 권세와 세력의 악신들과 암흑 세계의 지배자들과 하늘의 악령들입니다. 그러므로 지금 하느님의 무기로 완전무장을 하십시오. 그래야 악한 무리가 공격해 올 때에 그들을 대항하여 원수를 완전히 무찌르고 승리를 거둘 수 있을 것입니다. (에페소 6:10-13)

그리고 계속해서 우리에게 필요한 무기와 장비에 대해 비유로 말씀하십니다.

> 굳건히 서서 진리로 허리를 동이고 정의로 가슴에 무장을 하고 발에는 평화의 복음을 갖추어 신고 손에는 언제나 믿음의 방패를 잡고 있어야 합니다. 그 방패로 여러분은 악마가 쏘는 불화살을 막아 꺼버릴 수 있을 것입니다. 구원의 투구를 받아 쓰고 성령의 칼을 받아 쥐십시오. 성령의 칼은 하느님의 말씀입니다. 여러분은 또한 언제나 기도하며 하느님의 도우심을 청하십시오. 모든 경우에 성령의 도움을 받아 기도하십시오. 늘 깨어서 꾸준히 기도하며 모든 성도들을 위하여 간구하십시오. (에페소 6:14-18)

그럼 이 비유의 말씀들을 조금 풀어 설명해 보겠습니다.

- **진리로 허리를 동이십시오.** (에페소 6:14)

"진리"라는 단어에는 넓은 의미가 있습니다. 근본적으로 진리는 그리스도 그 자신이십니다. 그리스도께서는 "나는 진리이다"(요한 17:17)라고 선포하셨습니다. 그리스도는 진리 그 자체이시고 모든 진리의 원천이시며, 그분 말씀 또한 진리이기 때문입니다.(요한 17:17) 그러므로 그리스도의 가르침 전체가 '복음의 진리'라고 불립니다.(갈라디아 2:5) 그리고 복음사도 성 요한은 "예수 그리스도에게서는 은총과 진리를 받았다"(요한 1:17)고 증언합니다.

진리의 반대말은 거짓이고, 그것은 악마로부터 옵니다. 이 거짓에 대해서 예수님께서는 이렇게 말씀하셨습니다.

> 너희는 악마의 자식들이다. 그래서 너희는 그 아비의 욕망대로 하려고 한다. 그는 처음부터 살인자였고 진리 쪽에 서본 적이 없다. 그에게는 진리가 없기 때문이다. 그는 거짓말을 할 때마다 제 본성

을 드러낸다. 그는 정녕 거짓말쟁이이며 거짓말의 아버이기 때문
이다. 그러나 나는 진리를 말한다. 너희가 나를 믿지 않는 이유가
바로 여기 있다. (요한 8:44-45)

영적 투쟁자인 그리스도인이 '그리스도의 진리로 무장'을 하고, 참되고 올바른 교리(정교의 가르침)를 붙잡고, 오직 한 분 참되신 하느님 그리스도께서 밝혀 주시는 진리의 길로 걸어간다면, 거짓의 악마 군대는 절대로 승리할 수 없습니다. 진리는 그리스도인의 힘을 더욱 강화시켜주고 전쟁에서 이길 수 있는 만반의 태세를 갖추어 주어, "악마가 쏘는 불화살"(에페소 6:16)을 다 막아낼 수 있게 해줍니다. 시편도 "그의 진실하심이 너의 갑옷이 되고 방패가 되신다"(시편 91:4)고 고백합니다. 이렇듯 주님의 진리는 사방에서 밀려오는 악마의 공격에서 그리스도인을 보호해주는 강력한 무기입니다.

그러나 사도 바울로가 진리를 군인의 무장인 "허리띠"에 비유한 이유는 무엇일까요? 굵고 튼튼한 허리띠는 허리를 보호해주고 온 몸을 굳건하게 지탱해주어, 전쟁에 나가 싸워 이기게 해줍니다. 허리띠는 또한 하느님께서 이스라엘 백성에게 내리신 명령을 기억나게 합니다.

> 그것을 먹을 때는 허리에 띠를 띠고 발에는 신을 신고 손에는 지팡이를 잡고 서둘러 먹어야 한다. 이것이 나 주에게 드리는 과월절이다. (출애굽기 12:11)

과월절의 양고기를 먹을 때는, 먼저 떠날 만반의 준비를 다 하고 먹어야 한다는 것입니다. 그래야만 이집트 파라오의 박해와 추격에서 구출될 수 있기 때문입니다. 그러므로 그리스도인이 진리의 허리띠로 허리를 동여맨다는 것은 그를 노예로 붙잡아 두려하는 파라오, 즉 사탄의 교활한 덫을 매순간 피할 준비가 되어있음을 의미합니다. 전

쟁에 나가는 병사는 허리띠를 매어 갑옷과 모든 군장을 안전하고 튼튼하게 묶어둡니다. 이처럼 그리스도의 군사도 모든 무장을 튼튼하게 지탱해주는 허리띠가 필요한데, 그것은 바로 "진리"입니다. 바로 이 "진리"의 은총과 함께 영적인 투쟁이 전개됩니다.

- **정의로 가슴에 무장하십시오.** (에페소 6:14)

병사의 철갑옷은 만약 적이 쏜 화살이 꽂히면 죽음에 이르게 될 심장, 폐, 간 등 중요 기관을 보호하여, 병사의 생명을 보호해 줍니다. 적군은 화살을 쏠 때 병사를 단번에 쓰러뜨리기 위해 바로 이 중요한 신체 부위를 주로 겨냥합니다.

사람의 가장 큰 적인 악마도 다른 무엇보다도 바로 이 심장, 즉 사람의 마음을 지배하려 합니다. 그것을 지배하여 더러운 마음을 갖게만 한다면, 그로부터 모든 죄가 나오기 때문입니다. 예수님께서도 마음의 중요성에 대해 이렇게 가르쳐주셨습니다.

> 마음에서 나오는 것은 살인, 간음, 음란, 도둑질, 거짓 증언, 모독과 같은 여러 가지 악한 생각들이다. 이런 것들이 사람을 더럽히는 것이지 손을 씻지 않고 먹는 것이 사람을 더럽히는 것은 아니다.
> (마태오 15:19-20)

그러므로 그리스도인이 "정의"의 갑옷으로 무장을 한다면, 그 어떤 날카로운 악마의 '불화살'도 그의 심장을 뚫지는 못할 것입니다. 그렇다면 이렇게 보호의 능력이 대단한 '정의'는 과연 무엇입니까?

"방어를 위한 무기"라는 의미로서의 '정의'는 구약과 신약을 막론하고 성경 곳곳에서 발견됩니다. 지혜로운 솔로몬은 이렇게 노래합니다.

> 정의를 가슴받이로 삼으시고 어김없는 심판을 투구로 쓰실 것이

다. (지혜서 5:18)

예언자 이사야는 이렇게 말합니다.

> 몸을 감싼 갑옷에선 정의가 뻗어난다. (이사야 59:17)

한편 사도 바울로는 구약의 여러 구절에서 영감을 받아 로마의 그리스도인들에게 이렇게 권고합니다.

> 여러분의 지체가 하느님을 위한 정의의 도구로 쓰이게 하십시오.
> (로마 6:13)

성경은 하느님에 대하여 이렇게 말합니다.

> 주여, 공정하시어 옳은 일 좋아하십니다. (시편 11:7)

> 당신께서는 열방을 공평하게 다스리십니다. (시편 67:4)

그러므로 정의롭게 사는 사람은 하느님과 교류하는 자이고, 그래서 적그리스도는 그를 해치지 못합니다. "보호해주는 능력"인 주님의 이 은총은 적의 공격으로부터 그리스도인을 보호해 줍니다. 그러나 또한 이런 말씀도 있습니다.

> 옳은 일을 하지 않거나 자기 형제를 사랑하지 않는 자는 하느님께로부터 난 자가 아닙니다. 이와 같이 하느님의 자녀와 악마의 자식은 분명히 구별됩니다. (I요한 3:10)

이렇듯 "옳은 일을 하지 않는 자", "정의롭게 살지 않는 자"는 악마의 자식이기에, 악마는 그를 맘껏 조종하고 부려먹습니다. 그리고 마침내 그에게서 영원한 기쁨을 빼앗아 버립니다. 그래서 사도 바울로는 이렇게 경고한 것입니다.

사악한 자는 하느님의 나라를 차지하지 못하리라는 것을 모르십니까? (I 고린토 6:9)

그래서 사도 바울로는 그리스도인이 악마들과 대항해서 영적 투쟁을 하려면 반드시 악마의 공격을 막아줄 '정의'의 갑옷을 입어야 한다고 강조하신 것입니다. 그러므로 우리의 삶의 모든 차원에서 정의를 실천하고, 세상을 지배하는 불의에 영향을 받지 않도록 합시다. 때로는 우리 자신에게 손해를 끼칠지라도 정의로운 일이라면 그것을 감수하고 실천하도록 합시다. 이렇게 정의를 실천한다면, 마침내는 정의를 실천한 우리가 바로 승리자가 될 것임을 확신합시다!

- **발에는 평화의 복음을 갖추어 신읍시다.** (에페소 6:15)

성경의 다른 곳에서도 발을 복음이나 평화와 연관시켜 표현합니다. 「로마인들에게 보낸 편지」 10장 15절 "기쁜 소식을 전하는 이들의 발이 얼마나 아름다운가!"라는 구절처럼 말입니다.

신발을 신는 것은 어떤 일을 시작하기 위한 준비입니다. 이렇게 사탄과 싸우러 나갈 때도, 먼저 복음적인 삶을 실천하는 가운데 하느님과 그리고 또 다른 사람들과 평화를 유지하십시오. 성 요한 크리소스토모스는 이 구절에 대해 이렇게 주석합니다.

> 사도는 전쟁에 대해 말합니다. 그것은 이 싸움이 악마에 맞선 것이기 때문입니다. 악마와 싸운다면, 우리는 하느님과 평화를 가지게 될 것입니다.

그러므로 그리스도의 복음이 가리키는 길로 간다면, 우리는 가장 유리한 조건에서 사탄과 싸울 수 있고, 그래서 사탄을 이길 수 있습니다.

• 손에는 언제나 믿음의 방패를 잡고 있어야 합니다. (에페소서 6:16)

　병사가 손에 잡고 싸우는 이 방패는 병사의 몸을 가려주고 병사를 향해 날아오는 적의 화살을 막아줍니다. 성 사도 바울로는 불화살 같은 사탄의 유혹을 무력하게 만들어 쫓아버리는 믿음을 이 방패에 비유했습니다. 그 당시에는 전쟁에서 적군에게 더 큰 피해를 입히기 위해서, 화살 끝을 천으로 감싸서 그곳에 불을 붙여 화살을 쏘아댔습니다. 그래서 사도 바울로는 심각한 화상을 입힐 뿐만 아니라 모든 것을 다 태워버리는 '불화살'처럼 엄청난 파괴력을 가진 사탄의 유혹의 대단한 위력을 강조하기 위해 이런 비유를 사용했던 것입니다.

　그러나 흔들림 없는 강력한 믿음을 가지고 있다면, 그리스도인은 악마의 유혹의 불화살 공격에도 결코 부상을 입지 않습니다. 여기서 사도 바울로가 말하는 믿음은 단지 하느님이 존재한다는 사실에 대한 믿음만을 의미하지는 않습니다. 주님의 형제 성 사도 야고보는 말합니다.

　　당신은 한 분이신 하느님을 믿고 있습니까? 그것은 좋은 일입니다. 그러나 마귀들도 그렇게 믿고 무서워 떱니다. (야고보 2:19)

　신자가 무장하도록 부름 받은 이 믿음은 전능하신 하느님에 대한 믿음을 말합니다. 그리고 이 믿음을 통해 주님과의 친교로 들어가는 신자는 주님의 전능하심 안에 들어서게 됩니다. 그래서 사도 바울로는 이렇게 설교할 수 있었던 것입니다.

　　나에게 능력을 주시는 분에게 힘입어 나는 무슨 일이든지 할 수 있습니다. (필립보 4:13)

　이 믿음이란 하느님의 끝없는 사랑과 섭리에 대한 믿음으로서 아무리 큰 유혹이 닥쳐와도 하느님께서 보호해주실 것이라는 강한 신뢰의 마음을 잃지 않습니다.

> 나 비록 음산한 죽음의 골짜기를 지날지라도 내 곁에 주님 계시오
> 니 무서울 것 없어라. 막대기와 지팡이로 인도하시니 걱정할 것 없
> 어라. (시편 23:4)

이 믿음은 하느님께서 은총으로 우리에게 주시는 것이고, 우리 자신이 아무리 연약하고 보잘것없다 해도 하느님의 능력 안에서 강한 자가 되게 해줍니다. 불가마에 던져졌던 세 청년의 이야기는 그것의 가장 훌륭한 예입니다. 유혹하는 자 사탄의 도구가 된 느부갓네살 왕은 그의 신상에 경배하지 않는 자는 모두 활활 타오르는 불가마에 던져 버리겠다고 세 청년을 위협했습니다. 그러나 세 청년은 이렇게 대답합니다.

> 저희가 섬기는 하느님께서 저희를 구해 주실 힘이 있으시면 임금
> 님께서 소신들을 활활 타는 화덕에 집어넣으셔도 저희를 거기에서
> 구해 주실 것입니다. (다니엘 3:17)

그들은 결국 느부갓네살 왕의 명령으로 불가마 속에 던져졌지만 그들이 고백한 대로 아무 해도 입지 않고 구원되었습니다. 사도 바울로는 믿음으로 승리한 놀라운 예들을 그의 「히브리인들에게 보내는 편지」의 11장에 소개하고 있습니다.

이렇게 강력한 믿음으로 무장한 그리스도인은, 이 땅을 지배하는 사탄이 그를 거꾸로 내동댕이친다고 해도, 활활 타오르는 불로 위협한다 할지라도, 그 어떤 유혹과 협박과 고통으로 우리를 괴롭힌다 해도, 그 영혼은 하느님의 은총으로 아무런 상처를 입지 않는다는 것을 증명해줄 것입니다.

• **구원의 투구를 받아쓰십시오.** (에페소 6:17)

　오늘날 군대에서 사용되는 현대식 철모처럼 옛날 군인들의 투구는 병사의 머리를 보호해줍니다. 머리는 우리 몸에서도 가장 중요한 부분이고, 만약 머리가 부상당하면 나머지 신체도 쓰지 못할 가능성이 크기 때문에, 투구로 머리를 보호하는 것은 너무나 중요했습니다. 그래서 사도 바울로는 죽음으로 몰고 갈 강력한 공격에서 병사의 목숨을 지켜줄 구원을 투구라는 장비에 비유했습니다.

　머리에 부상을 당하면 신체가 부분적으로 혹은 전체적으로 마비되기도 합니다. 마찬가지의 현상이 영적인 현실에서도 일어납니다. 사탄은 주로 머리의 생각과 의지 기능을 유혹의 잡념들로 공격하려 합니다. 낙원에서 하와에게 했던 것처럼 말입니다. 사탄은 사람의 생각 속에 유혹의 씨를 뿌립니다. 그때 만약 사람이 그 씨를 덜컥 받아들이기만 하면, 그 다음 일들은 사탄에게 식은 죽 먹기처럼 쉬운 일입니다. 이로써 사탄은 목표를 거의 달성한 것이나 다름없습니다! 사탄은 믿기 어려울 만큼 많은 수단과 방법을 통해 사람의 생각을 불경건한 잡념으로 오염시키려 합니다. 특별히 윤리적인 삶에 큰 관심이 없는 사람들에게는 그들의 욕망을 이용하여 죄를 짓게 만듭니다. 또한 비록 가능성이 작긴 하지만 사탄은 예배 시간에도 교활하게 우리를 시험하고 유혹합니다. 하지만 이런 일은 전혀 이상할 것이 없습니다. 첫 피조물인 아담과 하와를 하느님에게서 떼어놓기 위해 낙원으로 몰래 숨어들어간 자가 바로 사탄입니다. 이런 성가가 있는데 그 가사가 참으로 인상에 남습니다.

　　찬송을 하면서도 죄를 짓습니다. 입술로는 하느님을 찬양하지만,
　　생각으로는 악한 것들을 생각합니다.

그러므로 그리스도인은 매 순간 깨어있어야 하고, 준비되어 있어야 합니다. 교활한 생각들을 재빨리 쫓아내야 하고, 우리 마음 안에 그런 생각들이 침투하도록 허락하지 말아야 합니다. 물론 외부로부터 교활한 생각이 우리 마음속에 들어왔다고 해서, 그것 자체가 죄가 되는 것은 아닙니다. 왜냐하면 그것은 우리의 의지로 그런 것이 아니라 사탄이 집어넣은 것이기 때문입니다. 그러므로 그런 생각이 들어왔을 때 마음의 동요를 일으키지 말아야 합니다. 그 생각을 자꾸 떠올리거나 발전시킴으로써 그것에 끌려 다녀서도 안 됩니다. 그런 사탄의 생각에는 아무런 관심도 주지 말고 그냥 무시해 버려야 합니다. 그리고 우리 영혼의 눈을 구세주 그리스도께로 향하게 하여 그분의 이름을 불러야 합니다.

주 예수 그리스도시여, 죄인인 저를 불쌍히 여기소서.

그 어떤 기도보다 강력한 이 짧은 기도에 의해, 사탄은 그 모든 악취와 함께 사람의 영혼으로부터, 사람의 마음으로부터 멀리 쫓겨납니다.

깨어있음과 우리 구원에 대한 절대적인 희망은 또 다른 투구입니다. 이 투구로 우리는 사탄의 공격에도 끄떡하지 않고 우리 영혼을 구원할 수 있습니다.

- **성령의 칼을 받아 쥐십시오. 성령의 칼은 하느님의 말씀입니다.**
(에페소 6:17)

지금까지 사도 바울로는 방어를 위한 무장과 무기에 대해 말했지만 이제 여기에 공격을 위한 무기를 추가합니다. 군인이 적군과 싸워 이기려면 방어만으로는 충분하지 않습니다. 적군을 향해 공격도 해야 합니다. 경험이 풍부한 군인인 성 사도 바울로는 이어서 영적 투쟁의 공격 전략에 대해서 말합니다.

사도 바울로는 "성령의 칼"은 바로 "하느님의 말씀"이라고 말합니다. 성경에 기록된 모든 가르침은 비록 사람이 쓴 것이지만 사람이 자기 생각이나 상상을 적어 놓은 것이 결코 아닙니다. 앞에서도 언급했듯이, 성경의 모든 말씀은 성령의 영감을 받아서, 성령의 빛을 받아서 기록한 성령의 말씀입니다.

> 예언은 인간의 생각에서 나온 것이 아니라 사람들이 성령에 이끌려서 하느님께로부터 말씀을 받아 전한 것입니다. (Ⅱ베드로 1:21)

> 성경은 전부가 하느님의 계시로 이루어진 책입니다.
> (Ⅱ디모테오 3:16)

그러므로 하느님의 말씀에는 큰 능력이 있습니다. 사도 바울로는 다른 곳에서 "하느님 말씀"을 "쌍날칼"에 비유합니다.

> 하느님의 말씀은 살아 있고 힘이 있으며 어떤 쌍날칼보다도 더 날카롭습니다. 그래서 사람의 마음을 꿰뚫어 영혼과 정신을 갈라놓고 관절과 골수를 쪼개어 그 마음속에 품은 생각과 속셈을 드러냅니다. (히브리 4:12)

가장 큰 적인 사탄과 싸워 승리하려면, 영적 투사는 성령이라는 강력한 무기를 갖추어야 합니다. 예수님께서도 바로 이 '성령'의 무기로 사탄을 이기셨습니다. 예수 그리스도께서 사막에서 사십 일 동안 금식하셨을 때, 사탄은 신성과 인성을 지니신 그리스도를 넘어뜨리려고 세 번씩이나 대담하게 공격을 감행했습니다. 하지만 주 예수 그리스도께서는 사탄의 유혹과 이 공격을 적절한 성경 말씀을 제시하시면서 물리치셨습니다. (마태오 4:3-11) 결국 사탄은 주님께 창피만 당하고 패배자가 되어 물러났습니다.

그러므로 사도 바울로는 다른 서신에서 이렇게 권면합니다.

> 그리스도의 말씀이 풍부한 생명력으로 여러분 안에 살아 있기를 빕니다. (골로사이 3:16)

그리스도의 말씀으로 우리 영혼을 풍부하게 하고, 매일 그 말씀을 실천하려 노력한다면, 우리는 영적 투쟁에서 악령들의 공격과 힘에 강력하게 대항할 수 있고, 또 물리칠 수 있습니다.

- 여러분은 또한 언제나 기도하며 하느님의 도우심을 청하십시오. 모든 경우에 성령의 도움을 받아 기도하십시오. 늘 깨어서 꾸준히 기도하며 모든 성도들을 위하여 간구하십시오. (에페소 6:18)

그리스도인의 무기 중 가장 확실하고 효과적이며 완벽한 것은 바로 "기도"임을 사도 바울로는 특별히 강조합니다. 그리스도인이 아무리 완벽한 무장을 했다 해도 그 자신의 힘만으로는 결코 완전하지 못합니다. 오히려 그리스도인은 자기 자신만으로는 아무 것도 아님을 느끼고, 모든 선한 것은 사랑 많으신 우리 하느님 아버지에게서 나온다는 것을 누구보다 잘 아는 사람입니다. 우리가 누리는 온갖 좋은 것들, 우리의 존재 그 자체도 다 하느님에게서 받은 것입니다. 비록 우리가 선행을 한다 해도, 그것은 선행을 할 수 있는 능력을 주신 하느님 덕분입니다. 그래서 우리는 성찬예배의 마지막 기도문에서 "모든 선한 것과 완전한 것은 위에서 빛의 아버지이신 주님께로부터 내려오나니"라고 고백하는 것입니다.

성 사도 베드로가 "하느님께서는 교만한 자를 물리치시고 겸손한 사람에게 은총을 베푸십니다"(I 베드로 5:5)라고 기록한 것처럼, 겸손은 주님의 은총을 끌어옵니다. 그러므로 신자는 "늘 기도하십시오"(I 데살로니카 5:17)라는 사도 바울로의 권면을 따라, 계속해서 성령의 도움을 요청해야 합니다. 입술로만 아니라 생각과 마음으로, 항상 성령의 인도를 구하면서, 하느님께서 기뻐하실 내용과 방법으로 기도해야 합니다.

기도하라는 이 권고는 예수님께서 제자들에게 유혹에 대처하는 방법을 가르쳐주시면서 하신 말씀을 상기시켜 줍니다.

> 유혹에 빠지지 않도록 깨어 기도하여라. (마태오 26:41)

기도에 전념하는 사람, 하느님과의 친교 안에 있는 사람은 결코 유혹에 빠지지 않습니다. 그래서 주님과 제자들은 우리에게 계속해서 끊임없이 기도하라고 말씀하십니다. 그리고 우리 정교회는 신자들이 언제 어디서든 쉽게 기억하고 사용할 수 있는 짧고도 강력한 기도를 가르쳐줍니다. 그것은 바로 '예수기도'입니다.

> 주 예수 그리스도, 하느님의 아들이시여,
> 죄인인 저를 불쌍히 여기소서.

우리가 이 기도를 계속해서 반복적으로 드리는 것은, '예수 그리스도'라는 이름이 우리 신자들의 마음을 부드럽게 해주고, 그 이름의 능력에 악마는 힘을 잃고 신자의 마음속에 들어갈 엄두도 내지 못하게 되기 때문입니다.

- 사도 바울로가 언급한 이 영적인 무기들 외에도, 사탄과 맞서 싸우는 이 영적 전쟁에서 그리스도인들이 의지해야 할 도움은 어떤 것들이 있습니까?

우리 주 예수 그리스도께서는 그의 모범을 통해서 유혹을 물리치는 두 가지 무기를 제시해주셨습니다. 그것은 바로 '금식'과 '경성(警

省, 깨어 살핌)'입니다.

- **금식에 대하여**

　주님께서는 「산상설교」에서 금식에 대해 말씀하시면서 우리가 어떻게 금식을 해야 하는지 그리고 왜 금식이 그토록 중요한지를 가르쳐주셨습니다. 『마태오의 복음서』와 『루가의 복음서』에는 예수님께서 세례를 받으시고 나서 "성령의 인도로 광야에 나가 악마에게 유혹을 받으셨다"(마태오 4:1)고 기록되어 있습니다. 이때 예수님께서는 사탄과의 전쟁을 위해 어떻게 준비하셨습니까? 복음사도 성 마태오는 예수님께서 "사십 주야를 단식하셨다"(마태오 4:2)고 증언합니다.

　이렇게 예수님께서는 몸소 악마에 대항하는 방법으로 '금식'을 선택하셨고, 그래서 예수님처럼 모든 그리스도인들도 '금식'을 통해 영적인 유익과 단련을 추구합니다.

　예수님께서 금식하신 것은, 이 땅에 오신 새로운 아담으로서, 과거 하느님의 분명한 명령을 거역하고 금지된 열매를 먹은 아담의 불순종을 고치고 바로 세우기 위한 것입니다. 이렇듯 금식은 하느님의 명령에 대한 순종을 실천하고 훈련하는 데 주된 목적이 있습니다. 그것은 또한 말에게 망을 씌워 통제하듯이 우리의 욕망들에도 망을 씌워 억제하고 통제하고 다스리기 위한 것입니다. 그리하여 악마들이 그 욕망들을 함부로 이용하여 사람으로 하여금 죄를 짓게 하고 결과적으로 사람과 하느님을 멀어지게 하려는 술책을 무력하게 만들기 위한 것입니다. 그리스도교의 역사 속에는 금식을 실천하고 자신의 욕망과 싸워 이겨 천사와 같은 삶을 산 수많은 그리스도인들이 있습니다. 그들은 금식을 통해 강한 영적 힘을 얻고 영적인 삶에서 큰 발전을 이루었을 뿐만 아니라, 금식이라는 기도의 날개를 통해 하느님과 깊은 교제를 나누었으며, 적그리스도 사탄의 유혹과 공격을 물리치고 승리했습니다.

그래서 사도 시대부터 그리스도의 거룩한 교회는 모든 신자들에게 금식의 규칙과 기간을 정하여 금식을 실천하게 했습니다. 성직자와 평신도를 막론하고 모든 정교 그리스도인들은 수요일과 금요일에 금식합니다. 수요일은 유대인들의 의회가 예수님을 십자가형에 처하자고 모의한 날이고, 유다가 예수님을 팔아넘기겠다고 배반의 약속을 했던 날이기 때문입니다. 그리고 금요일은 주님께서 세상의 구원을 위해서 고난당하시고 십자가에 달리신 날이기 때문입니다.

또한 해마다 주님의 고난과 부활의 성대주간 전 40일, 즉 사순절을 엄격한 금식기간으로 지킵니다. 40일 금식은 주님께서 광야에서 사십 일 동안 금식한 것을 본받고자 하는 것입니다. 세월이 흐르면서 교회는 새로운 축일을 정하여 기념했고, 이에 상응하는 또 다른 금식 기간이 추가되었습니다.

그리스도교 초기의 금식은 하루 종일 음식을 금하고 해가 진 후 저녁에만 적은 양의 빵과 견과류를 섭취하는 아주 엄격한 금식이었습니다. 하지만 나중에 이런 엄격한 금식은 수도자들만 실천하게 되었고, 일반 평신도들은 조금 완화된 방식으로 아주 간단한 식사, 채식 위주의 식사로 금식을 실천하게 되었습니다.

금식의 강도가 완화되었다고는 하지만 그래도 금식의 주된 목적, 원칙은 결코 약해지지 않고 그대로 남아 있습니다. 즉 신자가 어떤 방식이든지 금식을 지키는 것은 그리스도에 대한 순종, 그리고 그리스도의 몸인 교회에의 순종을 훈련하는 영적인 단련입니다. 이것을 통해 겸손의 덕을 얻고, 하느님 은총에 합당한 영혼의 상태에 이를 수 있게 됩니다.

거룩한 교회법에 의하면 토요일은 금식이 해제됩니다. 물론 성 대 토요일은 예외적으로 금식합니다. 그리고 그리스도의 부활의 날인 주일과 금식이 해제되는 몇몇 날에는 비록 금식 기간 중이어도 금식을 하지 않습니다.

잘 알고 있듯이, 교회는 건강에 문제가 있거나 혹은 특별한 이유가 있을 때, 예를 들어 모유 수유를 하는 산모나 금식이 건강상 큰 위험이 될 수 있는 경우에는 금식을 권하지 않습니다. 이런 신자들은 주교나 사제의 축복과 허락을 받고 비록 금식일이어도 육식을 할 수 있습니다.

금식은 그 자체가 목적이 아닙니다. 그것은 이미 언급한 바와 같이 거룩한 목표를 이루기 위한 하나의 방편입니다. 거룩한 교부들의 말씀에 따라 교회는, 금식에는 강렬한 기도, 욕망의 절제, 사랑의 실천, 하느님의 뜻을 따르는 순종이 언제든지 함께 해야 한다고 강조합니다.

- **경성에 대하여**

경성(警省, 깨어 살핌)에 대해서도 주님께서는 여러 번 말씀하셨습니다. 비유의 말씀을 통하여, 이 덕목이 교활한 악마를 물리치는 데 얼마나 필요하고 유용한 것인지 우리가 잘 이해할 수 있게 해주셨습니다.

붙잡히시던 날 밤, 주님께서는 게쎄마니 동산에서 피땀을 흘리시며 기도하셨습니다. 하지만 그 시간, 제자들은 조금 떨어진 곳에서 잠들어 있었습니다. 예수님께서는 그들에게 다가가서 이렇게 말씀하셨습니다.

> 유혹에 빠지지 않도록 깨어 기도하여라. (마태오 26:41)

주님께서는 또 가라지의 비유를 통해서 이렇게 말씀하셨습니다.

사람들이 잠을 자고 있는 동안에 원수가 와서 밀밭에 가라지를 뿌리고 갔다. 밀이 자라서 이삭이 팼을 때 가라지도 드러났다.
(마태오 13:24-27)

사람이 영적인 주제에 대해서 깨어있지 못하고 어리석게도 '잠자고 있을 때', 기회만 노리고 있는 악마는 이때다 싶어 사람의 영혼의 '밭'에 가라지 씨를 뿌려 그 영혼에 뿌려진 좋은 씨의 생명력을 빼앗게 합니다. 그러므로 우리 영혼의 성벽을 지키는 파수꾼은 항상 깨어 있어야 합니다. 한편 사도 베드로는 다음과 같이 말씀하십니다.

정신을 바짝 차리고 깨어 있으십시오. 여러분의 원수인 악마가 으르렁대는 사자처럼 먹이를 찾아 돌아다닙니다. 굳건한 믿음을 가지고 악마를 대적하십시오. (I 베드로 5:8)

보초병이 밤새 초소에서 지키며 접근하는 사람들을 감시하는 것처럼, 우리 신자들도 자기 영혼의 성벽에 굳게 서서 결코 잠에 빠지지 않고 두 눈 부릅뜨고 주의 깊게 감각의 '문'을 통해서 마음 안으로 침투하려는 외부의 적들을 경계해야 합니다. 이런 사태에 대해서 예언자 예레미야는 "죽음이 창을 넘어 들어왔네"(예레미야 9:21)라고 말했습니다. 그러므로 그리스도인들은 시각을 통해 들어오는 것들을 철저하게 경계해야 합니다. 음란한 것들을 보지 말아야 하고, 일상생활에서 그리스도인의 윤리에 어긋나는 장면이나 상황을 피해야 합니다. 부도덕한 책이나 잡지는 읽지 않아야 합니다. 마찬가지로 청각을 통해서 들어오는 것에 대해서도, 또 손이나 발로 행동하는 것들에 대해서도 늘 경계심을 잃지 말아야 합니다. 맛과 냄새를 통해서 좋은 것을 고르는 것처럼, 생각을 통해 무엇이 참으로 영적 유익을 가져다주는 것인지 잘 선택할 줄 알아야 합니다. 악마는 주로 교활한 생각이나 헛된 상상을 주입하여 속인 다음, 그것을 통해 악한 길로 나아가게 합니다. 이 모든 것들에 대해 그리스도인은 언제나 그 영혼의 파수꾼처럼 잠자지 않고 늘 깨어 살펴야 합니다.

이 모든 무장과 무기를 갖추고 영적 투쟁을 전개할 때, 신자는 주님의 은총을 받아 더욱 굳세져서 "보이지 않는 용들의 머리를" 짓밟아 부수고, 그 모든 유혹들을 무력하게 만들어 버리고, 끝내 사탄과 죄에 대해 승리자가 될 수 있습니다.

■ 사탄이 쏘는 '유혹'의 불화살은 어떤 것입니까?

가장 먼저 알아두어야 할 것은, 사탄은 너무도 교활하고 잔꾀에 능해서 그리스도인들을 그리스도에게서 끊어내기 위해 끊임없이 새로운 방법과 새로운 계략을 찾아낸다는 것입니다. 그리고 사탄은 절대로 자신의 계략을 쉽게 드러내지 않습니다. 먼저 악마는 사람들에게 관심을 주고, 돕는 척, 편이 되어주는 척, 사람의 행복을 원하는 척합니다. 그러나 그 속셈은 죄를 짓게 하는 것입니다. 관심과 도움과 행복이라는 미사여구로 훌륭하게 포장되어 있지만 뜯어보면 결국 '죄짓는 것'일 뿐입니다. 이렇게 간교하고 포장하고 속여서, 결국은 사람을 죄 가운데 빠지게 합니다. 또 악마는 죄를 아주 사소하고 중요하지 않은 것처럼, 죄를 지어도 큰 영향이 없는 것처럼 감언이설로 속입니다. 그러나 한 번 그 속임수에 넘어가 '작은 죄'를 짓게 되면, 그때부터는 그 죄로 올가미를 씌워 더욱 큰 죄를 짓게 만들고, 이렇게 계속 더욱 깊이 죄 속에 빠져들게 하여 사람을 우울증, 절망, 좌절로 몰아가고 심지어 자살에 이르게 합니다. 그래서 영적 수련과 투쟁의 경험이 풍부한 사막의 은둔 교부들은 악마를 '개미사자'라고 부르곤 했습니다. 왜냐하면 처음에는 작고 순결하고 연약한 개미처럼 나타나 사람을 유혹하지만, 그 유혹에 넘어가면 이제 사자로 돌변하여 사람을 겁박하고 지배하고 그 위에 군림하기 때문입니다! 이렇게 사탄은 위장술에 능합니다. 수시로 얼굴을 바꿉니다. 사도 바울로는 악마가 '빛나는 천사'로 나타날 수도 있다고 경고합니다.

> 그것은 조금도 놀라운 일이 아닙니다. 사탄도 빛의 천사의 탈을 쓰고 나타나지 않습니까? (II 고린토 11:14)

그러나 성령의 빛을 받아 사탄의 책략을 훤히 꿰뚫어 보았던 사도 바울로는 우리도 성령의 조명을 받으면 "사탄에게 속아 넘어가는 일이 없을 것"(II 고린토 2:11)이라고 말씀하십니다.

■ 유혹에는 어떤 것들이 있습니까?

광야에서 악마가 예수님을 시험했던 세 가지 유혹들에 비추어 크게 세 종류로 나누어 볼 수 있습니다.(마태오 4:3-11)

• 첫 번째 유혹

예수님께서는 사십 일 밤낮으로 사막에서 금식하시면서 아무것도 드시지 않으셨기에, 인간으로서 배가 고프셨습니다. 성경에 기록되어 있듯이, 기회만 엿보고 있던 사탄은 그 순간을 놓치지 않고 예수님께 첫 번째 아주 큰 유혹을 던졌습니다. 악마는 아마도 예수님 앞에 인간의 모습으로 나타나 마치 예수님께 위로와 관심과 도움을 드리려는 것이라는 의도로 가장하고, 이렇게 말합니다.

> 당신이 하느님의 아들이거든 이 돌더러 빵이 되라고 해보시오.
> (마태오 4:3)

사탄은 주님께 많은 빵을 만들어 보라고 유혹합니다. 실상 주린 배를 채우는 데 많은 빵이 필요한 것은 아닙니다. 이렇게 '사탄'은 우리 각 사람에게 다가와 많은 물질을 얻으라고 유혹합니다. 사실 크게 필요도 없고 도리어 우리를 위험에 빠트릴 수 있는데도 불구하고, 될 수 있는 한 '많은 물질'을 얻어야 한다고, 그래야 행복하다고 속삭입니다.

> 부자가 되려고 애쓰는 사람은 유혹에 빠지고 올가미에 걸리고 어리석고도 해로운 온갖 욕심에 사로잡혀서 파멸의 구렁텅이에 떨어지게 됩니다. 돈을 사랑하는 것이 모든 악의 뿌리입니다. 돈을 따라다니다가 길을 잃고 신앙을 떠나서 결국 격심한 고통을 겪은 사람들도 있습니다.(Ⅰ디모테오 6:9-10)

새삼 언급할 필요조차 없는 것이지만, 이 악은 도대체 무엇입니까? 날마다 대중매체를 통해서 쏟아져 나오는 수많은 사건들, 우리에게 아무런 유익도 되지 않는 그런 행위들이 바로 악입니다. 온갖 추문들, 도박과 노름, 도둑질, 강도와 살인, 뇌물 수수, 권력 남용, 노동자에 대한 탄압과 착취, 인권 유린 등 그 종류를 헤아릴 수가 없을 정도로 악은 만연해 있습니다.

악마의 유혹을 받으시는 그리스도, 모자이크 12세기
산 마르코 성당, 비엔나, 이탈리아

하지만 예수님께서는 '유혹하는 자' 악마에게 성경을 인용하여 대답하십니다.

> 성서에 "사람이 빵으로만 사는 것이 아니라 하느님의 입에서 나오는 모든 말씀으로 살리라."(신명기 8:3) 하지 않았느냐? (마태오 4:4)

이렇게 해서 인성을 지니신 예수님께서는 '성령의 칼'인 하느님의 말씀으로 악마의 첫 번째 유혹을 물리치셨습니다. 영적 투쟁자인 그리스도인은 주님의 이러한 모범을 따라서 재물의 욕심을 버리고 "먹을 것과 입을 것이 있으면 그것으로 만족하시오"(Ⅰ디모테오 6:8)라고 했던 사도 바울로의 말씀처럼 우리가 살아가는 데 꼭 필요한 물질을 얻는 데 만족하며 살아야겠습니다. 그리고 하느님 아버지의 보호하심을 전적으로 신뢰하며 우리 삶을 완전히 그분께 맡겨야겠습니다. 주님의 대답을 들은 사탄은 첫 시험의 패배자가 되어 일단 후퇴합니다.

• 두 번째 유혹

하지만 그것도 잠시, 사탄은 다시 찾아와서 이번에는 예수님을 거룩한 도성 '예루살렘'의 성전 가장 높은 곳으로 데려가서 이렇게 말합니다.

> 당신이 하느님의 아들이거든 뛰어내려 보시오. 성서에, '하느님이 천사들을 시켜 너를 시중들게 하시리니 그들이 손으로 너를 받들어 너의 발이 돌에 부딪히지 않게 하시리라.'(시편 91:11-12) 하지 않았소? (마태오 4:6)

사탄은 이처럼 교활하게도 성경을 인용하여 예수님을 유혹합니다. 하지만 사탄은 상대를 속여 넘어뜨리기 위해 성경 말씀조차 교묘하게 왜곡하고 엉뚱하게 해석합니다. 사탄이 인용한 이 시편 구절은 하느님의 아들 메시아를 두고 한 말이 아니라, 하느님에 대한 믿음으로 그분께 피신하는 경건한 사람 모두에게 적용되는 이야기이기 때문입니다. 실제로 하느님께서는 그 모든 경건한 신도들을 천사들을 통해서 보호해 주셨습니다. 주님의 개입으로 일어났던 수없이 많은 기적이 바로 그 증거입니다. 이 두 번째 유혹은 더욱더 교활한 속임수입니다. 여기서 사탄은 먼저 예수님으로 하여금 하느님의 아들임을 의심하도록 유도합니다. 다시 말해 높은 곳에서 뛰어내리면서 하느님 아버지께 보호해 달라고 요청하라는 것입니다. 이를 통해 세례 받을 때 들었던 "이는 내가 사랑하는 아들이다"라는 말이 진리임을 증명해 보이라는 것입니다. 다시 말해 사탄은 하느님 아버지께 기적을 요청하여, 참으로 하느님의 아들인지 증명해 보라고 예수님께 요구했던 것입니다. 그러나 예수님께서는 하느님의 아들임을 스스로 알고 있기에, 어떤 다른 증명이 필요하지 않았습니다. 만약 예수님께서 사탄이 요구한대로 아버지 하느님께 간청하셨다면, 그것처럼 어처구니없는 일도 없을 것입니다!

그래서 예수님께서는 마치 사탄의 계략을 다 아시면서 그것을 조롱하듯 이렇게 대답하신 것만 같습니다.

> 너의 목적을 이루기 위해서 성경을 잘도 인용했다만, 너는 성경 전체를 제대로 알지 못하고 있구나. 자 보아라. 신명기 6장 16절에 보면 '마싸아에서처럼 너희 하느님 주님을 시험하지 못한다'는 말씀이 있다. 또 다른 구절을 인용해주마. 네 마음대로 아무 구절이나 인용하여 사람들을 현혹하지 못하도록 말이다. 어떤 구절이겠느냐? '너희 하느님을 떠 보지 말라.'(마태오 4:7) 바로 이 말씀이다. 다시 말해 주님이신 하느님께서 너를 보호해 주실지 알아보기 위해 하느님을 떠보지 말라는 것이다. 하느님을 시험하여 너 자신을 위험에 빠지게 하지 말라는 것이다.

이 유혹에는 이 밖에도 다른 목적이 하나 있었습니다. 그것은 예수님으로 하여금 높은 곳에서 떨어져서 죽게 하거나, 그게 아니면 높은 곳에서 떨어졌는데도 놀랍게도 아무런 해를 입지 않는 모습을 보여주어, 사람들이 예수님을 자신들이 기다리던 메시아, 그들의 생각대로 로마제국의 통치자들로부터 해방시켜 줄 해방자로 여기도록 하려는 술책이었던 것입니다. 그러나 주님의 임무는 사탄이 생각하는 것과는 전혀 다른 것이었습니다. 주 예수 그리스도께서는 사탄과 죄에 속박되어 가장 비참한 노예로 살아가는 사람들을 구하기 위해서 세상에 오셨습니다. 세상의 통치자처럼 권력을 과시하고, 무력을 동원하여 원하는 목적을 이루고, 백성들을 강제하고 억압하기 위해 세상에 오신 것이 아닙니다. 오히려 주님께서는 소박한 사람의 모습으로 겸손하게 오셨습니다. 사람의 '자유'를 존중하셨고, 사람의 마음에 귀 기울이셨습니다. 사탄은 예수님을 유혹하여 그분의 길에서 탈선시키려고, 주 예수 그리스도의 거룩한 임무를 망치게 하려고 했던 것입니다.

악마는 일반 사람들도 이와 똑같은 방식으로 유혹합니다. 악마는 다른 사람들을 영적으로 지배하고 싶은 마음을 갖게 만듭니다. 그래서 정당하거나 부당하거나 상관없이 어떤 방법을 통해서라도 높은 지위에 오르면 된다는 생각을 갖게 만들고 또 그렇게 되도록 힘껏 도와줍니다. 그런 사람들은 다른 사람을 짓밟고 성공한 후에는 아래 사람들을 철저하게 괴롭힙니다. 이러한 유혹에 넘어가는 것을 우리는 국가나 군대 혹은 경찰 등의 권력기관 뿐만 아니라 사회의 모든 위계질서 안에서 확인합니다. 가정에서는 아버지가 권위와 폭력으로 어머니나 자녀들을 괴롭히고, 학교에서는 교사가 학생을, 직장에서는 상사가 부하 직원들을 이렇게 지배하고 괴롭힙니다. 오늘도 이렇게 권위와 권력에 의해 짓밟히고 고통을 당하는 수많은 사회적 약자들이 이 고통스러운 삶의 무게를 견딜 수 없어 절망과 자기 파괴에 빠져

들고 급기야 자기 목숨을 끊고 있습니다!

　이러한 일은 국가 사이에서도 발생합니다. 강대국이 약소국을 지배하려 할 때 수많은 고통과 악이 발생합니다. 세계 역사는 강대국이 자행한 수많은 침략 행위와 전쟁과 지배와 착취로 점철되어 있습니다.

　주님께서는 스승으로서 몸소 이 유혹을 물리치셨을 뿐만 아니라 제자들에게도 남을 지배하고자 하는 이 욕망과 유혹을 멀리하라고 당부하셨습니다.

> 너희도 알다시피 세상에서는 통치자들이 백성을 강제로 지배하고 높은 사람들이 백성을 권력으로 내리누른다. 그러나 너희는 그래서는 안 된다. (마태오 20:25-26)

　다른 사람들의 섬김을 바라지 않으시고 오히려 다른 사람들을 보살피시고 더 나아가 그들을 위해 자신의 삶을 희생하신 예수님께서는, 제자들도 똑같이 자신을 본받아 겸손한 자세로 다른 사람들을 위해 봉사하라고 충고해주셨습니다.

　하지만 악마는 이 두 가지 유혹으로도 만족하지 못했습니다. 물론 악마는 예수님께서 금식하시던 40일 동안 내내 그분을 유혹했을 것입니다. 다만 예수님께서는 그 많은 유혹 중에서도 특별히 우리가 꼭 알고 명심해야 할 악마의 대표적인 유혹에 대해 알려주신 것입니다.

• 세 번째 유혹

　사탄은 다시 예수님께 와서 유혹합니다. 복음저자 성 마태오는 이렇게 적고 있습니다. 사탄은 주님을 데리고 아주 높은 산으로 데려 갑니다. 세상의 화려한 왕국을 보여주면서 "당신이 내 앞에 절하면 이 모든 것을 당신에게 주겠소" 라고 말합니다.(마태오 4:9)

　사탄의 오만은 정말 끝을 모릅니다! "만물을 창조하신" 하느님의 아들 앞에서 그는 자랑합니다. 세상의 모든 왕국이 자신의 것인 양, 그래서 자기가 원하기만 한다면 누구에게나 줄 수 있는 것처럼 허세를 부립니다! 그러면서 주님 앞에서 자신을 더 높이고, 자기에게 경배하라고 요구합니다! 자기가 제일 높다고 생각하다니, 심지어 하느님의 아들보다 더 높다고 생각하다니, 정말 어처구니가 없는 어리석음입니다! 하느님께서 주신 벌을 받고도 아직 깨닫지 못했습니다. 하늘의 천사였지만, 하느님보다 더 높은 자리를 차지하고 싶은 욕망 때문에 천사의 영광에서 추락한 비참한 존재이면서도, 지금 사람이 되신 하느님 앞에서 다시 똑같은 비극적인 잘못을 저지르고 추락의 길로 더욱더 나아갑니다. 주님께서는 결코 받아들일 수 없는 이 요구에 대해서 대답조차 아니 하시고, 단번에 "사탄아, 내게서 물러가거라!"(마태오 4:10) 꾸중하시며 쫓아버리십니다. 성경에 분명히 적혀 있습니다.

> 너희 하느님 주님을 경외하여 그를 섬기며, 맹세할 일이 있으면 그의 이름으로만 맹세하여라. (신명기 6:13)

지금까지 사탄은 자신의 얼굴을 숨기고 주님을 유혹했지만, 이제 주님께서는 그의 가면을 벗기고서 "사탄아!" 하고 그의 이름을 폭로하십니다. 그렇게 정체가 탄로 난 사탄은 주님 앞에서 더 이상 견딜 수 없어 도망쳐 버리고 맙니다. 이로써 주님께서는 사막에서 사탄의 모든 유혹을 물리치시고 승리하셨습니다.

그러나 사탄은 유혹을 멈출 수 없습니다. 하느님이신 주 예수 그리스도에게는 비록 패배했지만, 그분의 형상으로 창조된 사람들에게 끊임없이 유혹의 화살을 쏘아대, 하느님께 복수하려 합니다. 식욕, 명예욕, 권력욕이라는 욕망을 미끼로 끊임없이 유혹하고 속이려 합니다. 사탄에게 경배하기만 하면, 그 모든 욕망을 만족시켜 주겠다고 약속합니다. 조건은 오직 하나, 사탄을 경배하는 것입니다. 하느님에게 등을 돌리고, 사탄의 마차를 끄는 말이 되어 조종하는 대로 움직이라는 것입니다. 그러면 배불리 먹여주고, 화려한 마구로 장식해주고, 존경받게 해주겠다는 것입니다. 다만 사탄의 명령에 순종하기만 하라는 것입니다. 사탄은 복음의 가르침에 따라서 살면 이 세상에서 성공할 수 없다고 속삭입니다. 성공만 할 수 있다면 양심에 꺼리는 일을 해도 무방하다고 유혹합니다. 세상을 살다보면 가끔씩 거짓말도 필요하다고 유혹합니다. 현대사회의 발전 속도를 따라가는 것이야말로 행복의 척도라고 말합니다. 이같이 비록 달콤하지만 결국 쓰디쓴 재앙으로 돌아올 거짓을 사람들의 마음에 심어 놓고, 그것이야말로 이 세상을 행복하게 살 수 있는 최고의 처세라고 믿도록 부추깁니다.

자, 여기서 앞으로의 과정이 어떻게 전개될 것인지는 전적으로 각 사람의 판단과 행동에 달려있습니다. 악마는 사람에게 이런 생각을 집어넣고 유혹하고 부추길 수는 있지만, 어떤 경우에도 그 결정을 대신 할 수 없고, 또 그렇게 하도록 강제할 수도 없습니다. 하느님께서는 사탄에게 그럴 권한을 주지 않으셨습니다. 사탄은 다만 유혹할 따름입니다. 사람은 "완벽한 자유"를 가지고 있어서, 스스로 적그리스도의 편에 설 수도 있고 반대로 그 생각들을 물리치고 그리스도를 바라보고 그분의 도우심을 간구하면서 이 모든 유혹을 물리치기 위한 영적 투쟁에 나설 수도 있습니다.

그러므로 우리는 이것을 고백해야 합니다. 이러한 유혹에 무릎 꿇고 항복하지 않으려면, 용기가 필요하고 마음의 굳은 결단이 있어야 합니다. 속담에 "돈을 미워한 사람은 많았지만 권력을 미워한 자는 하나도 없었다"는 말이 있습니다. 물론 전적으로 옳은 말이 아닐 수도 있습니다. 그러나 이 속담은 우리 각자의 권력욕이 얼마나 큰 것인지, 얼마나 근본적인 것인지를 짐작케 해줍니다. 우리 사회를 둘러보십시오. 계층과 신분과 빈부와 나이를 막론하고 얼마나 많은 사람들이 남을 지배하고 싶어 하는지, 조금이라도 높은 지위와 권력을 얻기 위해 얼마나 파렴치하고 교활한 방법들을 동원하는지 금방 알게 됩니다.

악마는 자신의 힘을 과시하려고 사람들의 종교적 감정을 이용하기도 합니다. 악마는 결코 채워지지 않을 이기적인 욕망을 위해 얼마나 많은 사람들을, 얼마나 오랫동안, 얼마나 많은 곳에서, 자신을 하느님으로 경배하고 찬양하게 해 왔습니까!

사람들은 참된 하느님에 대한 무지 속에서 살아왔습니다. 그리스도께서 오셔서 그분이 직접 혹은 그분의 사도들을 통하여 사람들의 눈을 열어 깨닫게 해주시기 전까지는, 하느님에 대해 무지했을 뿐만 아니라, 더 나아가 사탄의 동상에 절하고 제사를 바치는 우상숭배에 이르게 되었던 것입니다.

> 나는 이교도들이 바치는 제물이 하느님께 드리는 것이 아니라 마귀들에게 바치는 것이라는 말을 하려는 것입니다. 나는 여러분이 마귀들과 상종하는 자가 되지 않기를 바랍니다. (I 고린토 10:20)

불행하게도 오늘날도 마찬가지로 사탄의 지배 아래서 살아가는 사람들이 너무나 많습니다. 다양한 모습의 우상을 믿고 숭배하는 것, 점술, 심령술, 철학관, 마술, 무당 등을 찾아가 병을 고치려 하거나 미래의 운세를 알아보려고 하는 것, 또 점집을 찾아가 궁합을 보거나 결혼 날짜를 잡거나 개인, 가족, 직장의 모든 문제에 대한 판단을 맡기는 행위가 다 사탄의 지배 아래 살아가는 증거입니다. 사탄은 사탄을 믿는 사람들에게 참으로 고통스러운 악을 행사합니다.

그러므로 신자는 언제나 깨어 있어야 하며 이러한 유혹에 굴복당하지 않도록 언제나 성령의 빛으로 충만하게 조명 받아야 합니다.

제 32 장
회개와 고백성사

■ 유혹의 화살을 맞고 부상당하여 죄를 짓게 되었다면 어떻게 해야 합니까?

사랑의 사도 성 요한은 우리에 대한 지극한 사랑과 이해심으로 이렇게 대답해 주십니다.

> 나는 믿음의 자녀인 여러분이 죄를 짓지 않게 하려고 여러분에게 이 편지를 씁니다. 그러나 혹 누가 죄를 짓더라도 아버지 앞에서 우리를 변호해 주시는 분이 계십니다. 그분은 의로우신 예수 그리스도이십니다. 그분은 우리의 죄를 용서해 주시려고 친히 제물이 되셨습니다. 우리의 죄뿐만 아니라 온 세상의 죄를 용서해 주시려고 제물이 되신 것입니다. (I 요한 2:1-2)

우리를 어떻게 해방시켜 주시는지에 대해서, 우리는 그리스도께서 사람에 대한 지극한 자비와 사랑으로 직접 제정해 주신 '회개와 고백의 신비성사'에 대한 설명을 통해서 알 수 있습니다. 주님께서는 죄를 용서해 주실 권한을 가지고 계십니다. 그러므로 아무리 큰 죄를 지었더라도 회개하고 진심으로 그 죄를 고백하면, 주님께서는 그 사람을 용서해 주십니다. 주님께서는 죄를 용서하는 이 권한을 그분의 사도들에게 전해주셨고, 그 사도들을 통해서 교회의 성직자인 주교들에게 계속 계승되도록 하셨습니다. 이와 같은 사도적 계승을 통해서 죄를 용서해 주는 주님의 권한이 오늘날까지 주교직에 계승되며, 또 앞으로도 세상 끝날까지 계속 될 것입니다. 이 권한을 이어받은 주교 혹은 주교의 위임을 통해 권한을 가지게 된 영적 아버지, 사제들은 '신비의 고백성사'를 신자들에게 행하고, 신자의 회개가 참되다는 것이 확인되면 특별한 기도문을 통해서 그 죄를 용서받게 해줍니다.

그렇다면 우리가 죄를 지었을 때, 그 죄를 깨끗하게 씻으려면 진심으로 회개해야 하고, 고백 사제 앞에 나아가 고백성사를 통해서 죄를 고백해야 합니다. 그러면 고백 사제는 신자의 죄 고백을 깊은 이해심과 자비심으로 경청하고, 죄 용서를 간구하는 기도를 통해 죄를 용서받을 수 있게 해줍니다.

- 이렇게 간단합니까? 또 다른 준비라든지, 필요한 행위는 없습니까?

물론 영적인 준비가 필요합니다. 그리스도인은 죄를 지었을 때 먼저 하느님의 뜻에 불순종한 것과 적그리스도를 만족시켜 준 것에 대해 가슴 아파하고 슬퍼해야 합니다. 그리고 이어서 '탕자의 비유'에 나오는 탕자처럼 통회하는 마음을 가지고 일어나서, 아버지의 집으로, 즉 하느님 아버지의 집인 교회로 가야 합니다. 그리고 영적 아버지인 사제 앞에 가서 하느님의 자비를 간구하며 죄 지은 아픔을 표현해야 합니다.

아무 핑계도 대지 말고 모든 죄를 진심으로 고백해야 합니다. 이때 누구에게 죄를 지었는지, 이름을 다 밝히지 않아도 됩니다. 그러면 영적 아버지인 사제는 고백한 죄와 관련하여 신자가 앞으로 영적인 투쟁을 잘해나갈 수 있도록 영적인 조언과 충고를 해주고 고백자가 무릎을 꿇게 한 다음 '용서의 기도문'을 읽어줍니다.

고백성사에서 고백한 내용은 고백자와 고백 사제만 알고 있는 완벽한 비밀로 남습니다. 고백 사제의 가장 중요한 의무는 고백성사에서 들은 것을 절대 다른 사람에게 전달하지 않아야 한다는 것입니다. 또한 고백자도 고백 사제에게 무엇을 고백했는지 다른 사람에게 말하지 않아야 합니다. 물론 죄로 인해 다른 사람에게 피해를 주거나 상처를 주었다면 그것을 회복시켜 주어야 합니다. 다른 사람과 적대적인 감정을 주고받았다면, 그에게 용서를 구하고 또 그를 조건 없이 용서해 주어 다시 화해해야 합니다. 이렇게 하여 회개는 완성되고 신자의 영혼은 완벽하게 다시 깨끗한 본래의 상태로 회복됩니다.

여기서 한 가지 더 확실하게 강조하고 싶은 것은, 신자들은 어떤 경우에도 영적 아버지와의 관계를 단절하지 말아야 하고, 지속적으로 교류해야 한다는 것입니다. 고백성사를 통해서만이 아니라 일상적으로 늘 영적 아버지와 관계를 맺어나가면서, 삶의 모든 문제를 영적 아버지의 도움과 조언을 통해 헤쳐 나가야 합니다. 우리의 삶에서 영적이지 않은 것은 아무 것도 없기 때문입니다. 그리고 영적 아버지는 우리의 삶을 영적으로 지도해 줄 능력과 은총을 하느님으로부터 받은 존재임을 깊이 인식해야 합니다. 높은 산을 등산할 때 등산로를 잘 알고 있는 안내자가 필요합니다. 그것은 단지 등산의 과정에서 만날 위험으로부터 우리를 보호하기 위한 것일 뿐만 아니라 산 정상까지 가장 안전하고 확실하게 올라갈 수 있기 위해서입니다. 이처럼 영적인 등정에 나선 모든 그리스도인도 영적인 등정의 경험이 풍부한 영적 아버지의 지도가 반드시 필요합니다.

거룩한 신자의 모습

에기나의 성 넥타리오스

주님의 은총으로 거룩하게 된 신자는 죄의 악취로부터 깨끗해지고
어두운 욕망들로부터 자유로워진 사람입니다.
모든 미덕들로 장식한 사람입니다.
투쟁을 통해, 또한 하느님의 능력을 통해,
하느님의 형상에서 하느님과의 닮음으로 전진해나가는 사람입니다.
땅에서 살지만 하늘 시민의 모습을 보여주는 사람입니다.
세속적인 욕정으로부터 모두 해방되어,
하늘의 권세들과 연합된 사람입니다.
인간의 자연적 상태 안에서 이미 하느님의 은총으로 충만한 사람입니다.
그의 행실은 빛나고 내면 세계의 빛이 그 얼굴에서 빛나는 사람입니다.
아름다움, 선함, 정의로움, 진리를 위해서 일하는 일꾼입니다.
마음을 다해서 주님의 계명을 사랑하는 사람이며
삶 속에서 어김없이 실천하는 사람입니다.
자신의 뜻을 하느님의 뜻에 맞추는 사람입니다.

영적 단련과 끊임없는 기도를 통해서
하느님께서 좋아하실 일만 하려는 사람입니다.
행동은 늘 소박하고, 누구에게도 원한을 품지 않는 사람입니다.
하느님을 향한 뜨거운 사랑의 마음이
그의 행동에 나타나는 사람입니다.
사막이든, 사람들 속에서든, 사회 속에서든
끊임없는 영적 단련으로 미덕을 쌓기 위해 분투하여
빛나는 승리의 월계관을 쓴 사람입니다.
나이와 상관없이, 하느님의 뜻만을 추구한 그 삶으로부터
거룩한 빛이 흘러나오는 사람입니다.
그리스도의 친구, 하느님의 거룩한 사람,
성인이라고 불리는 사람입니다.
올바른 믿음을 지키는 사람입니다.
자선 행하기를 좋아하고, 늘 자비로워,
자신의 몸과 같이 이웃을 사랑하는 사람입니다.
영적 미덕의 단련으로 승리자가 된 사람입니다.
하늘의 것을 추구하고
하느님의 아름다움을 무엇보다 좋아하는 사람입니다.
하느님께서 덮어 감싸 주시니 명예와 영광으로 빛나는 사람입니다.
그의 삶을 통해서 땅과 하늘을 연결시킨 사람입니다.
미래에 받게 될 하늘의 영광이 벌써부터 얼굴에서 빛나는 사람입니다.
하늘 왕국의 상속자로 안전하게 인정받은 사람입니다.

(성 넥타리오스 전집 5권 415-417쪽)

제3부

정교회 신자는 어떻게 하느님을 예배하는가?

제 33 장
정교 예배

- 기도의 필요성과 소중함에 대해서 말씀하셨습니다. 정확하게 우리는 언제 어떤 내용으로 기도해야 합니까?

이미 말씀드린 대로 우리 마음과 영혼은 본래부터 하느님과 대화하고자 하는 열망을 가지고 있습니다.

> 암사슴이 시냇물을 찾듯이, 하느님, 이 몸은 애타게 당신을 찾습니다. 하느님, 생명을 주시는 나의 하느님, 당신이 그리워 목이 탑니다. 언제나 임 계신 데 이르러 당신의 얼굴을 뵈오리이까?
> (시편 42:1-2)

이러한 목마름으로 신자의 영혼은 하느님을 갈망하면서 하느님과 계속해서 대화하길 원합니다. 앞에서도 잠깐 언급했듯이 끊임없이 하느님과 대화하는 가장 좋은 방법, 가장 힘있는 기도는 바로 계속해서 입술로 또는 머릿속에서 반복하여 드리는 '예수기도'입니다. '예수기도'는 "주 예수 그리스도, 하느님의 아들이시여, 죄인인 저를 불쌍히 여기소서"라는 단문으로 된 기도를 끊임없이 반복하여 드리는 기도입니다.

또 하느님의 은총을 느낄 때마다 "나의 주님, 감사드립니다"라고 기도하고, 어려움에 처할 때마다 "주님, 저를 도와 주십시오"라고 기도할 수 있습니다. 이렇게 하면 우리 삶의 모든 순간마다 우리 주님의 현존을 느낄 수 있게 되고, 그러면 우리 인생은 날마다 꿀처럼 달콤하게 됩니다. 주님께서는 승천하시기 직전에 우리에게 약속해주셨습니다.

> 내가 세상 끝날까지 항상 너희와 함께 있겠다. (마태오 28:20)

언제 어디서나 드릴 수 있는 이런 짧은 기도 외에도, 우리 영혼은 특별히 시간을 내어 조용하고 은밀한 공간에서 오직 하느님과 단독으로 만나 이야기할 필요가 있습니다. 주님께서도 골방에 들어가서 다른 사람이 보지 않도록 은밀하게 기도하라고 하셨습니다. 이와 같은 기도에 가장 적절한 시간은 아침에 일어났을 때, 그리고 일을 시작하기 전과 잠자기 직전의 시간입니다. 이때 우리는 마음의 문을 열고 하늘의 천사들처럼 하느님께 찬양을 올립니다. 아버지와 같은 사랑으로 주님께서 우리에게 베풀어주신 모든 것에 대해 감사드립니다. 선을 행했어야 함에도 그러지 못했거나, 하지 말아야 할 말과 행동을 했다면, 이 모든 것을 용서해 달라고 주님께 간청합니다. 지극히 선하시고 전지전능하신 하느님께 우리가 필요로 하는 것, 우리의 여러 가지 문제, 이웃의 문제, 그리고 세상의 문제들을 아뢰고, 주님의 도우심과 자비를 간청합니다. 주님을 사랑하는 자의 청을 주님께서는 물리치지 않으시고 사랑과 자비로 귀 기울이시며 가장 선한 방법으로 들어주시리라는 확실한 믿음을 가지고, 마음에 숨김이 없이 모든 것을 솔직하게 털어놓습니다.

우리 자신의 원하는 응답을 기다리고 기대하기보다는, 우리보다 우리를 더 잘 아시고 우리에게 유익한 것이 무엇인지 가장 잘 아시는 주님께 모든 것을 맡기고 기도해야 합니다. 자애로우신 주님께서는 약속하신 것을 꼭 지키시는 분이십니다. 주님께서 분명히 말씀하셨습니다.

> 누구든지 구하면 받고, 찾으면 얻고, 문을 두드리면 열릴 것이다.
> (마태오 7:8)

주님께서 우리 기도에 응답해주시지 않는다면 그 이유는 무엇일까요? 우리 기도를 들어 주실 능력이 하느님께 없기 때문일까요? 그렇지 않습니다. 하느님께서는 전지전능하신 분이십니다! 그렇다면, 우리 곁에서 우리를 도와주시길 원치 않으시는 걸까요? 그렇지 않습니다. 주님께서는 지극히 선하시고 자애로우신 분이십니다! 그분은 완전한 사랑이시고, 그 사랑 때문에 우리를 구원하시기 위해 십자가에까지 오르신 분이십니다! 이런 의문과 의심이 드는 것은 다 하느님께서는 언제나 우리에게 가장 좋은 것을 주신다는 것을 믿지 못해서입니다. 우리 자신이 원하는 것을 얻고자 하기 때문입니다.

정교 그리스도인의 기도는 '거지'처럼 구걸하는 것이 결코 아닙니다. 주님께서 말씀하신 것처럼, 하느님 아버지께서는 우리가 기도하기 전에도 이미 우리에게 무엇이 필요한지 다 알고 계십니다. 그러므로 기도할 때는 항상 주님의 이 말씀을 명심하고 기억해야 할 것입니다.

> 너희는 먼저 하느님의 나라와 하느님께서 의롭게 여기시는 것을 구하여라. 그러면 이 모든 것도 곁들여 받게 될 것이다.
> (마태오 6:33)

또 기도할 때, 우리는 우리 각자의 자유로운 기도 외에도 교회의 유구한 전통에서 다듬어지고 실천되어 온 영감 넘치는 기도문들을 사용합니다. 이 기도문들은 주로 성당에서 거행되는 거룩한 예식에서 사용됩니다. 대표적인 기도문들을 살펴보겠습니다. 먼저 아래의 기도문은 거의 모든 예식의 시작을 알리는 기도입니다.

성부와 성자와 성령의 이름으로 아멘.

우리의 희망이신 하느님이시여, 당신께 영광을 돌리나이다.

하늘의 임금이시여, 위로자시여, 진리의 성령이시며, 어디에나 현존하시며, 온갖 것을 채워 주시는 이여, 행복과 생명을 주시는 이여, 오시어 우리 안에 머무르시어, 우리의 불결하게 된 모든 것을 깨끗하게 하시고, 선하신 이여, 우리 영혼을 구원해 주시옵소서. 아멘.

거룩한 하느님이시여, 거룩하고 전능하신 이여, 거룩하고 영원하신 이여, 우리를 불쌍히 여기소서. (세 번)

영광이 성부와 성자와 성령께 이제와 항상 또 영원히 있나이다. 아멘.

지극히 거룩하신 삼위일체여, 우리를 불쌍히 여기소서.
주여, 우리의 죄를 사해 주소서.
주여, 우리의 잘못을 용서해 주소서.
거룩하신 이여,
오셔서 당신의 이름으로 병들고 약한 우리를 낫게 해 주소서.

주여, 불쌍히 여기소서. (세 번)

영광이 성부와 성자와 성령께 이제와 항상 또 영원히 있나이다. 아멘.

하늘에 계신 우리 아버지, 아버지의 이름이 거룩하게 하시며, 아버지의 나라가 오게 하시며, 아버지의 뜻이 하늘에서와 같이 땅에서도 이루어지게 하소서. 오늘 우리에게 필요한 양식을 주시고, 우리가 우리에게 잘못한 이를 용서하듯이 우리의 잘못을 용서하시고 우리를 유혹에 빠지지 않게 하시고 악에서 구하소서. 아멘.

이 기도문은 먼저 하느님의 이름을 부르고, 그 이름에 영광을 돌리며 시작합니다.

다음으로 드리는 첫 번째 기도 "하늘의 임금이신 … "은 '성령께 바치는 기도'입니다. 우리 안에 성령이 오시길 간구하면서, 우리를 죄짓게 만드는 모든 환경에서 우리를 건져주시고, 또 죄로 말미암은 우리의 모든 불결한 것들을 깨끗하게 해 달라고 기도합니다. 우리가 순결한 마음을 얻게 될 때에야 비로소 하느님과의 살아있는 교제, 생명을 가져다주는 교제가 가능해지기 때문입니다. "마음이 깨끗한 사람은 하느님을 볼 것이다"라고 주님께서 말씀하셨듯이, 그런 깨끗한 마음으로 드리는 기도라야 성 삼위 하느님께 상달되기 때문입니다.

그 다음에는 '삼성 기도'가 드려지는데, 이 기도는 바로 예언자 이사야에게 계시된 천상의 찬양, 즉 천상의 거룩한 천사단이 하느님의 옥좌 앞에서 끊임없이 부르는 '거룩 삼창', 즉 "거룩하시다, 거룩하시다, 거룩하시다. 만군의 주님, 그의 영광이 온 땅에 가득하시다"(이사야 6:3)에서 따온 기도입니다.

이 구절에 내용을 보충하여 "거룩한 하느님이시여, 거룩하고 전능하신 이여, 거룩하고 영원하신 이여, 우리를 불쌍히 여기소서"라고 세 번 반복하여 기도드리는데, 이렇게 세 번 반복하여 드리는 이유는 이 기도가 성부 성자 성령 삼위일체 하느님의 세 위격에 바쳐지는 기도이기 때문입니다. '거룩'이라는 단어를 세 번 반복하기 때문에, 이 기도를 노래로 드릴 때는 '삼성송'이라고 부릅니다.

그 다음에는 '소(小)영광송'(이보다 더욱 긴 '대'영광송 기도문도 있습니다), "영광이 성부와 성자와 성령께 이제와 항상 또 영원히 있나이다. 아멘"이라는 기도문이 나오는데, 이 기도문은 성 삼위일체 하느님의 세 위격께 바쳐집니다. 영광송은 모든 예식과 기도문에 포함되는데, 정교 그리스도인은 이를 통해서 언제나 하느님께 영광을 돌립니다.

  정교 신자는 하느님의 위대함과 완벽한 거룩함 앞에서 항상 죄인임을 느끼고, 그래서 하느님께 용서를 구합니다. 이렇게 우리 모두가 하느님 앞에서 죄인임을 자각하는 깊은 통회와 슬픔의 감정은 이사야 예언자가 하느님의 현존 앞에 있음을 깨달았을 때 그의 입에서 터져 나왔던 고백과 일치합니다.

> 큰일 났구나. 이제 나는 죽었다. 나는 입술이 더러운 사람, 입술이 더러운 사람들 틈에 끼여 살면서 만군의 주님, 나의 왕을 눈으로 뵙다니. (이사야 6:5)

  그래서 신자는 성삼위에게 기도를 바치면서 용서와 자비를 구합니다.

> 지극히 거룩하신 삼위일체여, 우리를 불쌍히 여기소서.
> 주여, 우리의 죄를 사해 주소서.
> 주여, 우리의 잘못을 용서해 주소서.
> 거룩하신 이여,
> 오셔서 당신의 이름으로 병들고 약한 우리를 낫게 해 주소서.

  마지막 부분에서는 우리 주 예수 그리스도께서 우리에게 가르쳐 주신 '주의 기도'를 드립니다. 이 기도를 통해서 우리는 하느님 아버지께 피난하여 모든 것을 그분께 맡기고 위탁하는 삶을 살고자 합니다.

  이렇게 여러 가지 짧은 기도문을 연결하여 드리는 이 '시작 기도'는 아주 깊고 넓은 의미를 담고 있습니다. 신자들은 성당에서 거행되는 예식뿐만 아니라 개인적인 기도생활에서도 이 '기도문'을 사용할 수 있습니다. 예를 들어 아침 저녁으로 이 기도문으로 기도드릴 수 있고,

시간이 허락된다면 적당한 시편을 추가하여 기도드릴 수 있습니다.

구약성경의 한 책인 『시편』에는 다양한 주제와 내용을 담고 있는 시편들이 있는데, 그것은 사람의 영혼이 겪게 되는 거의 모든 상황과 필요에 부합합니다. 어떤 시편은 하느님을 향한 찬양과 영광을 표현하기도 하고, 주님께서 주신 모든 선에 대한 감사와 회개를 표현하기도 하며, 적으로부터 혹은 자연재해와 같은 온갖 위험으로부터 보호해 달라는 간청을 포함하기도 합니다. 또 어떤 시편은 참 메시아이신 주 예수 그리스도를 예시하기도 하고, 그분의 사랑, 그분에 대한 헌신, 하느님 말씀에 대한 사랑의 고백 등의 주제를 다루고 있습니다. 그러므로 각 신자의 영적 필요에 따라 적절한 시편을 골라 기도하듯 낭독할 수 있습니다.

또한 교회에서 발행한 『정교회 소기도서』를 가지고 아침과 저녁 기도를 드릴 수 있고, 상황에 따라 필요한 기도문을 택하여 기도드릴 수 있습니다.

성체성혈을 받고자 할 때는, 미리 전날부터 몸과 마음을 깨끗이 하고 「성체성혈을 받기위한 특별 기도문」으로 기도하면서 준비합니다. 성체성혈을 영한 후에는 '영성체 후에 드리는 감사의 기도문'으로 기도드립니다.

교회의 거룩한 기도 예식에서 날마다 읽는 여러 시편 중 하나는 시편 23편입니다. 이 시편은 하느님의 도우심과 보호하심에 대한 믿음을 고백합니다. 이런 시편들을 암기하여 수시로 기도생활에 사용할 수 있습니다.

주님은 나의 목자, 아쉬울 것 없어라.
푸른 풀밭에 누워 놀게 하시고 물가로 이끌어 쉬게 하시니
지쳤던 이 몸에 생기가 넘친다.
그 이름 목자이시니 인도하시는 길, 언제나 곧은 길이요,

나 비록 음산한 죽음의 골짜기를 지날지라도
내 곁에 주님 계시오니 무서울 것 없어라.
막대기와 지팡이로 인도하시니 걱정할 것 없어라.
원수들 보라는 듯 상을 차려주시고,
기름 부어 내 머리에 발라주시니, 내 잔이 넘치옵니다.
한평생 은총과 복에 겨워 사는 이 몸,
영원히 주님 집에 거하리이다. (시편 23편)

또 매 시과 때마다 드리는 아름다운 기도문이 있는데, 시과 때마다 드린다 하여 '시과 기도문'이라 합니다.

그리스도 우리 하느님이시여, 주는 하늘과 땅에서 사시사철 매 시간마다 경배와 영광을 받으시는 이시며 오래 참으시고 정다우시고 자비로우시며, 미래의 축복의 약속으로 우리 모두를 구원에로 부르시나이다. 오! 주여, 이 시간에 우리의 간청을 받아 주시고 우리 생활을 주의 계명에 따라 지시하소서. 우리 영혼을 성화하시고 우

선한 목자, 모자이크 5세기
갈라플라키디아 영묘, 라벤나, 이탈리아

리 육체를 깨끗하게 하시고 우리 생각을 바로 잡아 주시고 우리 마음을 정화하시고 우리를 온갖 시련과 악과 질병에서 구하소서. 주의 거룩한 천사들로 하여금 우리를 둘러싸 방패로 보호하고 이끌게 하시어, 우리로 하여금 신앙의 일치를 이루고 주님의 범접할 수 없는 영광의 지식에 온전히 통달케 하소서. 주는 영원히 찬미되시나이다. 아멘.

저녁에 드리는 예식 중에서는 석후과(저녁 식사 후 하루 일과를 마감하며 드리는 기도예식)의 마지막에 나오는 기도문이 특별히 아름답고 영적입니다. '성모님에게 올리는 기도', '주 예수 그리스도에게 올리는 기도' 그리고 「수호천사에게 드리는 기도」입니다.

성모님께 올리는 기도

오! 성모여, 하느님의 다리시여, 흠 없고 청렴하고 더 없이 순결하며 결백한 동정녀시여, 당신은 경이로운 수태로 하느님이신 말씀을 인류와 결합시키시고 우리의 타락한 본성을 천상 사물과 맺어 주셨나이다. 희망 없는 이들의 유일한 희망이요, 침해당하는 이들의 원군이시며, 당신께 피하는 이들을 신속히 보호하시는 이시며 모든 그리스도인들의 피난처이시여, 내가 비록 부끄러운 생각과 말과 행위로 쓸모없음이 판명되고 나태로 인해서 현세 육정의 종이 되었사오나 나를 저주받은 죄인으로 내치지 마소서. 자애로우신 하느님의 어머니이시니, 죄인이요 탕아인 나를 따뜻하게 동정하시고 비록 깨끗지 못한 입술로 바치는 기도이나마 받아주소서. 어머니의 자격으로, 우리 주님이시요 스승이신 당신의 아들에게 청하시어 그분으로 하여금 내게 선과 자비를 내리셔서 내 무수한 죄과를 눈감아 주시고 나를 회개하게 하시며 그분의 계명들을 정성껏 실천하는 자로 만드시게 하소서. 당신은 자비로우시고 인정 많으시고 온유하시니 항상 내 곁에 계셔주소서. 현세에서는 심심한 원조와 보호로 원수들의 공격에서 나를 지켜 주시고 구원으로 이끌어 주시며, 내 죽음의 시간에는 내 불쌍한 영혼을 보살펴 주시고 악마들의 암울한 환상에서 멀리 떼어놓아 주시며, 두려운 심판의 날에는 영원한 지옥의 벌을 면하게 해 주시고 당신 아들 우리 하느님의 비길 데 없는 영광의 상속자가 되게 하소서. 오! 성모여, 지극히 거룩하신 테오토코스여, 당신의 중보와 보호로, 그리고 우리 주님이시요 하느님이시며 구세주 예수 그리스도이신 당신의 외아들의 은총과 자비로 이루어지게 해주소서. 영원하신 성부와 지극히 거룩하시고 의로우시며 생명을 주시는 성령과 함께 그분께 이제와 항상 또 영원히 모든 영광과 영화와 찬미가 있으리이다. 아멘.

주 예수 그리스도께 올리는 기도

오 스승이시여! 우리가 잠자리에 들 때, 영혼과 육신의 안식을 주시고, 암울한 죄의 잠과 온갖 어두운 밤의 쾌락에서 우리를 지켜 주소서. 육정의 충동을 가라앉히시고 우리에게 위태롭게 날아드는 격렬한 악의 창살을 꺾어 주소서. 육체의 동요를 억제해 주시고 모든 악에 속하는 세속적인 생각들을 진정시켜 주소서. 오! 하느님이시여, 우리에게 신중한 정신과 분별 있는 이성과 경계하는 마음을 주시어 온갖 사악한 상상에서 벗어나 평온히 잠들게 하소서. 그리고 기도 시간에 우리를 일으키시어 주님의 정의를 되새기게 하소서. 밤새 주님의 영화를 보이시어 우리로 하여금 성부와 성자와 성령의 지극히 영화롭고 위대한 이름을 이제와 항상 또 영원히 찬미하고 찬양하게 하소서. 아멘

수호천사에게 드리는 기도

우리와 일생을 같이해 주시는 거룩한 천사여, 이 죄인을 멀리하지 마소서. 만일 당신이 내 마음에서 떠나신다면 내 마음의 빈자리를 악마가 차지하고 온갖 흉계로 나를 지배코자 할 것이니 나를 떠나

지 마시고 내 손을 이끌어 구원의 길로 인도하여 주소서. 하느님의 거룩한 천사여, 당신은 우리 영혼과 육신의 수호자이시나니, 내가 지난날 당신을 걱정케 한 일들과 오늘 지은 여러 가지 죄들을 용서하소서. 그리고 이 밤에도 악마의 침범에서 감싸주시어 하느님의 꾸중을 받지 않도록 하소서. 그리고 언제나 하느님을 두려워하는 하느님의 선한 믿음을 가진 종의 자세를 잃지 않도록 간구하여 주소서. 아멘.

정교 신자는 가족이 다함께 모여서든 아니면 혼자서든 식사할 때 언제나 '식사 전 기도'와 '식사 후 기도'를 드립니다.

식사 전 기도

그리스도, 우리 하느님이시여, 당신은 거룩하시나니, 우리의 음식을 축복하여 주소서. 아멘

식사 후 감사기도

그리스도, 우리 하느님이시여, 주님 땅의 선물로 우리를 만족시켜 주심에 감사드리나이다. 우리를 하늘의 왕국에서 빼놓지 마옵시고, 사도들 가운데 오셔서 그들에게 평화를 주신 것처럼 우리에게도 오셔서, 우리를 구원해 주시옵소서. 아멘.

매일 모든 가족이 다 모여 식사할 수는 없다 해도, 적어도 가족들이 함께 모여 식사할 때는 이 식사 기도를 드리고 식사하는 것이 필요합니다. 이렇게 할 때, 가족 구성원들 사이에 또 가족과 하느님 사이에 올바른 관계가 정립되고 친밀한 교제가 일어나며, 가족의 연대감과 사랑이 더욱 강화됩니다.

전통적으로 정교 그리스도인의 집에는 가장 훌륭한 방에 주님과

성모 마리아 그리고 소속된 지역 성당의 수호성인 그 밖에 여러 주제의 성화를 진열해 놓은 성상대가 있습니다. 그 앞에 등잔을 켜고 주로 잠자기 전 기도 시간에 온 가족이 모여 기도드립니다. 그리고 크고 작은 축일이나 주일을 기념하여 각 가정에 준비된 향로, 향, 숯을 가지고 성화들에 분향을 합니다. 이런 가정 예식들은 가족 구성원 모두의 마음과 영혼을 하늘 높은 곳으로 향하게 해주고 하느님을 향한 믿음과 사랑을 더욱 증진시켜 주는 데 도움을 줍니다.

또 가정 성수식 때나 가족 중 큰 병에 걸린 사람이 있어서 성유성사가 필요할 때도, 사제를 모시고 온 가족이 성상대 앞에 모여 이 예식을 거행할 수 있습니다. 또 아기가 탄생했다거나, 가족 중 누군가의 축일일 때나, 그 밖의 어떤 경사나 중요한 알림 사항이 있을 때도, 다른 어떤 공간보다도 바로 이 성상대가 있는 공간을 사용합니다. 이를 통해 우리의 모든 삶이 하느님의 섭리 안에 있음을, 또 삶의 모든 차원이 신앙 안에, 교회 생활 안에, 거룩함을 향한 여정 안에 있음을 고백하고 표현하는 것입니다. 그렇게 할 때, 신자 각자의 가정은 거룩해지고, "그 집에 모이는 교회"(골로사이 4·15, 필립보 2장)리 했듯이, 하나의 작은 가정 교회를 이루게 되는 것입니다.

제 34 장
거룩한 매일 예식

■ 정교회 성당에서 매일 거행되는 거룩한 예식은 어떤 것이 있습니까?

구약성경 시대 때부터 숫자 7은 '완벽함'을 상징하였고, 여러 가지 의미로 사용되었습니다. 시편 작가는 "당신의 옳은 판결 찬송하오니 하루에도 일곱 번씩 찬양합니다"(시편 119:164)라고 노래했습니다. 이로부터 하루 전체를 기도로 성화하기 위해, 하루 24시간을 위한 일곱 개의 거룩한 예식이 만들어졌습니다. 처음에는 이 매일 예식은 수도원에서만 거행되었습니다. 수도자들은 예배와 기도에 헌신된 이들이기 때문에, 그것은 충분히 가능했습니다. 하지만 이 매일 예식은 세월이 흐르면서 세상 속에 있는 성당에서도 거행되게 되었고, 그에 따라 신자들이 참여할 수 있을 정도의 내용과 시간으로 축약하여 만든 수정된 예식이 거행되기 시작했습니다.

한 가지 보충 설명을 하자면, 정교회는 성경에 근거를 둔 비잔틴 전통에 따라 오늘날까지도 하루 예식의 시작 시점을 저녁 해 질 녘으로 삼습니다. 그러므로 매일 예식의 하루는 자정에 시작되는 것이 아니라, 그 전날 저녁 해 질 녘에 드려지는 만과(저녁 기도 예식)에서 시작됩니다. 그래서 교회의 축일은 언제나 그 전날의 대만과에서 시작됩니다. 예를 들어 주님의 부활을 경축하는 매주 주일 예배는 토요일 저녁 대만과에서부터 시작합니다.

그럼 이제 정교회 예식서 중 하나인『매일 예식서』에 포함되어 있는 매일 예식들의 내용을 살펴보겠습니다.

• 만과

만과(晩課)라고 하는데 그 이유는 해 질 녘에 드리는 예배이기 때문입니다. 앞에서 잠깐 설명한 것처럼, 만과는 저녁부터 시작하는 하루 24시간의 첫 번째 기도 예식입니다. 예식의 첫 순간에 봉독되는 시편 104편은 세상 창조 안에 드러난 하느님의 놀라운 지혜와 섭리를 찬양합니다. 이 시편은 또한 하루의 모든 예식에서 봉독되는 시편들과 기도들의 맨 첫 자리를 차지하고 있고, 하루의 예식을 여는 의미를 가지고 있기 때문에 "서두, 서문"을 뜻하는 "쁘로이미아코스"라고 불립니다. 대만과 예식의 중간 부분에 부르는 "화사한 빛"[20] 성가는 4세기에 만들어진 곡으로, 저녁 해가 찬란하게 지는 것을 보면서 성 삼위일체 하느님과 세상의 빛이신 그리스도를 찬양한다는 내용입니다. 또한 '화사한 빛' 성가 직전에는 "주여, 당신께 호소하오니, 어서 오소서. 소리 높여 당신께 부르짖을 때 이 호소를 들으소서. 나의 기도 분향으로 받아 주시고, 지켜 든 손 저녁의 제물로 받아 주소서"라는 시편 141편을 분향과 함께 찬양으로 부르며 기도가 드려집니다. 이 밖

---

20 거룩하시고 영원하신 하느님 아버지의 화사한 빛이신 예수 그리스도시여, 우리는 지는 해를 향하여 석양을 보며 성부와 성자와 성령이신 하느님을 찬양하나이다. 언제나 즐거운 마음으로 주님을 찬양함이 마땅하도다. 생명을 주시는 하느님 예수 그리스도시여, 그러므로 모든 세상은 주님께 영광을 바치나이다.

에 여러 성가들, 기도문들, 예식의 몸짓들은 이제 어둔 밤을 맞이하는 우리들이 빛이신 그리스도를 갈망하고 흠숭하는 간절한 마음을 표현합니다.

• 석후소과

이 예식은 명칭 그대로 식사 후에 드리는 기도입니다. 일 년 중 며칠은 다른 거룩한 예식과 연결하여 거행합니다. 또 이 기도는 짧아서 각 신자들이 집에서 잠자기 전에 올리는 기도이기도 합니다. 평상시에는 석후소과를 드리지만, 사순절에는 좀 더 길고 장엄한 석후대과를 드립니다.

• 심야과

'심야과'는 말 그대로 한밤중에 드리는 기도 예식입니다. 성경에 나오는 '열 처녀의 비유'에서 주님은 한밤중에 오시는 '신랑'이십니다. 이것은 '교회의 신랑'이신 그리스도께서 최후의 심판 때 한밤중에 다시 오실 것임을 암시합니다. 그러므로 주님께서 도둑같이 한밤중에 갑자기 재림하실 때, 어리석은 처녀들처럼 잠자고 있지 않기 위해, 교회는 매일 한밤중에 깨어 일어나 기도를 드리도록 이 기도 예식을 제정했던 것입니다. 그래서 심야과에서는 주님의 이 비유 말씀에 착안하여, 다음과 같은 내용의 성가를 부르거나 혹은 낭독합니다.

> 볼지어다. 교회의 신랑이 한밤중에 오시나니 뜬눈으로 있는 자는 복되리오. 게으른 자는 합당치 못하리라. 내 영혼아, 죽음에 처함과 하늘나라 밖에 갇힐까 두려워 깨어 일어나 부를지어다. 거룩하시고 거룩하시고 거룩하신 하느님이시여, 테오토코스를 통하여 우리를 불쌍히 여기소서.

• 조과 그리고 1시과

　조과(朝課)는 단어가 말해주듯이 이른 아침에 올리는 기도 예식입니다. 새벽 동틀 무렵에 시작해서 동쪽에서 해가 뜰 즈음에 끝납니다. 그래서 이 예식의 마지막 부분에서는 우리의 참 빛, 우리의 태양이신 성삼위 하느님께 "지극히 높은 곳에서는 하느님께 영광이요 … "로 시작되는 대영광송을 노래로 부르거나 낭독하여 바칩니다.

　조과 후에는 이어서 1시과를 드립니다. 주 예수 그리스도 시대 때는 낮과 밤을 나누어 시간을 정했고, 그래서 새벽 1시가 오늘날처럼 한밤중에 시작하지 않고 해가 뜰 때 시작했습니다. 그래서 교회는 해가 떠올라 새로운 하루 일과를 시작하는 이 시간, 즉 1시에 기도를 드리도록 정했고, 명칭을 1시과라 한 것입니다. 1시과 예식에서는 시편 5편, " … 주여, 당신은 아침 기도를 들어주시기에 이른 아침부터 제물 차려 놓고 당신의 처분만을 기다리고 있습니다. … "를 비롯한 시편을 봉독하고, 성가와 기도를 바칩니다. 그리고 마지막으로 이 기도문을 바치고 예식을 끝냅니다.

> 참 빛이신 그리스도시여, 세상 모든 사람들을 밝혀 주시고 거룩하게 하시는 이여, 우리들에게 당신의 빛을 밝히시어 그 안에서 하루를 보내며 우리가 행하는 모든 일이 당신의 뜻을 따르게 하소서. 당신의 거룩하신 어머니와 성인들의 중보로 우리를 바르게 인도하시어 당신의 가르침을 지키게 하소서. 아멘.

　이 기도문은 참으로 아름답습니다. 이 기도문은 짧아서 쉽게 외울 수 있으니 외워서 하루 일과를 시작하기 전에 바칠 수 있습니다.

• 3시과

　앞에서도 말한 것처럼, 비잔틴 시간으로 3시는 오늘날 아침 9시 경에 해당합니다. 사도행전 2장 15절에서도 알 수 있듯이, 오순절 성령강림의 날, 바로 이 시간에, 예루살렘의 이층 방에 모여 기도하고 있던 거룩한 사도들과 모든 제자들에게 성령이 임했습니다. 그래서 3시과는 오순절 성령강림의 사건을 기억하면서 이렇게 기도합니다.

> 주여, 당신은 제3시에 사도들께 지극히 거룩한 성령을 보내셨나니, 선하신 이여, 당신께 간구하는 우리들 안에도 머물게 하소서.

• 6시과

6시는 오늘날 정오 12시 경에 해당합니다. 거룩한 복음경(루가 23:44)에서 알 수 있듯이, 우리 주 예수 그리스도께서는 바로 이 시간에 골고타 산에서 십자가에 못 박히셨습니다. 세상 역사의 대전환점이 된 이 사건을 6시과의 한 성가는 이렇게 표현했습니다.

> 낙원에서 아담이 감히 저지른 죄를 제6일(금요일) 6시에 십자가에 못 박으신 그리스도 우리 하느님이시여, 우리 죄의 기록도 찢어 버리시고 우리를 구원하소서.

그리고 마지막에 이 기도문으로 6시과를 마칩니다.

> 만군의 주님이시고 세상 만물의 창조주이신 하느님 아버지시여, 비할 바 없는 자비와 인자하심으로 당신의 외아들이신 우리 주 예수 그리스도를 세상에 보내셨음은 우리 백성을 구원하기 위함이었으며, 존귀한 십자가로 말미암아 우리 죄의 기록이 찢어지고 암흑의 근원과 권세가 멸망되었음에 간구하오니, 우리 기도를 받아 주소서. 우리를 죄와 타락에서 건져주시고 우리를 파멸로 몰고 있는 악에서 보호하시고 또한 보이지 않는 모든 적들로부터 구하여 주옵소서. 당신을 두려워함으로써 육신의 욕정을 짓누르게 하시고 우리의 생각과 말이 간교하거나 악에 기울지 않게 하시고 우리 마

음이 오직 당신만을 향한 열렬한 사랑으로 불타게 하소서. 그럼으로 우리가 언제나 당신을 바라보며 당신의 빛 가운데서 인도되고 시초 없는 아버지와 당신의 외아들과 거룩하시고 생명을 베푸시는 성령께, 끊임없이 찬양과 감사를 드리게 하소서. 아멘.

- **9시과**

9시는 오후 3시를 말합니다. 이 시간은 십자가에 달리신 예수님께서 아버지 하느님께 영혼을 바치시고 죽으신 시간입니다. 복음경은 이렇게 전합니다.

> 오후 세 시에 예수께서 큰소리로 "엘로이, 엘로이, 레마 사박타니?" 하고 부르짖으셨다.(마르코 15:34)

그래서 9시과에서는 메시아의 박해를 예언하고 있는 시편이 봉독됩니다.

> 저녁에, 아침에, 한낮에 내가 신음하며 호소하오니 이 울부짖음을 들어주소서. (시편 55:17)

> 공정하신 그 판결들, 한밤중에 일어나 감사 기도 드립니다.
> (시편 119:62)

그리고 우리는 이렇게 기도합니다.

> 주는 우리를 위해 제9시에 육신의 죽음을 당하셨나니, 그리스도 하느님이시여, 우리 육신의 탐욕을 죽여주시고 우리를 구원하소서.

제 35 장
성찬예배

■ 정교회의 거룩한 예식들 중에서도 가장 중요한 예식은 무엇입니까?

　모든 예식들 중에서 가장 중요한 예식은 성찬예배입니다. 성찬예배는 지금까지 언급한 예식과 같은 위상을 지닌 또 하나의 예식이 결코 아닙니다. 그것은 정교회 예배의 중심이고 절정이 되는 예식입니다. 비유로 말하자면 성찬예배는 빛나는 태양과 같습니다. 태양이 빛과 열을 발산하여 태양 주위를 돌고 있는 행성들에게 보내는 것처럼, 성찬예배는 모든 거룩한 예식에 빛을 비춰줍니다. 다른 예식이나 다른 신비성사는 사실 성찬예배를 준비하는 예비적인 예식이라 할 수 있습니다. 또 어떤 의미에서 성찬예배는 이 모든 예식의 완성이기도 합니다. 또 성찬예배를 몸 전체라고 한다면, 다른 신비성사들, 예를 들어 세례성사, 견진성사 등은 이 몸의 한 기관이라 할 수 있습니다. 각종 예식과 성사를 통해서 신자들은 하나의 절정을 향해 한 계단, 한 계단 상승해 올라가고, 그 상승은 성찬예배가 거행 될 때, 인간 정신으로는 이해할 수 없는 이 위대한 신비, 이 감사의 성찬을 통해 하느님을 만나고 그분과 연합됨으로써 그 절정에 이르게 됩니다.

■ **성찬예배가 무슨 뜻입니까?**

성찬예배를 뜻하는 그리스어 단어 중 하나인 '리뚜르기아(Λειτουρ-γία)'[21]는 두 단어의 합성어입니다. '민중, 백성'이라는 뜻을 가진 '리또스(λεῖτος)'와 '일, 행위, 사업'이라는 뜻의 '에르곤(ἔργον)'의 합성어로, '민중의 일, 백성의 행위, 공동체의 일'이라는 뜻을 담고 있습니다. 즉, 성직자와 평신도를 포함한 모든 백성, 즉 하느님 백성의 일이요, 하느님 백성이 함께 모여 하느님께 행해야 할 마땅한 일, 즉 예배를 뜻하는 것입니다. 이렇듯 성찬예배는 그 구성에 있어서도 예배를 집전하는 주교, 사제, 보제 등 성직자뿐만 아니라, 평신도의 참여를 전제하고 있습니다. 그래서 정교회 교회법은 평신도들의 예배 참여를 배제하고 사제 혼자서 성찬예배를 드리지 못하도록 규정하고 있습니다.

또 '리뚜르기아' 앞에 '거룩한 혹은 신성한'이라는 뜻을 가진 형용사 '티아'를 붙여 성찬예배를 지칭하는데, 이것은 이 예배가 인간이 고안해 낸 여느 기도 예식이나 예배와 달리, 하느님께서 제정하신 예배이고, 하느님께서 친히 주재하시고 영광 받으시는 예배임을 표현합니다.

■ **성찬예배가 어떤 점에서 다른 예식들보다 더 탁월합니까?**

다른 거룩한 예식에서도 우리는 하느님께 찬양과 감사와 간구를

---

[21] 영어의 Liturgy, 루마니아어의 Liturghie, 불어의 Liturgie 등 모두 이 그리스어에서 온 것이다.

드립니다. 또 이 예식들에는 시편, 성가, 기도문이 있어서, 이를 통해서 우리는 하느님과 대화하고 교제합니다. 그리고 이 예식들은 수도자나 평신도, 남자나 여자 할 것 없이, 누구든지, 어디서든 드릴 수 있습니다.

그러나 성찬예배는 지극히 예외적인 경우를 제외하고는 성당이 아닌 곳에서 드릴 수 없습니다. 또 예배를 집전할 수 있는 권한과 은사를 가진 주교나 사제가 없이는 예배를 드릴 수 없습니다. 물론 앞에서도 언급했던 것처럼, 이 예배는 공동체의 행위이기에, 사제뿐만 아니라 신자들의 참여도 전제됩니다.

성찬예배에도 다른 예식들과 마찬가지로 시편, 성가, 기원문, 기도가 있지만, 이것이 전부는 아닙니다. 주님께서 그의 사도들에게 전해주셨고, 그 사도들을 통해서 주님의 교회에 전해진 '일곱 개의 신비성사(7성사)'를 설명할 때 언급했던 것처럼, 성찬예배 때, 가장 위대한 신비요 하느님과 인간의 연합의 신비인 감사의 성만찬 예식, 즉 성체성혈 성사가 거행된다는 점에서, 이 예배는 다른 모든 예식과 성사들보다 더욱 위대하고 탁월한 영적 가치를 지닙니다.

- **성찬예배 때 정확하게 어떤 일이 일어납니까?**

인간의 역사에서 각 시대마다 믿음의 은총에 의해 놀랄 만한 사건들이 실현되었습니다. 인성과 신성을 지니신 우리 주 예수 그리스도의 생명과 인간 구원 사역의 살아있는 현존 또한 그 중 하나입니다.

승천하시기 직전, 부활하신 주님께서는 그분을 둘러싸고 있던 수많은 제자들에게 내가 이 세상 끝날 때까지 너희와 함께, 또 모든 세대의 모든 신자들과 함께 있겠다고 약속하셨음을 우리는 알고 있습니다. 하지만 어떻게 이런 일이 가능할까요? 십자가에 달리시기 전 예수님께서는 제자들과 함께 최후의 만찬을 나누시면서 감사의 성만찬 신비 예식을 거행하셨습니다.

예수님께서는 이 거룩한 만찬에서 사도들에게 "자신의 거룩한 몸과 피(빵과 포도주)"를 나눠주시면서 그들에게도 "오늘 밤 내가 행한 이 예식을 너희들도 행하여라."라고 명하셨습니다.

> 내가 여러분에게 전해 준 것은 주님께로부터 받은 것입니다. 곧 주 예수께서 잡히시던 날 밤에 빵을 손에 드시고 감사의 기도를 드리신 다음, 빵을 떼시고 "이것은 너희들을 위하여 주는 내 몸이니 나를 기억하여 이 예를 행하여라." 하고 말씀하셨습니다. 또 식후에 잔을 드시고 감사의 기도를 드리신 다음, "이것은 내 피로 맺는 새로운 계약의 잔이니 마실 때마다 나를 기억하여 이 예를 행하여라." 하고 말씀하셨습니다." 그러므로 여러분은 이 빵을 먹고 이 잔을 마실 때마다 주님의 죽음을 선포하고, 이것을 주님께서 다시 오실 때까지 하십시오. (I 고린토 11:24-26)

이 말씀은 곧 "감사의 성만찬을 거행할 때마다 나는 지금처럼 그곳에 너희와 함께 있겠다. 지금 너희가 보는 사람의 모습이 아니라, 성체 성혈로 변화된 빵과 포도주의 모습으로 너희와 함께 있겠다. 그 빵은 내 몸이다. 내가 너희를 위해 희생하게 될, 하지만 부활하게 될 내 몸이다. 그리고 성작 안에 있는 포도주는 내 피이다. 세상의 구원을 위해서 십자가 위에서 흘린 내 피이다"라는 의미입니다.

예수께서는 또 이렇게 말씀하셨습니다.

> 정말 잘 들어두어라. 만일 너희가 사람의 아들의 살과 피를 먹고 마시지 않으면 너희 안에 생명을 간직하지 못할 것이다. 그러나 내 살을 먹고 내 피를 마시는 사람은 영원한 생명을 누릴 것이며 내가 마지막 날에 그를 살릴 것이다. 내 살은 참된 양식이며 내 피는 참된 음료이기 때문이다. 내 살을 먹고 내 피를 마시는 사람은 내 안

에서 살고 나도 그 안에서 산다. (요한 6:53-56)

그리고 믿음과 경건함으로 주님의 살과 피를 먹고 마시는 사람, 즉 감사의 성만찬 성사에 참여하여 성체와 성혈을 받아 모시는 사람은 주님과 하나가 되고, 그래서 그 사람 안에 주님이 살고, 그 사람은 주님 안에 살게 될 것이라는 말씀입니다.

주님께서는 부활하신 후에 사십 일 동안 사도들에게 여러 번 나타나셔서 교회를 세우고 이끌어가는 데 필요한 여러 가지 일들을 알려주셨습니다.(사도행전 1:3) 사도들이 그리스도께서 제정하시고 전해주신 이 '감사의 성만찬 신비성사'를 어떻게 거행하고 계승해 왔는지에 대해서는, 예루살렘의 첫 번째 주교이셨던 예수님의 형제『성 야고보의 성만찬 전례』를 보면 알 수 있습니다. 이 성만찬 예배서는 오늘날까지 보존되어 전해져오고 있으며, 그 기본적인 구성과 내용에 있어서 다른 성찬예배서들(『성 요한 크리소스토모스 성찬예배』,『성 대 바실리오스 성찬예배』)과 거의 동일합니다.

■ 그리스도의 일생과 구원의 사역이 성찬예배의 전 과정을 통해서 어떻게 재현되고 있습니까?

우리가 거룩한 복음서들에서 확인할 수 있는 주님의 삶과 특별히 중요한 사건을 살펴보자면 다음과 같습니다. 주님께서는 베들레헴에서 탄생하셨고, 요르단 강에서 세례 받으셨고, 세례 받으신 후 하느님 나라의 복음을 전하시는 공생애를 시작하셨고, 기적적으로 병든 자들을 고쳐주시고 수많은 기적을 행하셨고, 제자들에게 감사의 신비인 성만찬을 베푸시고 이것을 교회가 이어가게 하셨고, 십자가형을 선고 받고 골고타 언덕을 오르셨고, 십자가에 못 박혀 희생당하셨고, 죽음을 이기시고 부활하셨으며, 승천하시어 하느님 아버지 오른편에 앉으셨습니다. 세상의 구원을 위해 일어난 이 모든 사건은 이천 년 전에 발생했지만, 성찬예배는 오늘날 우리에게도 그 사건들이 일어나고 있음을 느낄 수 있게 해줍니다.

신실한 정교 신자는 '성찬예배의 시간'에 이 사건들이 현재화된다는 것을 알고 또 느낍니다. 이천 년 전에 일어난 사건이 오늘 우리 가운데서 다시 일어난다고 느끼는 것은 커다란 신비이고, 주님께서 베풀어 주시는 큰 은총입니다. 그래서 주 예수 그리스도의 대축일 성가와 기도문에는 '오늘'이라는 단어가 자주 등장합니다. 예를 들면 성탄 대축일에는 "오늘 동정녀께서 신비롭게도 … ", 신현 대축일에는 "오늘 세상 구원이 … ", 성 대금요일에는 "오늘 십자가에 달리신 … ", 부활대축일에는 "오늘 부활하신 … ", 그리고 승천 대축일에는 "오늘 하늘로 오르신 … "이라고 성가를 부릅니다. 교회는 이 모든 사건을 오늘 일어난 것으로 선포합니다. 이 구원의 사건은 이십 세기 전에 일어난 일이지만, 그것은 과거 현재 미래의 시간 개념을 초월하여, 언제나 현재적인 사건으로 교회에서 경험되고 성취됩니다. 오늘 우리 모두가 그 사건 한가운데 있음을 체험함으로써, 우리의 믿음은 더욱 거룩해지고 생생해집니다.

그것은 논리적으로 불가능한 것이라고 반론하는 사람이 있다면, 나는 그를 천문학의 세계로 초대하고자 합니다. 천문학자들은 행성들 중 지구로부터 이삼백만 광년이나 멀리 떨어진 별들이 있다고 주장합니다. 즉 지금 우리가 보고 경험하는 그 별빛은 이미 이백만 년 전에 전송되어 지금 우리의 감각에 전달되었다는 것입니다. 하느님께서 창조하신 별들에게도 이러한 신비가 존재한다면, 창조주이시고 "정의의 태양"이신 그리스도께서 불과 이천 년밖에 안 된 놀라운 구원의 사역들을 오늘 우리에게 전해주는 것이 불가능하겠습니까? 결론적으로 이것은 이성으로는 이해할 수 없는 전능하신 하느님의 신비이기에, 오직 믿음을 통해서만 다가갈 수 있고, 알 수 있습니다.

그럼 지금부터 성찬예배에서 그리스도의 생애와 거룩한 사건이 어떻게 일어나는지 하나씩 살펴보도록 하겠습니다.

• 예수께서 이 세상에 오십니다

성찬예배 집전 사제는 제단의 왼쪽에 위치한 예비제단에서 봉헌물을 준비하는데, 이때 '봉헌 빵'[22]과 '봉헌 포도주'[23]를 들고 와서 하느님께 바치는 특별예식을 거행합니다. '봉헌 빵' 중앙에는 IΣ | XP(예수 그리스도), NI | KA(승리자)라는 글자가 새겨진 부분이 있는데, 사제는 '어린양'이라고도 부르는 이 부분[24]을 떼어내어 '성반'[25] 중앙에 놓습니다. 이때 원반 모양의 성반은 지구를 상징합니다. 이렇게 하여 주 예수 그

---

22 **봉헌 빵** 그리스어로는 '프로스포로'라고 하는데, 성만찬 성사(성체성혈 성사)에 사용하기 위해서 신자들이 특별한 방법으로 만들어서 봉헌하는 빵이다. 이 빵의 일부가 성만찬 예식을 통해 축성되어 그리스도의 몸과 피가 되고, 신자들은 이것을 영한다. 그리고 빵의 나머지 부분은 비록 성체 성혈은 아니지만 '축복받은 빵' 혹은 '안티도론'('선물을 대신하는 것'이라는 의미)이라 하여 성만찬 예배를 다 마친 후 예배에 참석한 모든 사람들이 집전 사제와 일일이 인사를 나누며 받아먹는다.

23 **봉헌 포도주** 그리스어로는 '나마'라 하는데, 성만찬 예식에 사용하기 위해 신자들이 봉헌하는 포도주로 100% 순수 포도주를 사용한다.

24 **어린 양** 그리스어로는 '암노스'이라 한다. '예수 그리스도, 승리자'라는 글자는 이 부분이 장차 예식 속에서 축성되어 그리스도의 몸과 피가 될 것이라는 것을 암시하고 있으며, 이것을 '어린 양'이라고 부르는 이유 또한 "보라, 세상의 죄를 짊어진 어린 양이로다"라는 세례자 요한의 말처럼, 예수 그리스도께서 어린양처럼 희생되어 우리의 죄를 사하시듯, 이제 그리스도의 몸과 피가 될 이 빵을 먹는 것이 우리에게 죄사함을 가져다 줄 것이기 때문이다.

25 **성반(거룩한 쟁반)** 그리스어로는 '이에로스 디스코스'라고 한다.

리스도께서 순결하시고 정결하신 테오토코스(하느님을 낳으신 분) 성모 마리아로부터 탄생하시어 이 땅에 내려오신 사건이 상징적으로 재현되고, 우리는 그 불멸의 사건을 깨닫습니다. 계속해서 사제는 동방박사들이 보고 따라온 베들레헴의 큰 별을 상기하면서 '별'[26]을 '어린양' 위에 놓습니다. 그 다음으로는 '어린양'이 놓인 성반을 특별한 '성반보'[27]로 덮습니다. 혹자는 이것이 성모 마리아께서 아기 예수를 감싸 주었던 포대기를 상징한다고 말합니다.

> 드디어 첫아들을 낳았다. 여관에는 그들이 머무를 방이 없었기 때문에 아기는 포대기에 싸서 말구유에 눕혔다. (루가 2:7)

물론 그리스도께서 십자가에 달리심을 '기억'하는 것, 즉 '아남니시스'[28]는 특정한 순간뿐만 아니라 성만찬 예배의 시작인 '봉헌 준비 예식(프로스코미디)'부터 끝까지 가장 중심이 되는 주제입니다. 그러므로 예비제단의 위쪽 반원형 벽면에는 눈을 감으시고 숨을 멈추신 모습으로, '자신을 가장 낮추신 분'이라는 제목의 그리스도 성화가 그려져 있습니다.

---

26 **별** 그리스어로는 '아스테리스코스'라고 한다.

27 **성반보** 그리스어는 '이디코 깔림마'라고 한다.

28 그리스 말 '아남니시스'는 '기억 혹은 기념'을 뜻하는 단어로, 신약성경은 주 예수 그리스도께서 최후의 만찬을 행하시며 '이것을 기념하여 행하여라'라고 하신 말씀을 그리스어로 표기할 때, 이 단어를 사용하였다. 이때 기억은 최후의 만찬을 기억하는 것이기도 하지만, 바울로 사도가 「고린토인들에게 보낸 편지」에서 그 만찬을 기억하며 성만찬을 거행할 때마다 주님의 십자가를 기억하는 것이라고 한 것처럼, 언제나 우리 죄를 용서하기 위해 주님께서 찢기시고 피 흘리심을 기억하는 것이다. 그리하여 이 희생의 사건은 성만찬 예배 처음부터 끝까지 가장 중심이 되는 사건이다.

- 그리스도께서 공개적으로 나타나시어 인류 구원을 위한 공생애를 시작하십니다

예수께서는 처음 30년 동안은 나자렛에서 신성을 드러내지 않고, 여느 소년, 청년과 다름없이 소박하게 사셨습니다. 그러나 나이 30이 되셨을 때 예수께서는 요르단 강에서 예언자 요한에게 세례를 받고 "모든 도시와 마을을 두루 다니시며 가시는 곳마다 회당에서 가르치시고 하늘나라의 복음을 선포하시고, 그리고 병자와 허약한 사람들을 모두 고쳐주셨습니다." (마태오 9:35)

주님의 공생애 시작은 성찬예배 중 소입당을 통해서 상징적으로 재현됩니다. 소입당은 집전자가 거룩한 복음경을 높이 들고 보제 문을 통해 지성소에서 나와 회중석 중앙에 자리 한 뒤 입당송과 함께 아름다운 문을 통하여 다시 지성소로 들어가는 예식 행위를 의미합니다. 이때 거룩한 복음경은 말씀이신 그리스도를 상징합니다. 그리고 복음경을 들고 나설 때, 복사는 촛대를 들고 앞서 나가는데, 이것은 예수보다 먼저 태어나셔서 예수께서 오실 길을 미리 준비하신 예언자 요한을 상징합니다. 회중석 앞 중앙에 지성소를 바라보고 선 사제는 거룩한 복음경을 높이 들어 올린 뒤 이렇게 말합니다.

이는 곧 하느님의 지혜이나니, 경건한 마음으로 설지어다.

이것은, 복음경에는 하느님의 지혜가 적혀 있다는 것, 그리고 말씀이신 그리스도께서 "곧 메시아시며 하느님의 힘이며 하느님의 지혜"(Ⅰ고린토 1:24)이심을 의미합니다. 모든 신자들은 이 초대의 말씀을 듣고 높이 올려진 복음경에 경배하면서 이렇게 찬양합니다.

모두 가까이 와서 그리스도께 경배합시다. 부활하신(평일에는 거룩하신) 하느님의 아들이시여, 우리를 구원하소서. 찬송하나이다. 알릴

루이야. (입당송)

예수께서 하느님 나라의 복음을 전하시기 위해 이 마을 저 마을을 방문하실 때마다, 군중들이 "모두 가까이 가서 그리스도께 경배합시다!"라고 외치며 서로를 부르고 초대했던 것처럼 말입니다. 그리고 예수께 가까이 간 사람들이 저마다 자신의 문제를 토로하며 "주님 살려 주십시오!"(마태오 14:30)라고 뜨겁고 간절하게 간구했던 것처럼, 신자들도 큰 소리로 "하느님의 아들이시여, 우리를 구원하소서. 찬송하나이다. 알릴루이야"라고 간청합니다.

• 주님께서는 모든 사람들에게 가르침과 선을 베푸십니다

그리스도의 가르침을 직접 들은 갈릴래아 사람들과 유대인들처럼, 그 후 모든 시대의 신자들도 성찬예배 때 복음경 봉독을 통해 그리스도의 동일한 말씀을 듣습니다. 그리고 예수님께서 사람들에게 베푸신 온갖 선한 일들과 기적을 함께 경험하고 참여합니다. 그리스도께서 직접 말씀하시는 것을 듣듯이, 또 그 말씀을 듣고 더욱 강한 믿음으로 그분께 존경을 표하듯이, 복음경을 봉독할 때 모든 신자들은 일어서서 주의 깊게 그리고 예의를 갖춰 그 말씀을 듣습니다. 그리고 복음경을 경청하고 나서는 그 말씀을 들을 수 있는 기회와 자격을 주신 하느님께 영광을 돌리면서 한 목소리로 외칩니다.

주께 영광, 주여, 당신께 영광!

• 주님께서 골고타를 향하여 가십니다

주님께서는 삼 년 동안 팔레스타인 지역을 다니면서 사람들을 회개하게 하셨고, 하느님의 뜻을 따르고 실천하는 사람은 누구나 하늘

나라에 들어가기에 합당하다고 가르쳐 주셨습니다.

> 예수는 우리의 죄 때문에 죽으셨다가 우리를 하느님과 올바른 관계에 놓아주시기 위해서 다시 살아나신 분이십니다. (로마 4:25)

주님께서는 우리 구원을 위해서 우리를 향한 사랑 때문에, 자발적으로 적들 손에 넘어가는 것을 허락하셨습니다. 이것은 매우 중요한 의미가 있습니다. 성경의 많은 구절들이 보여주듯이, 주 예수께서는 우리 구원을 위해서 희생하시고자 아버지 하느님의 뜻을 따라 '자발적으로' 적들의 손에 넘겨지셨습니다. 원하시기만 했다면, 주님께서는 사형선고를 피할 수도 있었습니다. 이 모든 희생과 고난을 겪지 않으실 수도 있었습니다. 예수를 붙잡으려고 성난 군중들과 병사들이 몰려왔을 때, 베드로가 칼을 뽑아 들고 저항하려 하자 예수께서는 이렇게 말씀하셨습니다.

> 칼을 도로 칼집에 꽂아라. 칼을 쓰는 사람은 칼로 망하는 법이다. 내가 아버지께 청하기만 하면 당장에 열두 군단도 넘는 천사를 보내주실 수 있다는 것을 모르느냐? (마태오 26:52-53)

이렇게 예수님께서는 자발적으로 순순히 붙잡히셨고, 유대 지도자들과 로마의 빌라도 총독은 예수를 십자가형에 선고했습니다. 십자가형을 선고받은 예수께서는 무거운 나무 십자가를 짊어지고 자발적으로 희생당하시기 위해 골고타 언덕을 올라가십니다.

성찬예배는 주님의 이 고난의 여정, 골고타 언덕을 오르시는 그리스도의 모습을 신자들에게 보여줍니다. 이 희생의 여정은 성찬예배 중 '대입당' 순간에 상징적으로 재현됩니다. 성찬예배를 집전하는 사제는 예비 제단에 준비해 놓은, '봉헌물'(성체와 성혈로 변화될 빵과 포도주)

이 담긴 '성반'과 '성작'[29]을 들고서 지성소에서 나와 성당 회중석을 한 바퀴 돌고 지성소로 들어가 중앙 제단 위에 올려놓습니다. 여기서 제단은 골고타 언덕을 상징하고, 제단을 향해 나아가는 이 행렬은 바로 우리의 구원을 위해 희생되시려고 골고타 언덕을 올라가시는 주님의 고난의 여정을 보여줍니다. 제단 뒤에 모셔진 큰 나무 십자가는 바로 이 제단이 주님의 십자가가 세워진 골고타 언덕을 상징하는 것임을 다시 한번 확인시켜 줍니다. 신자들은 그 십자가를 보며 골고타 언덕에서 십자가에 달려 희생하신 그리스도를 기억하고 묵상합니다.

성찬예배를 집전하는 사제는 주님의 고난 여정을 상징하는 이 행렬을 하면서, 주님께서 십자가에 달리셨을 때 오른쪽 강도가 한 말을 반복하면서 주님께 간청합니다.

> 주 하느님께서 그의 왕국에서 우리 모두를 이제와 항상 또 영원히 기억하시기를 바라나이다.

- **세상의 구원을 위하여 그리스도께서 희생하십니다**

세상의 구원을 위한 주 예수 그리스도의 희생은 성 대토요일 성찬예배의 '헤루빔 성가'에서 아주 생생하고도 분명하게 기억됩니다.

> … 임금 중의 임금께서 믿는 자들에게 양식을 제공하기 위하여 죽임 당하시려 모든 천군 천사의 무리를 앞세우고 오시는도다. …

언뜻 보기엔 이해할 수 없는 말이지만, 그것은 참으로 실제적입니다. 옛날 예언자 이사야는 '메시아'에 대해 예언하기를 "도살장으로 끌려가는 어린 양처럼 가만히 서서 털을 깎이는 어미 양처럼 결코 입

---

[29] **성작(거룩한 잔)** 그리스 말로는 '아기온 뽀띠리온'이라고 하는데, 성혈로 변화될 포도주가 담긴 잔을 말한다.

을 열지 않았다"(이사야 53:7)고 말했습니다. 그리고 지성소 중앙에 놓인 제단은 골고타를 상징하기도 하지만 말 그대로 '제물이 놓이는 곳'으로서, 그 위에서 그리스도께서는 '세상과 우리 생명의 구원을 위해서' 하느님 아버지께 희생 제물로 바쳐지십니다. 성찬예배를 집전하는 사제는 주님께서 제정하신 '감사의 성만찬' 예식에 따라 제단에 놓인 성반과 성작을 번갈아 가며 들고 이렇게 말합니다.

받아 먹어라. 이는 너희들의 죄 사함을 위하여 '떼어 내는' 내 몸이니라.

너희는 모두 이것을 마셔라. 이것은 새로운 계약을 맺는 내 피이니 너희와 모든 이의 죄 사함을 위하여 '흘리는' 피이니라.

이때 주님께서 '떼어 내는', '흘리는'이라는 동사를 모두 현재진행형으로 사용하신 것은 매우 중요한 의미를 담고 있습니다. 주님은 이천 년 전 그 거룩한 금요일에 육신으로 희생당하셨고, 십자가 위에서 피를 흘리셨습니다. 그러나 그것은 그 순간에 이루어지고 그것으로 끝나 버린 과거의 사건이 아닙니다. 그 순간은 오히려 거대한 크기의 시간을 담고 있습니다. 아니 시간을 초월하여 영원성을 담고 있습니다. 그날 그 시간에 일어난 이 희생과 자비의 사건은 모든 시대의 하느님 백성들에게 지속적으로 현재적인 사건으로 경험됩니다. 그래서 성찬예배 집전 사제는 계속해서 이렇게 기도합니다.

> 이 구원의 계명을 기억하고 주께서 우리를 위하여 행하신 모든 일, 곧 십자가와 무덤과 사흘만의 부활과 하늘에 오르시어 성부 오른편에 앉으심과 영광 중에 다시 오심을 기념하여, 당신의 것인 이 세상의 모든 것 중에서 특히 이 예물을 우리에게 베푸신 모든 은혜에 대한 감사로써, 모든 곳에서 당신께 바치나이다.

교회의 몸 전체가 집전 주교나 집전 사제를 통해서 거룩한 예물을 봉헌하는 이 순간은 가장 위대한 순간입니다. 이제 집전 사제는 성령을 보내주시어 성작에 담긴 이 빵과 포도주를 우리 주 예수 그리스도 하느님의 거룩한 몸과 피로 바꿔주시기를 하느님 아버지께 간청합니다. "성령을 통하여 동정녀 마리아에게서 태어나신" 그리스도께서 그 위격 안에 신성과 인성을 연합하신 것이 사람의 이성으로는 이해할 수 없는 신비이듯이, 성령의 힘으로 빵과 포도주가 그리스도의 거룩한 몸과 피로 변하는 이 거룩한 순간 또한 사람의 이성으로는 이해할 수 없는 거룩한 신비입니다. 우리 주 하느님 예수 그리스도께서 이렇게 겸손한 모습으로 변하시는 것은 신자들을 위해 바쳐지시기 위함이요 신자들을 새롭게 태어나게 하고 거룩하게 하여 주님과 하나 되게 하시려는 것입니다.

> 내 살을 먹고 내 피를 마시는 사람은 내 안에서 살고 나도 그 안에서 산다. (요한 6:56)

주님의 탄생 대축일에 부르는 성가에도 이 신비가 표현되고 있습니다.

> 하느님의 인간되심의 신비를 설명할 수 없나이다.

성찬예배를 드리는 정교 신자들은 마침내 주님께서 골고타에서 십자가에 매달리신 희생의 사건 앞에 서게 됩니다. 그리고 십자가에서 희생하신 주님으로부터 흘러나오는 구원의 은총을 받아 누립니다.

- **신비의 성찬에 참여합니다**

'감사의 성만찬 신비성사' 전승에 의하면, 주님께서는 하느님 아버지께 감사드리신 후 빵과 포도주 잔을 축성하시고 그 자신의 몸과 피로 바꾸시어, 제자들에게 나눠주시면서 이렇게 말씀하셨습니다.

> 너희는 모두 이 잔을 받아 마셔라. 이것은 나의 피다. 죄를 용서해
> 주려고 많은 사람을 위하여 내가 흘리는 계약의 피다.
> (마태오 26:27-28)

이렇게 제자들은 처음으로 그리스도께서 직접 그 손으로 전해주신 그분의 거룩한 몸과 피를 받아 모셨습니다.

주님의 몸과 피를 받아 모시는 이 거룩한 행위는 성찬예배에서 정확하게 반복됩니다. 성찬예배 집전 사제는 성체성혈을 모시기 직전에 이렇게 간구합니다.

> 주 예수 그리스도, 우리 하느님이시여, 거룩한 주님이 계시는 곳에서, 주의 나라의 영화로운 어좌에서 우리의 기도를 들으시고, 우리에게 오사 우리를 거룩하게 하소서. 주님은 위에서는 아버지와 함께 앉아 계시며, 여기에는 보이지 않게 우리와 함께 계시니, 주의 흠 없는 성체와, 고귀한 성혈을 주의 손으로 우리에게 나누어주시며, 우리를 통해 주의 모든 백성에게 나누어 주시옵기를 비나이다.

그리고 집전 사제는 성체성혈을 영하게 해주며 이렇게 기도합니다.

> 우리 하느님, 주 예수 그리스도의 거룩하시고, 생명을 주시는 성체와 성혈이 하느님의 종 (   )에게 주어지니, 당신의 죄 사함과 영생이 되어지이다.

이것을 통해서 우리가 알 수 있는 것은, 우리들에게 거룩한 몸과 피를 나눠주시는 분, 그것을 제공해주시는 분은 바로 그리스도 자신이시라는 것입니다. 집전 사제는 다만 주님께서 신자들에게 성체성혈을 나눠주시도록 손을 빌려드릴 뿐입니다. 그래서 주교가 사제에게 혹은 사제가 보제에게 성체성혈을 영하게 할 때 "내가 너에게 성체성

혈을 주노니 … "라고 말하지 않고 "성체와 성혈이 하느님의 종 (   ) 에게 주어지니"라고 말하는 것입니다. 즉, 주교나 사제가 아니라 주 님께서 주교나 사제의 손을 빌려 자신의 거룩한 몸과 피를 주시는 것 입니다.

다시 말해, 성찬예배에 참여하는 것은 최후의 만찬이 거행되는 이 층 방에 우리도 올라가서, 거룩한 사도들과 함께 그리스도로부터 직접, 정결하고 거룩하신 그분의 몸과 피를 받아 모시는 것이며, 이렇게 하여 시대를 초월하여 그리스도와 그리고 거룩한 교회의 모든 지체들과 하나가 되는 사건에 참여함을 의미합니다.

• 주님의 부활을 봅니다

성찬예배는 십자가의 희생만이 아니라 또한 그리스도의 부활에도 참여하게 해줍니다. 주교나 집전 사제는 성반에 놓인 거룩한 봉헌 예물, 즉 주님의 거룩한 몸인 "예수 그리스도 승리자"라고 쓰인 빵 조각을 들어서 주님의 거룩한 피로 변화된 포도주가 담겨있는 성작에 넣으면서 우리에게 이렇게 말합니다.

> 그리스도의 부활을 본 후에 거룩하신 주 예수를 흠숭하오니 주 홀로 죄가 없으시나이다. …[30]

기도문은 부활 대축일에, 또한 부활을 경축하는 매주일 조과에

---

30   전체 기도문은 다음과 같다. "그리스도의 부활을 본 후에 거룩하신 주 예수를 흠 숭하오니 주 홀로 죄가 없으시나이다. 그리스도여, 주의 십자가를 경배하며 주 의 거룩한 부활을 찬송하고 찬미하오니 주는 우리 하느님이시며 주 외에 다른 이를 우리가 알지 못하나이다. 우리가 부르는 것 또한 주의 이름이로소이다. 믿 는 이들이여, 모두 와 그리스도의 거룩한 부활을 흠숭할지어다. 그로 말미암아 십자가 온 세상에 기쁨을 가져왔도다. 언제나 주를 찬미하고 주의 부활을 찬 송할지니 우리를 위해 십자가를 지심으로써 죽음으로 죽음을 멸하셨음이로다."

서 부활 복음경 봉독 후에 낭독되는 유명한 기도문입니다. 주님의 몸인 빵과 주님의 피인 포도주를 성작 안에 합한 다음, 그 안에 '따뜻한 물'(제온)을 조금 붓습니다. 이렇게 하여 희생되어 죽음에 내려가신 주님의 몸과 피가 다시 합해지고 그 위에 생명을 뜻하는 '따뜻한 물'이 더하여짐으로써 주님의 부활이 상징적으로 표현됩니다. 그러므로 우리는 주님의 희생과 죽으심뿐만 아니라, 주님의 부활을 목격한 증인이 되고, 영광스럽게 부활하신 주님 앞에 있던 사도들처럼, 우리도 믿음의 눈으로 주님의 부활을 보고 느낍니다. 바로 이런 이유로 사제는 "그리스도의 부활을 본 후에 거룩하신 주 예수를 흠숭하오니 … "라고 기도하는 것입니다. 그러므로 우리가 받아 모시는 성체성혈은 희생되어 돌아가신 주님의 몸, 생명이 없는 몸이 아니라, 죽음을 이기고 부활하신 그리스도의 몸, 영원한 생명으로 충만하신 그리스도의 몸인 것입니다.

그래서 우리는 성찬예배를 드릴 때마다, 주님의 희생과 죽으심과 부활의 증인이 될 뿐만 아니라, 또한 주님의 부활과 그분의 영원한 생명에 참여하는 자가 됩니다.

- **그리스도의 승천을 봅니다.**

거룩한 복음경에 따르면, 주 예수 그리스도께서는 부활하신 후 40일 동안 자주 사람들에게 나타나시면서 인간 구원 사업을 완성하셨고, 40일 되던 날 모든 제자들이 보는 앞에서 영광스럽게 승천하셨습니다. 이 기적 같은 놀라운 사건 또한 우리는 성찬예배를 통하여 경험합니다. 신자들의 영성체가 다 끝나면, 집전 사제는 성작을 들고 다시 지성소로 들어가 제단에 놓은 다음 성작을 향해 분향하면서 이렇게 기도합니다.

하느님, 하늘 높이 나타나시어, 당신 영광, 땅 위에 펼치소서.

그런 다음 성작에 엄숙하게 존경을 표한 뒤 거룩한 제단 위에 놓인, 성체성혈이 들어있는 성작을 들고, 신자들을 향해 돌아선 다음, 다시 성작을 더 높이 쳐들어 보이며 이렇게 선언합니다.

우리 하느님은 이제와 항상 또 영원히 찬미 받으시도다.

그런 다음 성작을 다시 예비제단에 옮겨놓습니다.

이렇게 하여 부활하신 그리스도께서 40일 만에 공중에 높이 오르시어 승천하신 것을 상징적으로 재현해 보이며, 하느님께 영광 돌립니다. 그리고 바로 이 지점에서 거룩한 성찬예배의 목적이 충만하게 성취됩니다.

이와 같이 성찬예배는 주님의 일생과 인간을 구원하시기 위한 그분의 거룩한 사역을 신자들의 눈앞에 펼쳐 보여줍니다. 주님의 겸손한 탄생부터 십자가의 희생과 부활, 그리고 승천에 이르기까지, 또한 그리스도의 영광스러운 재림에 대한 기다림을 보여줍니다. 믿음을 가지고 성찬예배에 참여하면, 거룩한 신비를 통해서 이 모든 것이 우리 앞에서 실제적인 사건으로 현재화되는 것이니, 우리 모두는 바로 이 모든 사건의 목격자가 되고, 그 사건의 현장에 있게 되며, 그리하여 그 거룩한 은총을 경험하게 됩니다. 단지 입으로 성체 성혈을 받아서 먹고 마시는 순간뿐만이 아니라, 성찬예배의 과정 전체를 통해서, 우리는 그리스도를 보고 듣고 맡고 만지고 경배함으로써, 다시 말해 몸과 영혼의 전 존재로 그리스도를 만나고 느끼고 연합함으로써 몸과 마음과 영혼 모두가 거룩하게 됩니다.

■ 정교회 성당에서 거행되는 성찬예배는 일 년 내내 그 내용이 똑같은 가요?

기본적인 형식과 구성과 내용은 매번 같습니다. 다만 사도경과 복음경 봉독 구절이 날마다 바뀌고, 또 성찬예배가 거행되는 날이 어떤 축일, 어떤 요일이냐에 따라서 성가가 바뀝니다. 오늘날 정교회에서는 '성찬예배의 봉헌 기도문'[31] 내용을 달리하는 세 가지의 『성찬예배서』가 있습니다.

1. 『성 야고보의 성찬예배서』

『성 야고보 성찬예배서』는 성찬예배서 중 가장 오래 된 성찬예배서입니다. 그리고 이 성찬예배는 성 야고보 축일(10월 23일)과 성탄절 다음 주일(주님의 선조 예언자 다윗 왕, 성모 마리아의 약혼자 의인 요셉, 그리고 주님의 형제 성 야고보의 축일), 이렇게 일 년에 두 번 거행됩니다. 691년 트룰로 5-6차 세계 공의회 교회법 32조항은 이 성찬예배서에는 주님의 형제 야고보에게 가르쳐주신 위대하고도 기본적인 기도문들이 포함되어 있다고 분명하게 확인시켜주고 있습니다.

2. 『성 대 바실리오스 성찬예배서』

4세기에 교회의 위대하고도 지혜로운 대주교 성 대 바실리오스가 그 이전에 있었던 모든 성찬예배서를 바탕으로 하여 이 성찬예배서를 작성했습니다. 성 대 바실리오스 성찬예배서의 특징은 다른 성찬예배서에 비하여 '아나포라 기도문'(성찬 봉헌 기도문)이 특별히 더 길고

---

31 **봉헌 기도문** 그리스 말로는 '아나포라'라고 하는데, 성찬 봉헌물의 축성을 위한 여러 기도문을 다 포함하여 일컫는다. 세 종류의 성찬예배서로 구별되는 이유는 바로 이 봉헌 기도문의 내용이 다르기 때문이다.

신학적으로 깊이가 있다는 것입니다. 특히 이 기도문은 그 신학적 깊이와 함께 문장 또한 탁월한 아름다움을 보여주고 있습니다. 성 대 바실리오스 성찬예배는 성 대 바실리오스 축일(1월 1일), 성탄대축일 전날(12월 24일), 신현 대축일 전날(1월 5일), 다섯 번의 사순절 주일, 그리고 성 대목요일과 성 대토요일, 이렇게 일 년에 10번 거행됩니다.

3.『성 요한 크리소스토모스 성찬예배서』

위대한 설교가로 명성을 날렸던 성 요한 크리소스토모스는 사제로 처음 부임했던 안티오키아 교회에서 이 성찬예배서를 작성하여 예배를 드렸습니다.『성 대 바실리오스 성찬예배서』와 달리『성 요한 크리소스토모스 성찬예배서』의 '봉헌 기도문'은 훨씬 짧고 간결하며 힘이 있습니다. 성 요한 크리소스토모스가 콘스탄티노플의 총대주교가 되었을 때부터 동방의 모든 정교회는 이 성찬예배를 거행하기 시작했습니다. 앞에서 말한 대로 성 야고보 성찬예배와 성 대 바실리오스 성찬예배가 드려지는 12일과 사순절 기간(사순절 기간 평일에는 '미리 축성된 성찬예배'가 드려진다)을 제외한 그 밖의 모든 수일과 평일에는 예외 없이 성 요한 크리소스토모스 성찬예배가 드려집니다.

•『미리 축성된 성찬예배서』

이 성찬예배는 오직 대사순절 기간의 평일(월요일에서 금요일까지)에만 거행됩니다. '미리 축성된 성찬예배'를 드릴 때는 '거룩한 감사의 신비성사'(봉헌물의 축성을 통한 성체성혈로의 변화)가 실제적으로 거행되지는 않습니다. 다만 이전 주일 성찬예배 때 미리 축성한 성체성혈을 보관해 두었다가 평일에 영하는 것입니다. 그래서 '미리 축성된' 성찬예배라고 부릅니다. 이런 의미에서 본다면, 이 성찬예배는 앞에서 언급한 세 가지 성찬예배와 비교해 볼 때 엄밀한 의미에서의 성찬예배는 아닙니다.

또 그 구성에 있어서도 차이가 납니다. 먼저 이 예배의 첫 번째 부분(다른 성찬예배서에서 '말씀의 전례'에 해당하는 부분)은 만과로 채워지고, 두 번째 부분에서는 성찬예식(성체성혈을 영하는 예식)이 거행됩니다. 하지만 이미 말한 것과 같이 이때 성체성혈로의 변화를 위한 봉헌기도는 드려지지 않는데, 이미 이전 주일 성찬예배 때 다 이뤄지기 때문입니다.

교회는 부활 대축일에 앞서는 사순절 기간 동안 엄격한 금식을 행하는 월요일부터 금요일까지는 그리스도의 부활을 본질적 내용으로 삼고 있는 성찬예배를 드릴 수 없다고 판단하였습니다. 하지만 사순절이라는 길고 험난한 영적 투쟁에 나선 신자들에게는 그 어느 때보다도 주님의 은총, 참된 양식이요 음료인 그리스도의 성체성혈의 은총이 필요합니다. 그래서 교회는 신자들의 이 간절한 영적 필요를 채워주고, 이를 통해 영적인 힘을 얻어 영적인 싸움에서 승리할 수 있도록 돕기 위해, 평일에도 성체성혈을 받아 모실 수 있는 방법을 고안해 냈으니, 그것이 바로 '미리 축성된 성찬예배'인 것입니다.

■ 성찬예배의 기본적인 구성과 내용은 무엇입니까?

• **준비 예식**(프로스코미디)

지성소 왼쪽에 자리한 예비제단에서 이루어집니다. '준비 예식'을 통해서 장차 주님의 몸과 피로 변화될 빵과 포도주를 미리 준비해 놓습니다. 그리고 이렇게 준비된 봉헌물(성반과 성작에 준비해 놓은 빵과 포도주)은 대입당 때 사제나 보제에 의해 지성소 중앙 제단으로 옮겨져 여기서 축성됩니다.

- **말씀의 전례**(혹은 '예비 세례신자들을 위한 전례')

　성찬예배의 첫 부분인 말씀의 전례는 "성부와 성자와 성령의 나라가 이제와 항상 또 영원히 찬미되나이다"라는 사제의 선포로 시작됩니다. 그 다음에 평화의 대연도, 세 번의 응송(제1, 제2, 제3 안티폰)과 소연도가 이어지고, 이어서 그날 축일 찬양송 혹은 주일 부활 찬양송을 부릅니다. 다음으로는 거룩한 복음경이 지성소에서 나와 회중석을 통과하여 다시 지성소로 들어가 제단에 안치되는 아름다운 행렬이 거행되는데, 이것을 '소입당'이라고 합니다. 소입당 후에는 삼성송 찬양이 있고, 이어서 사도경과 복음경이 각각 봉독됩니다. 성경 봉독이 끝나면 주교나 사제의 설교가 있고, 설교가 끝나면, 사제는 '예비 세례신자들을 위한 기도'를 드리고 이 말씀의 전례를 마칩니다. 이 말씀의 전례를 '예비 세례신자들을 위한 전례'라고도 하는데, 아직 세례를 받지 않은 예비신자들도 참여할 수 있기 때문입니다.

　본래는 말씀의 전례가 끝나면 예비신자들은 회중석 밖으로 나가야 했고 이어서 세례신자들만 참여할 수 있는 '감사의 성만찬 신비성사'가 시작되었습니다. 하지만 그 지역 교회의 주교는 특별히 예비신자들의 교육과 신앙생활에 필요하다고 생각될 경우, 예비신자들이 말씀의 전례 후에도 계속 회중석에 남아 '성찬의 전례'에 참여할 수 있게 합니다.

- **감사의 성만찬 전례**(세례신자들을 위한 전례)

　'감사의 성찬 전례'는 세례 받은 신자들을 위한 기도로 시작합니다. 이어서 성가대는 '헤루빔 성가'를 부르고, 그 사이 지성소에서는 대입당 준비가 이루어집니다. 이 성가는 성직자와 신자 모두가 세상 근심과 걱정을 모두 떨쳐버리고 우리 구원을 위해 희생하시려고 천사들의 호위를 받으시며 오시는 우리 임금 그리스도를 맞이하라고 외칩니다. 성가를 잠시 멈추면, 이제 주님의 골고타 수난 행렬을 재현하는 '대입당'이 이루어집니다. 대입당을 통해 거룩한 봉헌 예물이 제단에 놓이면 다시 이어서 헤루빔 성가를 계속 부릅니다.

이렇게 해서 대입당이 끝나면 '기원의 대연도'가 드려지고, 헤루빔 성가의 요청대로 각종 정념과 증오의 감정을 마음에서 쫓아낸 신자들은, 서로 사랑하는 마음을 표하며 한 목소리로 우리의 참된 정교 신앙을 '신앙의 신조'로 고백합니다.

이어서 '아나포라 기도'(성만찬 봉헌 기도)가 이어지는데, 이 기도를 통해서 '성찬의 신비', 즉 빵과 포도주가 그리스도의 몸과 피로 변화되는 신비가 일어납니다. 신자들은 사제가 드리는 이 모든 봉헌 기도를 들으며 함께 참여하고 또 '아멘'으로 응답하면서 성체성혈을 받을 준비를 합니다. 이어서 성직자와 신자들은 그리스도와 연합되기 위해 성체성혈을 받아 모십니다. 영성체 후에는 우리와 연합되시기를 허락하시고 그 연합에 참여할 수 있는 영예와 은총을 주신 주님께 감사의 기도를 바칩니다. 마지막으로 감사 기도와 온 세상을 위한 기도를 드림으로써 성찬예배를 모두 마칩니다.

- **성찬예배를 통해 교회가 드러난다고 합니다. 이 말의 의미는 무엇입니까?**

이미 우리는 알고 있듯이, 교회란 신성과 인성을 지니신 그리스도의 몸입니다.

> 교회는 그리스도의 몸이며 만물을 완성하시는 분의 계획이 그 안에서 완전히 이루어집니다. (에페소 1:23)

> 그리스도께서는 당신의 몸인 교회의 구원자로서 그 교회의 머리가
> 되십니다. (에페소 5:23)

그리고 성부(하느님 아버지)와 성령께서는 성 삼위일체 하느님의 두 번째 위격인 그리스도와 연합해 계십니다. 그래서 성찬예배 때 나타나시는 하느님은 이렇게 성부 성자 성령 성삼위일체 하느님이십니다. 또한 하느님을 둘러싸고 있는 거룩한 천사들, 그리고 가장 거룩하신 테오토코스 성모 마리아와 모든 성인들도 우리와 함께 하십니다. 그리고 믿음으로 그리스도와 연합된 모든 세례 받은 그리스도인들도 우리와 함께 합니다. 그러므로 지상의 투쟁하는 교회와 천상의 승리한 교회에 속한 모든 지체가 함께 합니다. 정교회의 성당 벽화들은 성찬예배 때 지상과 천상의 모든 지체들이 다 함께 모여 삼위일체 하느님 앞에서 예배하는 이 영적인 신비를 잘 보여줍니다.

성당 중앙의 돔 한가운데는 언제나 전지전능하신 하느님 그리스도께서 그려집니다. 그 다음 원에는 대천사들과 천사들, 그리고 그 다음 원에는 테오토코스 성모 마리아와 세례자 요한, 구약의 예언자들이 그려집니다. 돔을 떠받치고 있는 네 기둥 모서리에는 거룩한 복음경을 기록한 네 명의 복음저자가 그려집니다. 또한 온세상에 그리스도의 복음의 빛을 전해준 교회의 빛들이신 예수 그리스도의 열두 제자는 성당 중앙의 원형 조명등(뽈리엘레오)에 그려져 있습니다.

지성소 정면 반구형 벽에는 '하늘보다 더 넓으신 성모님'이 그려지고 그 밖의 성당 벽에는 여러 유형의 성인이 그려집니다. 또한 주님의 생애에서 가장 중요한 순간들, 특별히 교회가 그리스도의 대축일로 기념하는 그러한 사건이 그려지는데, 이 사건들은 또한 성찬예배의 전 과정을 통해서 상징적으로 재현되는 것이기도 합니다.

성찬예배를 통해서 교회가 본질적으로 드러난다는 것은 이미 거룩

한 봉헌물을 준비하는 '준비 예식'(쁘로스꼬미디)에서부터 확연하게 경험됩니다.

집전 사제는 신자들이 봉헌한 세 개의 봉헌빵을 받아 들고, 하늘을 향해 높이 들어 올리는데, 이를 통해서 이 빵을 주님께 봉헌함으로써 하느님께 영광을 돌림을 표현합니다.

그런 다음 첫 번째 봉헌빵 가운데 부분인 '어린양'을 도려내어 성반 중앙에 놓습니다. 성반에 놓인 이 빵조각은 앞으로 성찬예배를 통해서 거룩한 그리스도의 몸으로 변할 것입니다. 둥근 모양의 성반은 또 지구를 의미합니다. 이로써 주님께서 이 땅에 오신 탄생의 신비를 보여줍니다.

두 번째 봉헌 빵에서는 성모님의 몫으로, '하느님의 어머니(Μήτηρ Θεοῦ)'의 첫 철자가 새겨진 봉헌빵 왼쪽에서 세모 모양의 빵조각 하나를 떼어내면서 이렇게 말합니다.

> 지극히 찬양되시고 영화로우신 테오토코스 평생 동정녀이신 우리 성모 마리아를 공경하고 기념하기 위함이니 주여, 성모의 중보를 통하여 이 제사를 주의 천상 제단에 받아들이소서.

이어서 성모님 몫으로 떼어낸 빵조각을 어린양 왼편에 놓으면서 다음의 시편 구절을 외웁니다.

> 황금으로 단장한 왕후가 당신 오른 편에 서 있나이다. (시편 45:9)

세 번째 봉헌빵에서는 성인 몫으로 봉헌빵 오른쪽에 새겨진 아홉 개의 삼각형 조각을 떼어내어 어린양 오른편에 세 개씩 세 줄로 나란히 배열합니다.

첫 번째 조각은 미카엘과 가브리엘 대천사 또는 천상의 모든 천사들을, 두 번째 조각은 선구자이신 세례자 요한과 모든 예언자들(모세,

아론, 엘리야와 엘리사, 다윗과 이새, 거룩한 세 젊은이, 예언자 다니엘과 모든 거룩한 예언자들)을, 세 번째 조각은 모든 거룩한 사도들을, 네 번째 조각은 모든 거룩한 교부들을, 다섯 번째 조각은 모든 순교자들을, 여섯 번째 조각은 수도원에서 금식과 끊임없는 기도로 영적 단련하신 수도자들과 사막에서 고행 수도하신 은둔 수도자들을, 일곱 번째 조각은 기적으로 병자들을 치료하신 자선 치료자들을, 여덟 번째 조각은 거룩하고 의로우신 선조 요아킴과 안나와 그날 축일로 지내는 성인들을, 아홉 번째 조각은 이날 거행하는 성찬예배서의 저자(성 요한 크리소스토모스 혹은 성 대 바실리오스)를 공경하고 기념하기 위한 것입니다.

이어서 집전 사제는 지역 성당 관할 주교의 몫을 떼어내어 '어린양'의 아래쪽에 놓습니다. 계속해서 작은 조각을 떼어서 그 밑에 한 줄로 놓으면서 살아있는 신자들(성직자와 신자들)의 이름을 부르며 기억하고, 이어서 또 작은 조각을 떼어서 그 밑에 또 한 줄로 놓으면서 돌아가신 신자들의 이름을 부르고 기억합니다. 이로써 우리 주 예수 그리스도를 중심으로 천사들과 성모님과 세례자 요한과 모든 예언자들과 모든 성인들과 모든 신자들이 다 모이는 하나의 충만하고도 완전한 교회가 형성됩니다.

집전 사제와 하느님의 백성 모두가 성체성혈을 다 받아 모신 다음에는, 성반 위에 교회 구성원의 몫으로 떼어 놓아둔 그 모든 조각들이 주님의 몸과 피가 담겨있는 성작 안에 합해집니다. 이것은 무슨 의미일까요? 이것은 사람의 이성으로는 이해할 수 없는 신비로운 방법으로 "흠도 티도 없는 어린 양의 피 같은 그리스도의 귀한 피"(베드로 1:19)를 통해 교회의 몸 전체가 거룩하게 됨을 의미합니다. 이제 교회는 "티나 주름이나 그 밖의 어떤 추한 점도 없이 거룩하고 흠 없는 아름다운 모습으로 당신(신랑이신 그리스도) 앞에 서게 되었다."(에페소 5:27)는 것을 알려줍니다.

성찬예배의 이 모든 기도문을 통해서, 우리는 그리스도만이 아니라 그분의 교회 전체가 하나의 몸으로 그분과 연합하여 단절되지 않는 모습으로 드러납니다. 이 교회의 신비는 오직 믿음으로 다가갈 때만 깨닫고 이해할 수 있습니다.

사도들의 성찬 교제, 프레스코, 1546년,
크레테의 테오파니스 作, 스타브로니키타 수도원, 아토스, 그리스

제 36 장
주간 축일 주기

■ 신자들의 일상적인 영적 생활을 돕기 위해, 정교회는 주간 각 요일을 어떤 영적 주제를 통해 거룩하게 합니까?

• 주일

교회는 "안식일 다음날"(마르코 16:2)을, 다시 말해 일주일의 첫 번째 날인 일요일을 '주님의 부활'을 경축하는 날인 '주님의 날'(주일)로 정했습니다. 그러므로 오순절과 예루살렘 입성 축일인 두 번의 주일을 제외하고 일 년 50번의 주일이 모두 우리 주 예수 그리스도의 부활을 경축하는 부활의 날입니다. 유대교는 구약성경에 따라 안식일인 토요일에 휴식하며 하느님을 예배했지만, 교회는 세상일을 잠시 멈추고 휴식하며 하느님께 예배하는 거룩한 날을 토요일에서 부활의 날인 주일로 옮겼습니다. 그래서 매 주일마다 어김없이, 정교회의 모든 성당에서는, 신자들이 다 함께 모여 성찬예배를 거행합니다. 교회는 모든 신자들이 매주일 거행되는 성찬예배에 꼭 참여해야 한다고 권면합니다.

트룰로 제5-6차 세계 공의회의 거룩한 교부들이 "정당한 사유 없이 3주 연속하여 주일 성찬예배에 참석하지 않는 신자는 출교(영성체 정지)한다"(까논 80조)고 결정한 것도 바로 그런 의미에서입니다.

'부활의 날'인 주일은 기쁨의 날이므로 금식하지 않습니다. 신자들은 영적인 유익을 위해, 주간 평일에는 이웃에게 사랑과 자선을 실천합니다. 하지만 '주일'은 말 그대로 우리를 온전히 주님께 바치는 날입니다.

• **월요일**

교회는 매주 월요일을 거룩한 천사들을 공경하는 날로 정했습니다. 거룩한 천사들은 신자들이 최종 목표인 신화(神化)에 도달할 수 있도록 기꺼이 신자들을 보호하고 인도해주고, 또한 끊임없이 성 삼위일체 하느님께 찬양을 드리고 영광 돌리면서 주님의 뜻을 따릅니다. 우리 성당에서는 월요일마다 천사에 바치는 찬송을 부르면서 공경을 표합니다. 그리고 천사들이 우리에게 보여주는 사랑에 대해서 감사드리고 계속해서 우리를 보호해주시기를 간구합니다. 이렇게 천사들을 기억함으로써 신자들도 천사들처럼 살고, 그들을 닮아가기 위해 노력하도록 자극을 받습니다.

• **화요일**

화요일은 주님의 선구자이며 예언자이신 세례자 요한을 기념하는 날입니다. 예수님께서 말씀하셨습니다.

> 나는 분명히 말한다. 일찍이 여자의 몸에서 태어난 사람 중에 세례자 요한보다 더 큰 인물은 없었다. 그러나 하늘나라에서 가장 작은 이라도 그 사람보다는 크다. (마태오 11:11)

그러므로 교회는 테오토코스 다음으로 특별히 이분을 기념하고 공경합니다. 세례자 요한과 관련된 여러 사건을 기념하는 축일뿐만 아니라 매주 화요일마다 그분을 기억하여 공경을 표합니다.

• **수요일**

수요일은 주님의 어머니이신 테오토코스께 바쳐진 날입니다. 테오토코스 성모 마리아는 그리스도 다음으로 거룩하신 분입니다. 거룩한 천사들은 "성령을 통하여" 하느님의 아들을 세상에 오시게 하신 그분께 공경을 표하고 찬양을 드립니다. 우리 어머니이신 성모님은 우리 구원을 위한 도구가 되셨고 아들이시며 하느님이신 그리스도께 우리를 위해 끊임없이 중보해주십니다.

그러나 앞에서도 언급했듯이, 수요일은 유다가 회당에서 예수님을 배반하고 팔아넘긴 날이기 때문에 참회의 금식을 하는 날이기도 합니다.

• **목요일**

목요일은 세상에 복음을 전파하신 거룩한 사도들에게 바쳐진 날입니다. 그리고 그들로부터 가르침을 받은 교회의 거룩한 교부들과 특별히 경이로운 기적을 일으키신 소아시아 리카아 지방 미론의 주교이셨던 성 니콜라스에게 바쳐진 날이기도 합니다.

• **금요일**

그리스 말로 금요일을 '빠라스케비'라고 하는데, "물건을 만들다 혹은 준비하다"라는 동사에서 나온 단어입니다. 토요일은 주일을 준비하며 쉬는 날이었기 때문에, 어떠한 일도 하지 않아야 했습니다.

그래서 토요일에 필요한 모든 것을 미리 만들어 놓아야 했기 때문에 이런 명칭이 붙은 것입니다.

거룩한 복음경에 의하면(마르코 15:42) 금요일은 그리스도께서 십자가에 못 박히신 날입니다. 그래서 그리스도를 죽게 한 원인이 된 우리 죄를 슬퍼하고 회개하는 의미에서 교회는 이날을 금식일로 정했습니다. 이날의 성가들은 그리스도께서 당하신 엄청난 고난과 십자가의 희생을 통해서 세상이 구원을 받았다고 하는 위대하고도 참된 신앙을 표현합니다.

• **토요일**

토요일을 지칭하는 그리스 말 '사바똔'이라는 단어는 본래 히브리 말에서 온 것으로 '쉼, 휴식, 안식'이라는 뜻을 가집니다. 그래서 안식일이라고도 합니다. 비록 그리스도께서 오신 이후에는 쉼과 휴식의 날이 토요일(구약의 안식일)에서 부활의 날인 주일로 바뀌었지만 그 명칭만은 그대로 남아있습니다. 그리스도께서는 금요일에 십자가에 못 박히시고 "숨을 거두신"(마르코 15:39) 뒤 토요일에는 그 영혼으로 지하세계에 내려가셨습니다.

> 그리스도께서도 여러분의 죄 때문에 죽으셨습니다. 죄 없으신 분이 죄인을 위해서 죽으신 것입니다. 그리스도께서는 단 한번 죽으심으로써 여러분의 죄를 용서해 주시고 하느님께로 인도해 주셨습니다. 그리스도께서는 몸으로는 죽으셨지만 영적으로는 다시 사셨습니다. 이리하여 그리스도께서는 갇혀 있는 영혼들에게도 가셔서 기쁜 소식을 선포하셨습니다. (I 베드로 3:18-19)

이렇게 그리스도께서는 토요일에 지하세계에 갇혀 있는 영혼들과 함께 계셨고 그들에게도 구원과 부활의 복음을 전해주셨습니다. 그래서 교회는 토요일에 그리스도의 고난을 본받아 믿음을 증거하며 순교하신 모든 순교자들과 경건한 믿음 안에서 잠드신 모든 신자들을 기념합니다. 당연하게도 이날에 우리는 거룩한 순교자들을 위한 특별 성가들을 부릅니다. 또한 돌아가신 영혼들을 위한 추념 성가들을 부르는데, 이것은 자비와 긍휼이 넘치시는 하느님께 그들 모두가 하늘나라의 성인들과 의인들 곁에서 영혼의 안식을 얻게 해달라고 비는 간절한 기도입니다. 특별히 일 년에 두 번의 토요일, 즉 사순절에 앞서오는 금육주일(사순절에 앞서 마지막으로 육류를 먹을 수 있는 날) 직전 토요일과, 오순절 성령강림 주일 전 토요일을 '영혼 토요일'이라고 하는데, 특별히 이날 모든 정교 그리스도인들은 성당에서 그리고 묘소에서 합동 추도예식을 드리면서, 먼저 돌아가신 모든 조상들을 기억하며 그들의 구원을 위해 기도합니다.

또한 교회는 토요일을 주님께서 안식하신 날로 기념합니다.

> 오늘 지옥은 신음하며 외치는도다. 나의 제국은 무너졌도다. 십자가에 달린 목자가 아담을 일으켰도다. 나는 내 노예들을 다 빼앗겼도다. 내가 강탈해온 모든 것을 내놓아야 할 판이로다. 십자가에 달린 자가 무덤들을 다 비우는도다. 죽음의 제국은 무너져 내렸도다. 하지만, 주님이시여, 우리는 당신의 십자가와 당신의 거룩한 부활에 영광 돌리나이다. (성 대토요일 대만과 영광송)

이렇게 주님께서 죽으셔서 안식에 들어가신 날, 저 지하세계에서는 또 다른 승리가 이루어지고 있었음을 알고 있는 우리는 이 최종적인 승리(부활)의 전조를 기뻐하며, 성 대토요일 이외의 토요일에는 금식하지 않습니다.

제 37 장
교회의 연중 절기와 대축일

■ 주님의 축일에는 어떤 축일들이 있습니까?

우리 교회는, 지혜를 가지고 또 성령의 조명과 지도를 통해서, 일 년을 주기로 우리 주 예수 그리스도의 삶에서 가장 중요한 사건들을 기념하는 축일을 제정했습니다. 그리스도께서 "동정 성모로부터 성령으로 통해" 인간으로 태어나신 사건을 시작으로 그분의 부활과 승천하신 사건까지 그리스도의 일생을 묵상하고 기념합니다. 이를 통해서 그리스도께서 인류를 위해 행하신 놀랍고도 감사한 모든 구원의 사역들을 일 년이라는 기간을 주기로 하여 하나의 파노라마처럼 우리 앞에 펼쳐줍니다. 각 축일의 중심에는 성찬예배가 자리잡고 있습니다.

> 정말 잘 들어두어라. 만일 너희가 사람의 아들의 살과 피를 먹고 마시지 않으면 너희 안에 생명을 간직하지 못할 것이다. 내 살을 먹고 내 피를 마시는 사람은 내 안에서 살고 나도 그 안에서 산다.
> (요한 6:53, 56)

주님의 이 말씀을 통해 우리에게 확신시켜 주신 것처럼, 성찬예배에서 그리스도의 모든 생애와 사역이 상징적으로 재현됩니다. 그리고 성찬예배에 참여함으로써 우리는 그리스도의 모든 삶의 목격자와 증인이 되고, 또 그 살과 피를 먹음으로써, 그분과 하나가 됩니다.

일 년을 주기로 배치된 주님의 대축일들은 마치 다른 기념일이나 기념 축제처럼 단지 그 사건들을 기억하고 회상하는 것이 아닙니다. 우리는 실제로 그 사건에 초대되고 신비롭게 참여합니다. 세례성사를 통해서 그리스도와 연합됨으로써, 우리는 주님의 삶 안에 들어가게 되고, 그 삶의 증인들이 됩니다. 앞에서도 말했듯이, '성찬예배'를 통해서 이천 년 전에 예수 그리스도께서 갈릴래아와 유다에서 우리를 위해서 행하신 모든 사건들이 재현되고, 우리는 그 사건에 동참합니다. 그래서 축일의 성가와 기도문들은 언제나 그 사건들을 과거의 사건으로 말하지 않고 오히려 '오늘'의 사건으로 말합니다. 축일 성가들은 이렇게 노래합니다.

> 오늘 가브리엘 대천사가 성모님에게 기쁜 소식을 전하는도다.
>
> 오늘 동정녀께서 본질을 초월하시는 분을 낳으시니, 땅은 범접할 수 없는 분에게 동굴을 제공하고 …
>
> 오늘 주께서 온 세상에 나타나셨으며, 이제 주를 깨닫고 …
>
> 오늘 불경한 자들을 혼절케 하기 위해 성전의 휘장은 둘로 찢어지고 십자가에 달리신 주님을 보고 태양은 그 빛을 숨기는도다.
>
> 오늘은 부활의 날이로다.

또한 신자들은 마치 연극을 관람하는 관객처럼 그 사건의 재현을 구경하는 것이 아니라, 마치 연극의 한 역할을 감당하는 배우처럼, 그 사건에 직접 참여합니다. 그리하여 그것은 다른 사람의 사건이 아니라, 나를 위한 나의 사건으로 경험됩니다. 그래서 성가들은 우리에게 끊임없이 이렇게 초대합니다.

> 신자들이여, 동방박사들과 함께 별이 가는 곳으로 따라가 그리스도께서 어디서 태어나셨는가 볼지어다. 그곳에서 목자들은 양떼를 지키고 천사들은 유다의 베들레헴 동굴에서 동정녀 테오토코스로부터 태어나신 분에게 지극히 높은 곳에서는 영광을 찬양하는도다.

> 자의로 수난을 향해 걸어가시면서 주님께서는 도중에 제자들에게 말씀하셨도다. '보아라, 우리는 예루살렘으로 올라간다. 성경에 기록된 대로 사람의 아들은 넘겨질 것이다.'

> 그분과 함께 십자가에 달립시다. 그분 안에서 이생의 쾌락에 대해 죽읍시다. 그리하여 그분과 함께 살고, 그분의 외침을 들읍시다.

> 내가 고통 받기 위해 올라가는 곳은 지상의 예루살렘이 아니니라. 나는 나의 아버지 너희의 아버지, 나의 하느님 너희의 하느님을 향해 올라가느니라. 너희는 나와 함께 천상의 예루살렘, 하늘 왕국으로 올라갈 것이니라.

> 이른 새벽, 향유대신 찬양의 영예를 주님께 바치기 위해 나아갑시다. 그러면 우리 모두에게 빛과 생명을 주시는 정의의 태양 그리스도께서 일어나심을 볼 것이로다.

성가을 통해서 알 수 있듯이, 우리는 깨어있는 의식과 의지를 가지고 주님의 대축일에 참여함으로써, 일 년 동안의 우리의 삶 전체를 "그리스도 안에서의 삶", "그리스도가 젖어든 삶"으로 신비롭게 성화시켜갑니다.

정교회는 임금이신 그리스도의 대축일을 단지 그날 하루 만이 아니라 대축일 앞뒤로 다양한 길이의 축일 기간을 두어 신자들로 하여금 그리스도의 대축일을 금식과 자선과 기도 등 영적인 훈련과 투쟁으로 미리 준비하고, 또 축일 후에는 그 축일의 은총을 깊이 묵상하며 삶 속에서 감사하는 생활을 하도록 합니다. 이렇게 하여 일 년을 그리스도로 충만하게 채워감으로써 영적으로 매일매일 성장하게 도와줍니다.

주님의 대축일은 일 년에 두 번, 큰 축일 기간을 가집니다.

첫 번째 기간은 그리스도께서 육신을 취하시고 태어나시어 이 땅

그리스도의 탄생, 프레스코, 1312년
바토페디 수도원, 아토스, 그리스

에 오신 사건을 중심으로 하는 기간이고, 두 번째 기간은 그리스도의 십자가 희생과 부활을 중심으로 하는 기간입니다. 그 밖에 다른 대축일들은 축일 전후로 1주일씩 약 2주간의 짧은 축일 기간을 가집니다.

먼저 두 개의 대축일 기간을 살펴보도록 하겠습니다.

■ 그리스도의 탄생과 관련된 첫 번째 대축일 기간의 내용은 무엇입니까?

• 그리스도의 탄생 대축일

성 삼위일체 하느님의 두 번째 위격이신 '하느님의 말씀', 즉 하느님 아들(성자)께서 육신을 취하시고 사람이 되신 사건은 사람의 구원에 있어서 헤아릴 수 없이 큰 의미가 있습니다. 교부들은 인간의 이성으로는 상상할 수 없는 이 사건을 묵상하면서 그 의미를 이렇게 단순하고도 놀라운 방식으로 요약했습니다.

하느님께서 사람이 되신 것은 사람을 신이 되게 하려고 함입니다.

12월 25일 그리스도의 탄생 대축일을 영적으로 준비하기 위해, 정교회는 대축일 전 40일을 대림절(그리스도의 탄생을 금식과 기도로 준비하는 또 하나의 사순절 기간)로 정했습니다. 이 대림절 사순 기간은 사도 필립보 축일 다음 날인 11월 15일에 시작됩니다. 그리고 11월 21일 테오토코스의 입당 축일 때부터 조과에서는 "그리스도 탄생을 찬양할지어다. 하늘에서 오시는 그분을 맞이할 지어다. … "로 시작되는 성탄절 까따바시아[32] 성가를 부르기 시작합니다. 그리고 11월 26일부터 그리스도의 탄생 전 1주간에 이르기까지 모든 예식에서 대림 콘타키

---

32 구약을 주제로 한 대표 찬양송(이르모스)과 그에 따른 여러 개의 찬양송(뜨로빠리온)들을 한 묶음(오디)으로 하여, 전체 아홉 개의 묶음으로 구성되는 대찬양시를 까논이라 하는데, 바로 이 까논의 이르모스만 따로 떼어내어 부르는 것을 까따

온(시기송)과 대림절 성가들을 부릅니다. 이 대림절은 12월 25일 그리스도의 탄생 대축일에 절정에 이르고, 그 축제의 기쁨과 은총을 12월 31일까지 계속 이어갑니다.

• 신현 대축일

처음에는 그리스도의 거룩한 탄생 사건과 그리스도께서 세례 받으실 때 성 삼위일체 하느님이 동시에 현현하신 신현 사건은 1월 6일 한날에 같이 기념되었습니다. 이것은 본래 '신현 대축일'이라는 이름으로 경축되었고 축일 후 8일 동안의 축일 기간을 가졌습니다. 이로써, 베들레헴에서 겸손하게 태어나 구유에 누우신 하느님, 요르단 강에서 겸손하게 세례를 받으신 하느님 아들, 그리고 세례 받으실 때 "이는 내 사랑하는 아들, 내 마음에 드는 아들이다"(마르코 1:11, 마태오 3:17, 루가 3:22)라는 음성으로 현현하신 하느님 아버지와 비둘기 모양으로 내려오시어 현현하신 성령, 이렇게 세 위격이 동시에 현현하시어 나타나신 삼위일체 하느님을 같은 날 경축했던 것입니다. 이날 모든 신자들은 겸손하게 우리에게 오신 하느님의 아들 예수 그리스도께, 그리고 우리에게 기꺼이 자신의 존재를 드러내신 성부 성자 성령 삼위일체 하느님께 감사드리고 머리 조아리며 순종의 찬양을 드립니다.

그러나 4세기부터는 이 두 개의 사건을 더욱 부각시키고, 그 은총을 두 배로 누리기 위해 성탄 대축일과 신현 대축일을 분리하여 경축하기 시작했습니다. 그래서 신현 대축일은 종전대로 1월 6일에, 그리고 새롭게 분리된 성탄 대축일은 그 전인 12월 25일에 지내기로 결정했던 것입니다.

바시아라고 한다. 대축일 기간과 중요한 축일마다 고유하게 불리는 까따바시아가 있다.

이 두 대축일은 원래 하나의 축일이었기에 그 구체적인 내용은 다르지만 거의 비슷한 음조와 분위기, 예식 구조를 가지고 있습니다. 그리고 이 두 대축일 사이에는 1월 1일 주 예수 그리스도의 할례 축일이 끼어들어갑니다.

　그런 다음 1월 2일부터 성탄 대림절처럼 신현 대림절이 시작되고, 1월 6일 신현 대축일을 절정으로 한 다음 1월 14일까지 신현 대축일 기간을 갖고 마무리됩니다.

그리스도의 세례, 프레스코, 1938년
포티스 콘도글루 作, 성 이리니 소성당, 키피시아, 그리스

성탄 대림절 40일 동안에는 금식을 지키는데, 먼저 12월 17일까지는 생선은 허용하는 완화된 금식을 하고, 18일부터 24까지 1주간은 생선도 허용되지 않는 엄격한 금식을 지킵니다. 성탄 대축일부터 신현 대축일 전 1월 4일까지는 평상시 행하던 수요일 금요일 엄격한 금식을 포함하여 모든 금식이 해제됩니다. 1월 5일 신현 대축일 전날은 엄격한 금식일입니다. 정교회는 성탄 대축일에서 신현 대축일까지의 기간을 '거룩한 12일 축일 기간'이라 이름 짓고 특별한 기쁨과 평화를 누리며 성대하게 지냅니다.

- **그리스도의 거룩한 수난과 부활을 중심으로 한 두 번째 대축일 기간은 어떻게 구성되어 있습니까?**

그리스도의 십자가 희생과 부활은 인류와 온 세상의 구원의 기초입니다. 사도들의 모든 복음 설교가 이 두 개의 기둥을 둘러쌉니다. 참 하느님 주 예수 그리스도께서는 우리를 위해서 인성을 취하시고 이 세상에 오셨고, 그 인성 안에서 죽음을 당하셨을 뿐만 아니라, 영광스러운 부활을 통하여 악마와 죽음의 힘을 꺾고 승리하셨으며 그 승리에 우리 모두 참여하게 하셨습니다. 주님의 부활은 그분에 대한 그리고 우리 구원에 대한 믿음의 굳건한 기초입니다. 사도 바울로는 이 확신을 이렇게 표현합니다.

> 그리스도께서 다시 살아나지 않으셨다면 우리가 전한 것도 헛된 것이요 여러분의 믿음도 헛된 것일 수밖에 없을 것입니다. 만일 죽은 자가 다시 살아나는 일이 없다면 하느님께서 그리스도를 다시 살리셨을 리가 없습니다. (I 고린토 15:14-15)

> 그리스도께서는 죽은 자들 가운데서 다시 살아나셔서 죽었다가 부활한 첫 사람이 되셨습니다. (I 고린토 15:20)

그 최초의 순간부터 교회는 세상을 구원하는 이 두 사건을 다른 모든 것보다 중시했고, 그래서 이 두 사건은 언제나 그리스도교 예배의 중심이었습니다. 예루살렘의 첫 그리스도인들이 그리스도의 생애에서 가장 중요한 사건으로 여겨 그 첫 순간부터 경축하기 시작했던 것은 바로 그리스도의 부활이었습니다. 그들은 부활 대축일 하루만이 아니라 매주 일요일(주님의 날, 주일)마다 그리스도의 부활을 경축하며 예배드렸습니다. 이 전통은 오늘날까지 지속되어 왔고 또 세상 끝날 때까지 계속 될 것입니다. 그래서 일 년에 '그리스도의 예루살렘 입성 대축일'과 '오순절 성령강림 대축일'의 두 주일을 제외하고 50번의 주일이 주님의 부활 축일입니다. 그러므로 매번 토요일 대만과와 매 주일 조과의 성가는 주님의 십자가와 부활을 주제로 삼습니다. 주일 조과에서는 부활 사건과 관련된 11개의 부활 복음경 본문을 봉독하고, 곧바로 부활에 관한 아래의 '기도문'을 읽습니다.

> 그리스도의 부활을 본 후에 거룩하신 주 예수를 흠숭하오니 주 홀로 죄가 없으시나이다. 그리스도여, 주의 십자가를 경배하며 주의 거룩한 부활을 찬송하고 찬미하오니 주는 우리 하느님이시며 주 외에 다른 이를 우리가 알지 못하나이다. 우리가 부르는 것 또한 주의 이름이로소이다. 믿는 이들이여, 모두와 그리스도의 거룩한 부활을 흠숭할지어다. 그로 말미암아 십자가가 온 세상에 기쁨을 가져왔도다. 언제나 주를 찬미하고 주의 부활을 찬송할지니 우리를 위해 십자가를 지심으로써 죽음으로 죽음을 멸하셨음이로다.

대부분의 전례와 절기들이 그렇듯이, 성령의 인도하심으로, 거룩한 부활 대축일을 맞이하고 참여하기 위해 주님의 고난과 희생을 금식과 기도와 자선으로 함께 따라가며 영적으로 준비하고 투쟁하는 10주간의 준비기간이 점차적으로 형성되게 되었습니다. 부활 대축일 이후 40일째 되는 날에는 그리스도의 승천 대축일이 오고, 그 다음 10일째 되는 날, 즉 부활 대축일 이후 50일째 되는 날에는 오순절 성령 강림 대축일을 맞이하게 됩니다. 이렇게 부활 대축일에서 오순절 성령 강림 대축일에 이르는 일곱 번의 주일에는 일곱 가지의 주제를 가지고 부활 사건과 성령 강림의 사건을 경축합니다.

이 긴 과정 전체를 자세하게 살펴봅시다.

- **뜨리오디온 기간**

'뜨리오디온'이라는 말은 "세 마디"라는 뜻을 가지고 있습니다. 먼저 『뜨리오디온』은 주님의 부활 대축일 전날에 끝나는 10주간의 준비기간 동안에 교회에서 드리는 모든 예식과 성가, 성경 봉독 본문이 담겨 있는 책의 이름입니다. 『사순절 예식서』라 번역할 수 있는 이 책을 그리스어로 『뜨리오디온』이라고 부르는 이유는 조과(아침 예식)에서 불려지는 '까논' 성가가 일반적으로는 '아홉 개'의 오디(마디 혹은 마당)로 구성되어 있는 반면, 이 책에서는 '세 개'의 오디만으로 구성되어 있기 때문입니다. 그래서 넓은 의미에서는 이 『뜨리오디온』 예식서로 예배를 드리는 10주간의 전 기간을 '뜨리오디온 기간'이라 부를 수도 있습니다.

하지만 특별히 기간을 부르는 명칭으로서 '뜨리오디온' 기간이라 할 때, 그것은 성 대사순절 이전에 이것을 준비하는 3주간의 기간을 말합니다. 그래서 부활 대축일 이전에 오는 10주간은, 먼저 부활 대축일을 직전에 두고 그리스도의 희생의 마지막 한 주간을 엄격한 금식과 예배와 기도로 동참하고 따라가는 성 대주간 1주, 그리고 이 성 대주간을 엄격한 금식과 기도와 자선으로 준비하는 6주의 성 대사순절 기간, 그리고 이 대사순절을 예고하고 또 준비하는 3주(네 번의 주일)의 뜨리오디온 기간으로 구성됩니다.

네 번의 주일을 포함하는 3주의 뜨리오디온 기간은 참회와 겸손과 심판을 주제로 삼고 있습니다. 이 주제들과 관련된 간절한 성가와 성경의 비유 말씀을 통해서 신자들은 기쁨의 원천이신 그리스도로부터 멀어지게 만드는 모든 정념, 욕망과 투쟁하도록 초대받습니다. 이러한 회개와 함께 거룩한 신비성사의 은총과 영적 단련과 기도를 통해서 천국에 들어가기에 합당하게 되도록 격려 받습니다. 주일 조과에서는 조과 복음경 후에 다음과 같은 간절한 성가를 부릅니다.

> 생명을 베푸시는 이여, 회개의 문을 여소서. 인자하신 이여, 불결하게 된 내 몸의 성전이 거룩한 주의 성전에 들어왔나니 당신의 자비하심으로 깨끗하게 하소서.

1) 뜨리오디온 제1주일 : 세리와 바리사이파 주일

뜨리오디온의 첫 번째 주일은 세리와 바리사이파 사람의 비유 말씀을 기억하며, '겸손'의 미덕을 강조합니다. '겸손'은 하느님께서 가장 칭찬하시는 미덕입니다. 왜냐하면 인류의 첫 조상인 아담과 하와가 낙원에서 쫓겨난 이유가 교만과 이기심이었듯이, 이 잘못을 치유하고 다시 낙원을, 하느님 나라를 찾을 수 있게 해주는 가장 위대한 덕은 바로 겸손이기 때문입니다. 겸손은 모든 덕의 바탕이요, 시작이기 때문입니다.

2) 뜨리오디온 제2주일 : 탕자 주일

두 번째 주일의 주제는 회개와 탕자의 비유 말씀입니다. 비유 말씀에서 볼 수 있듯이, 아무리 큰 잘못을 저질러도 자비와 사랑으로 끝까지 참고 기다리시는 아버지, 비록 잘못을 저지르고 타락하고 아버지를 버리고 멀리 떠났지만 용기를 내어 겸손과 회개로 돌아온 탕자를 통해서, 신자들은 구원이 하느님의 자비와 우리의 겸손과 회개에 있음을 깨닫게 됩니다. 이 비유 말씀을 통해서 교회는 아무리 큰 죄인일지라도 용기 있게 회개하고 돌아설 때, 우리의 구원이 시작됨을 믿고, 회개와 함께 대사순절의 영적 투쟁을 시작하라고 우리 모두에게 요청합니다.

3) 뜨리오디온 제3주일 : 금육 주일 혹은 최후의 심판 주일

세 번째 주일은 금육(禁肉)주일이라고 부릅니다. 성 대사순절을 앞두고 마지막으로 육류를 먹을 수 있는 날이기 때문입니다. 이날 예배 때 봉독되는 복음경 말씀은 최후의 심판에 관한 주님의 경고 말씀입니다. 최후의 심판 날이 어떻게 다가올 것이며, 그 정의의 심판 때 어떤 기준에 따라 우리가 심판받게 될지, 주님의 말씀을 통해서 다시 한번 되새깁니다. 이날 복음경 말씀을 통해서 주님께서는 마지막 심판 때에 병든 자, 가난한 자, 배고픈 자, 고통 받는 자에게 행한 작은 선행이 우리를 구원할 것이라고 가르쳐 주십니다. 그 작은 이들에게 행한 것이 바로 주님에게 행한 것이라고 말씀하십니다. 이 말씀을 기억하며 우리는 사랑을 실천하지 않고 이기적으로 살아온 우리 자신의 삶을 되돌아보고 회개합니다. 또 이를 통해서 성 대사순절의 영적 투쟁이 사랑의 실천에 바탕을 두어야 하는 것임을 깨닫습니다.

4) 뜨리오디온 제4주일 : 유식 주일

'유식(乳食)주일'[33]이라 불리는, 뜨리오디온 기간의 마지막 네 번째

---

33 유식주일이라는 말은 마지막으로 가축의 유가공 제품을 섭취할 수 있는 날이라는 뜻입니다. 금육주일 이후 유식주일까지 일주간을 유식주간이라 부릅니다. 이 유식주간에는 육식은 할 수 없으나 대신 유가공 제품은 섭취할 수 있는 기간입니다. 물론 유식주일 다음 날인 정결 월요일부터는 본격적인 성 대사순절이 시작되고, 이 대사순절 기간에는 육고기는 물론이요 모든 유가공제품, 생선, 기름, 포도주를 모두 금하는 엄격한 금식이 시작됩니다. 교회는 이러한 엄격한 금식에 들어가기에 앞서 점진적으로 이 금식에 적응할 수 있도록, 또 신자들이 영적 투쟁에 잘 돌입할 수 있도록 이 유식주간을 허락했습니다.

주일은 하느님께 불순종한 인류의 첫 조상 아담과 하와, 그들이 불순종으로 잃어버린 낙원, 인류의 타락의 결과들을 기억합니다. 사도 바울로는 순종을 강조하면서 이렇게 말합니다.

> 천사들을 시켜서 하신 말씀도 효력이 있어서 그것을 어기거나 따르지 않는 자들은 모두 응분의 징벌을 받았는데 만일 우리가 이토록 값진 구원의 말씀을 소홀히 한다면 어떻게 징벌을 피할 수 있겠습니까? 이 구원의 소식은 주님께서 처음으로 전해 주신 것이며 그 말씀을 들은 사람들이 또한 우리에게 확증해 준 것입니다. (히브리 2:2-3)

또 사도 바울로는 우리가 싸워야 할 악덕에 대해 이렇게 말합니다.

> 밤이 거의 새어 낮이 가까웠습니다. 그러니 어둠의 행실을 벗어버리고 빛의 갑옷을 입읍시다. 진탕 먹고 마시고 취하거나 음행과 방종에 빠지거나 분쟁과 시기를 일삼거나 하지 말고 언제나 대낮으로 생각하고 단정하게 살아갑시다. 주 예수 그리스도로 온몸을 무장하십시오. 그리고 육체의 정욕을 만족시키려는 생각은 아예 하지 마십시오. (로마 13:12-14)

그는 금식에 대해서도 이렇게 말합니다.

> 아무것이나 먹는 사람은 가려서 먹는 사람을 업신여기지 말고 가려서 먹는 사람은 아무것이나 먹는 사람을 비난하지 마십시오. 하느님께서는 그 사람도 받아들이셨습니다. 우리에게 남의 종을 판단할 권리가 있습니까? 그가 서거나 넘어지거나, 그것은 그의 주인이 상관할 일입니다. 주님께서는 그를 서 있게 하실 힘이 있으시니 그는 넘어지지 않을 것입니다. (로마 14:3-4)

유식주일 저녁에는 처음으로 성 대사순절 참회의 대만과를 드리고, 예식의 마지막 순서에 '용서의 예식'을 거행합니다. 모든 성직자와 신자들은 회개를 통한 정화의 대사순절을 시작하면서 하느님께 우리 죄를 고백하고 용서를 빌기 전에 먼저 형제들에게 용서를 구하고 용서해주어야 합니다. 주님께서 가르쳐주신 기도에도 잘 나와 있듯이, 이 '용서'는 죄의 용서와 정화의 은총을 비는 우리의 기도가 하느님께 응답되기 위한 전제조건입니다.

> 그러므로 제단에 예물을 드리려 할 때에 너에게 원한을 품고 있는 형제가 생각나거든 그 예물을 제단 앞에 두고 먼저 그를 찾아가 화해하고 나서 돌아와 예물을 드려라. (마태오 5:23-24)

• 성 대사순절

이미 4세기부터 이 기간은 '아기아 께 메갈리 떼싸라꼬스띠'라 불려왔습니다. 그 뜻을 우리말로 옮기면 '성(아기아) 대(메갈리) 사순절(떼싸라꼬스띠)'이 됩니다. '사순절'이란 40일로 구성된 절기라는 뜻으로, 이 성 대사순절에 정교의 모든 신자들은 엄격한 금식과 끊임없는 기도와 선행과 평소보다 훨씬 길어지는 예배와 회개와 고백성사와 성체성혈성사를 통해 집중적으로 영적 투쟁을 전개합니다. 성 대사순절은 유식주간을 지나 첫 번째 월요일, 즉 정결 월요일부터 시작하여 6주간 지속되고, 여섯 번째 주간 금요일, 즉 '주 예수 그리스도의 예루살렘 입성 축일 주일' 직전 금요일에 끝납니다.

사순절 기간은 참회하는 슬픈 기간이지만 그 기간에도 주일에는 여전히 그리스도의 부활을 경축하는 축일로 지냅니다. 그래서 토요일과 주일은 엄격한 금식이 완화되어 기름은 허용됩니다. 물론 토요일 대만과와 주일 조과에서는 부활 성가에 사순절 성가가 추가됩니다. 성 대사순절 기간의 다섯 번의 주일에는 평소와는 달리 성 요한 크리소스토모스 성찬예배 대신 더 길고 장엄한 성 대 바실리오스 성찬예배가 거행됩니다.

  이 기간 동안 교회에서 불리는 아름다운 성가들은 교인들을 이렇게 격려합니다.

> 덕들의 경주장이 열리는도다. 경기에 참여할 자들은 들어갈지어다. 사순대재의 투쟁을 준비할지어다. 용기를 가지고 싸우는 자들은 합당한 면류관을 받을 것이로다. 믿음을 흔들리지 않는 성벽으로, 기도를 갑옷으로, 사랑을 투구로, 내 마음의 모든 사악함을 잘라내는 금식을 칼로 삼고, 원수를 쳐부수기 위해 십자가의 무기를 듭시다. 이렇게 하는 자는 진실로, 심판의 날에 전능하신 그리스도의 손에서 면류관을 받으리로다.

> 보아라, 영적 투쟁의 시간이 오는도다. 악마들에 대한 승리, 무장을 갖춘 절제, 천사와 같은 찬란함, 하느님의 안전한 보호의 시간이 오는도다. 이를 통해 모세는 창조주와 대화하는 자가 되었고 보이지 않는 계시를 통해 그 음성을 들을 수 있었도다.

이렇게 언급한 내용의 결론은 다음과 같습니다.

> 주여, 우리도 당신의 수난과 거룩한 부활을 경배할 수 있게 해 주소서.

  성 대사순절은 또한 특별히 구약성경과 시편을 평소보다 많이 봉독하는 기간이기도 합니다.

가. 성 대사순절에 드리는 거룩한 예식들

1) 석후대과

  성 대사순절 기간 내내 저녁에는 평소에 드리는 짧은 기도 예식인 석후소과 대신에 석후대과를 드립니다. 구약성경 내용에 바탕을 둔 성가와 초대 교회의 박해 시절 카타콤에서 불리던 성가들이 불립니다.

> 우리와 함께 하느님께서 계시나니 이방인들아 깨닫고 순종할지어다. 우리와 함께 하느님께서 계시는 도다.
>
> 형체 없는 헤루빔이 끊임없는 찬미가로 주를 찬양하나이다.

2) 대까논

성 대사순절 금식이 시작되는 첫 주간의 월, 화, 수, 목요일 4일과 다섯 번째 주의 수요일 저녁 석후과에서는 크레타의 주교 성 안드레아의 『참회의 대까논』을 부릅니다. 간결하면서도 시적인 표현으로 우리의 영혼을 울리는 이 거룩한 『대까논』은 구약성경과 신약성경에 나오는 인물들의 행동과 삶에 나타난 수많은 죄악과 그 결과를 우리 자신의 것으로 기억하고 회개하게 합니다. 또한 믿음과 거룩한 삶과 덕으로 하느님께 영광 돌린 존경스러운 신앙의 모범들을 소개하고, 우리도 그분들을 본받자고 촉구합니다. 『대까논』에 나오는 콘타키온(시기송)은 이렇게 외칩니다.

> 내 영혼아, 오, 내 영혼아, 깨어 일어나라, 어찌하여 자고 있느냐? 세말(世末)이 가까웠으니, 너는 마땅히 두려움에 떨지어다. 일어나라, 그리하면 우리 하느님 그리스도께서 너를 용서하시리로다. 그분은 어디에나 현존하시며, 만물을 채우고 계시는 분이시다.

3) 미리 축성된 성찬예배

앞에서도 언급했듯이, 엄격한 금식이 행해지는 성 대사순절 평일에는 성찬예배를 드리지 않는데, 영적 투쟁에 그 무엇보다 절실히 필요한 영적 양식인 성체성혈을 신자들이 자주 받아 모실 수 있도록 사순절 수요일과 금요일에는 「미리 축성된 성찬예배」가 거행됩니다. 미리 축성된 성체성혈이 모셔진 성작이 지성소에서 나와 다시 지성소로 들어가는 대입당 때, 평소 부르던 헤루빔 성가 대신에 아래의 성가를 부릅니다. 성가는 신자들이 더욱 깊은 회개와 기도로 성체성혈을 받아 모실 수 있도록 도와줍니다.

> 이제 하늘의 천군천사들이 보이지 않는 가운데 우리와 함께 주를 섬기는 도다. 보라, 영광의 왕이 들어오시는 도다. 보라, 신비의 희생제가 거행되고 이루어지도다. (미리 축성된 성찬예배 대입당 성가)

4) 성모 기립 찬양

이 찬양 예식은 7세기의 한 역사적인 사건에서 비롯됩니다. 그 사건은 626년 콘스탄티노플이 아랍 이교도들에게 포위당했을 때 승리의 지휘자이신 성모님께서 기적적인 방법으로 도와주시어 물리치게 된 것을 말합니다.

이 장엄한 찬양시의 성가들은 또한 보이지 않게 적들로부터 신자들을 보호해주시고 영적으로 굳세게 해주시는 테오토코스 성모 마리아에 대한 감사의 마음을 담고 있습니다. 이 아름답고도 장엄한 찬양 예식은 모든 시대의 정교신자들을 감동시켜왔으며, 특별히 성 대사순절, 매주 금요일 저녁에 거행됩니다. 성 대사순절 예배의 아름다움을 대표하는 예식 중 하나인 이 기립 찬양에 참여하여, 사랑이 많으신 우리 위대한 어머니, 테오토코스 성모님께 "혼인한 바 없는 신부여, 기뻐하소서!"라고 외치기 위해, 수많은 정교 신자들이 매주 금요일 저녁 서둘러 성당으로 발걸음을 옮깁니다.

나. 성 대사순절의 주일들

1) 성 대사순절 제1주일 : 정교주일

성 대사순절 첫째 주일은 제7차 세계 공의회를 통해서 성화상 공경 교리가 승리한 것과 이로써 그동안 교회를 괴롭힌 모든 이단 교리에 대해 정교회가 최종적인 승리를 거두었음을 기념하고 경축하는 '정교 승리 주일'입니다. 그래서 이날 성찬예배 후에는 성당을 한 바퀴 도는 성화상 행렬을 거행합니다. 또 이날 성찬예배에서 봉독되는 거룩한 사도경과 복음경 말씀, 그리고 성가는 뜨거운 믿음의 결과가 얼마나 큰 힘이 되고 놀라운 것인가를 말해줍니다.

2) 성 대사순절 제2주일 : 팔라마스의 성 그레고리오스 주일

성 대사순절 두 번째 주일은 "기적의 성인, 정교회의 밝은 별, 수도자들의 아름다움, 교회의 기둥, 신학자들의 승리의 원군, 테살로니키의 자랑, 하느님의 은총을 신자들에게 전해주는 전달자"(성인의 찬양송)이신 테살로니키의 대주교 성 그레고리오스 팔라마스의 영적 투쟁을 기념합니다.

3) 성 대사순절 제3주일 : 십자가 경배주일

교회는 성 대사순절의 중간 시점에 주님의 거룩한 십자가를 기억하고 경배하는 '십자가 경배 주일'을 배치해 놓았습니다. 이날 성당 중앙에는 주님의 십자가가 놓이고, 신자들은 그 십자가를 보고 경배하고 묵상합니다. 이를 통해서 신자들은 주님의 거룩한 고난과 희생을 생각하면서 남은 성 대사순절 영적 투쟁을 지치지 않고 지속해 나갈 수 있는 힘과 은총을 받습니다. 그리고 이 영적 투쟁을 통해 정화되어 그리스도의 거룩한 고난과 영광스러운 부활의 날들을 합당하게 맞이하고 경배하고 경축할 수 있기를 기도하고 또 결단합니다.

4) 성 대사순절 제4주일 : 성 요한 클리막스 주일

성 대사순절 네 번째 주일은, 거룩한 삶을 사신 시나이 수도원 원장 성 요한 클리막스를 기념하는 날입니다. 성인의 별칭이 '클리막스'인 것은 그분이 영적 저서의 걸작인 『낙원의 사다리』를 저술하셨기 때문입니다. 이 책은 총 30장으로 구성되어있고, 각 장마다 영적인 발전과 믿음의 완성에 필요한 30가지의 덕을 마치 사다리를 오르듯 점진적인 발전의 과정으로 설명하고 있습니다. 특별히 성 대사순절에 필독하도록 권고되고 있는 이 책에는 그리스도인들이 인간의 육적인 욕망과 악덕을 물리치고 주님의 은총을 통해 신앙의 덕들을 갖추어 나감으로써 하늘나라로 올라갈 수 있는 길을 제시하고 있습니다.

이 책의 제목은 분명 구약성경에 나오는 '야곱의 사다리 환상'(창세기 28:12)에서 영감을 얻은 것이고, 30개의 단계를 설정한 것은 예수님께서 성장하시어 30세가 되셨을 때 공생애를 시작하셨기 때문입니다. 수도자뿐만 아니라 일반 신자도 반드시 읽어야 할 소중한 영적 저서입니다.

5) 성 대사순절 제5주일 : 이집트의 성 마리아 주일

성 대사순절 마지막 다섯 번째 주일은 이집트의 성녀 마리아를 기념합니다. 이 성녀는 홀로 사막에서 오랜 기간 동안 회개와 금욕을 통해 영적 투쟁을 하여 성인이 되셨습니다. 성녀의 모범은 우리 신자들 각자가 마음의 결단을 통하여 흔들림 없이 인내하며 욕망과 싸우고 회개하도록 도와줍니다. 성 대사순절 막바지에 이른 신자들은 성녀 마리아가 영적 투쟁에서 보여준 인내와 끈기, 철저한 회개에서 큰 깨달음을 얻고 주님의 고난과 부활을 향해 다시 한번 힘을 내어 전진합니다.

6) 라자로의 부활 토요일과 주 예수 그리스도 예루살렘 입성 주일

이집트의 성녀 마리아 주일(성 대사순절 제5주일)은 성 대사순절의 마지막 주일로, 이 주간 금요일이 되면 성 대사순절이 끝납니다. 그리고 곧바로 주님의 부활의 능력을 미리 맛보는 '라자로의 부활 토요일'이 오고, 이어서 그리스도께서 거룩한 고난을 향해 자발적으로 예루살렘에 들어가시는 '그리스도의 예루살렘 입성 축일 주일'을 맞이합니다. 그리고 주 예수 그리스도 예루살렘 입성 축일 주일 저녁부터 주님의 고난과 희생을 기념하는 '성 대주간'이 시작됩니다.

• 성 대주간

초대 그리스도교 시대 때부터 교회는 부활 대축일 직전 한 주간을 '성 대주간'(아기아 께 메갈리 에브도마다)라고 불러왔습니다. 이 주간이 특별히 거룩하고 위대한 이유는, 바로 이 기간 동안 세상과 인류의 구원을 가져온, 말로는 도저히 형용할 수 없는 위대한 사건들, 하느님께서 우리 인간에게 베푸신 가장 크신 선과 위대한 은총의 사건이 일어났기 때문입니다. 성 요한 크리소스토모스는 이 명칭과 관련하여 이렇게 말했습니다.

> 이 주간에 죽음이 지워져서 사라졌습니다. 무거운 죄짐에 억눌렸던 이가 일어났습니다. 악한 통치자는 달아나버렸고, 이제 인류는 전쟁할 무기도 필요 없는 자유인이 되었습니다. 하느님과 사람 간의 화해가 이루어졌습니다. (PG 53. 373)

성 대주간의 금식은 사도 시대부터 행해져 온 아주 오래된 전통입니다. 그때부터 그리스도인들은 아무런 방해도 받지 않고 '주님의 고난과 부활'을 기념하는 거룩한 예식들에 참여하기 위해서 이 한 주간 동안은 일을 하지 않았다고 전해집니다.

1) 성 대월요일

성 대월요일에는 그리스도의 예형(豫形)인, 야곱의 아들, 의로운 요셉을 소개합니다. 요셉은 그를 질투한 형제들에 의해 이집트 상인에게 노예로 팔렸습니다. 그러나 나중에는 부유한 이집트의 총리로 추대되어 자기 가족을 기아에서 구했습니다. 그와 마찬가지로 같은 동포였던 유대인들도 의로우신 예수 그리스도를 시기했습니다. 또 배은망덕한 주님의 제자 유다는 은전 30냥에 주님을 팔아 넘겼습니다. 구덩이에 던져진 요셉처럼, 그리스도께서는 어두운 무덤에 던져지셨지만, 전지전능하신 하느님으로서 그 무덤에서 부활하셨으며, 이집트의 총리가 되어 민족을 구한 요셉처럼, 자애로우신 임금으로서 신비로운 천상의 빵, 그분의 거룩한 몸과 피를 제공해주시어, 우리를 영적인 굶주림에서 구해주십니다.

주 예수 그리스도의 예루살렘 입당 축일 주일 밤에 거행되는 성 대월요일 조과 때는 성당 중앙에 '신랑 그리스도'의 성화를 모셔놓고, '신랑 의식'을 거행합니다. 이 특별한 조과 예식은 성 대수요일 조과까지 이어집니다. 이 예식에서는 다음과 같은 '신랑 의식 성가'를 간절하게 부릅니다.

> 볼지어다. 교회의 신랑이 한밤중에 오시나니 뜬 눈으로 있는 자는 복되리오. 게으른 자는 합당치 못하리라. 내 영혼아, 죽음에 처함과 하늘나라 밖에 갇힐까 두려워 깨어 일어나 부를지어다. 거룩하시고 거룩하시고 거룩하신 하느님이시여, 테오토코스를 통하여 우리를 불쌍히 여기소서.

또 예식 말미에 부르는 엑사뽀스띨라리온 성가 또한 신랑 의식의 아름다움을 전해줍니다.

> 나의 구세주여, 내가 주의 궁전을 보지만, 거기 들어갈 때 입을 옷

이 없나이다. 빛을 주시는 이여, 내 영혼의 옷을 찬란히 하사 나를
구원하소서.

2) 성 대화요일

성 대화요일에는 신랑을 기다리는 '열 처녀의 비유'(마태오 25:1-13)
를 듣고 묵상합니다. 여기서 신랑은 그리스도를, 열 처녀는 우리의
영혼을 상징합니다. 이날 조과 까논의 9오디 성가는 우리에게 이렇게
당부합니다.

> 주께서는 제자들에게 "깨어있으라" 하셨느니라. 주님이 오실 날과
> 시간은 아무도 알지 못하느니라. 주여, 두려운 당신의 재림 때에 나
> 의 잘못을 지나쳐 주시고, 나를 바른 편의 양떼에 포함시켜 주소서.

성 대화요일의 성가와 성경 봉독문은, 우리의 신랑이신 그분이 다
시 오실 때 우리를 그분의 영원한 왕국으로 데려가주시기를 갈망하
면서, 사랑과 미덕의 행실로 촛불을 밝히고 늘 영적으로 깨어 준비하
고 있어야 함을 우리에게 가르쳐줍니다.

3) 성 대수요일

성 대수요일에는 주님을 배반한 배은망덕한 제자 유다와 죄 많았
으나 회개하여 용서받고 그 감사의 마음을 표현하기 위해 값진 향유
를 주님의 발에 발라 드린 죄 많은 여인(마태오 26:6-16)을 나란히 기억
하고 묵상합니다. 감동적인 성가들은 "나태함은 참으로 무서운 것이
고, 회개는 참으로 중요한 것"임을 역설합니다.

성 대수요일에는 모든 신자들을 위해서 성유성사가 거행되고, 육
신과 영혼의 병에서 해방된 이들은 고백성사를 통해서 성체성혈성사
를 준비합니다.

4) 성 대목요일

성 대목요일의 성가와 성경 봉독 말씀은 주님께서 제자들의 발을 씻어 주신 사건과 최후의 만찬, 겟쎄마니 언덕에서 기도하신 예수님, 그리고 유다의 배신을 기억합니다.

성 대 바실리오스 성찬예배에서 봉독되는 사도경은 수난 당하시기 전 목요일 저녁에 주님께서 손수 제자들에게 가르쳐주시고 제정해주신 '감사의 성만찬 성사'에 올바르게 참여하는 영적 자세에 대해서 말하고 있습니다.

성 대목요일 저녁에는, '주님의 거룩한 고난 예식'을 거행하면서 주님의 고난과 관련된 네 복음경의 모든 본문을 전부 12부분으로 나누어 봉독합니다. 정교회 성당들은 십자가에 달리신 그리스도를 경배하기 위해 거룩한 슬픔과 경외감을 가지고 달려온 신자들로 가득 찹니다. 이 예식은 성 대금요일 아침에 거행되어야 하지만, 지역 성당에서는 더 많은 신자들이 주님의 고난 예식에 참석할 수 있게 하려고, 이 예식을 성 대금요일이 아니라 하루 전날인 성 대목요일 저녁에 거행합니다.

5) 성 대금요일

성 대금요일, 주님의 고난과 부활에 참여하기 위해 10주간의 긴 영적 투쟁을 전개해 온 신자들의 감동은 절정을 향해 나아가고 예식의 경건함 또한 최고조에 다다릅니다. 주님의 십자가 희생을 기억하기 위해 성당 한가운데에 십자가에 달리신 주 예수 그리스도의 상이 세워지고, 신자들은 창에 찔린 그분의 옆구리와 못 박힌 두 손과 발, 그리고 가시 면류관 쓰신 그분의 머리에 입 맞추고 경배하기 위해 성당으로 몰려듭니다. 구약성경 봉독에서는 그리스도 메시아의 거룩한 고난을 예언한 『이사야 예언서』에서 '고난 받는 종'에 관한 본문들이 봉독됩니다. 그리고 거룩한 복음경과 간절한 성가는 "우리 주 하느님, 구세주 예수 그리스도께서 우리를 위해 견디신 모든 거룩한 고난들, 우리를 구원하기 위해 자의로 수용하신 모든 것, 침 뱉음, 따귀, 채찍질, 욕설, 모욕, 자색 옷, 갈대, 해면, 신포도주, 못, 창, 특별히 십자가와 죽음"을 기념합니다. 이때 우리 영혼은 고난 받으시는 그리스도의 고통에 동참하면서 마음이 뜨거워져 우리 구세주 그리스도를 향한 깊은 감사의 마음 외에는 아무런 생각과 감정도 가질 수 없습니다. 이날 신자들은 최대한 모든 일을 멈추고 음식도 절제하면서, 그리스도께서 인간의 구원을 위해 행하신 이 거룩한 희생에 기도와 묵상과 예배로 동참합니다.

성 대 금요일 오전에는 대시과를 드리고, 오후에는 주님을 십자가에서 내리는 예식을 거행하며, 저녁에는 성 대토요일 조과와 함께 에삐따삐오스 예식(주님의 희생당하신 몸을 무덤에 장사 지내는 예식)을 하루 앞당겨 거행합니다.

6) 성 대토요일

성 대토요일은 성 대주간의 마지막 날입니다. 사도 시대부터 교회는 이날에 주님께서 무덤에 묻히시고 지하세계에 내려 가셔서 아담과 모든 죽은 영혼에게 구원의 복음을 전파하신 일을 기념합니다. 에삐따삐오스 예식에서 신자들은 벅찬 감동으로 초를 켜들고 꽃으로 아름답게 장식된 에삐따삐오스에 다가가면서 "그리스도 생명이시여, 주께서 무덤에 묻히시나니 천사들의 군대가 아연실색하며 주의 겸손을 찬미하나이다. … "로 시작되는 3부작 스타시스 대(大)찬양시를 노래합니다. 그리고 이날 오전에 드리는 성 대 바실리오스 성찬예배에서는 이미 모든 성가와 봉독문의 주제가 부활로 맞춰집니다.

백성들이여 와서 그리스도를 찬양하고 경배하며 그분의 부활을 찬

미할지어다. 그분은 세상을 원수의 흉계에서 구원하신 하느님이시
도다. (성 대토요일 대만과 스티히라 성가)

그리스도시여, 당신의 수난으로 우리는 욕망에서 해방되었고, 당
신의 부활로 우리는 부패에서 구원받았나이다. 주여 당신께 영광
돌리나이다. (성 대토요일 대만과 스티히라 성가)

성 대 토요일 대만과에 이어서 거행되는 성 대 바실리오스 성찬예
배에서 거룩한 복음경이 봉독되기 전에 교회는 알릴루이야 대신에,
부활의 희망에 가득차서 이렇게 소리칩니다.

하느님이여, 부활하시어 온 세상을 재판하소서. 만백성이 당신의
것이옵니다.

성 대토요일은 부활의 전조이고 선취입니다. 주 예수 그리스도께
서는 죽어서 무덤에 놓였습니다. 그러나 예언자가 말한 대로, 그분은
큰 힘을 가진 잠든 사자처럼 잠이 드셨습니다. "무덤 속에 계신 생명"
께서는 우리 모두를 부활시키시기 위해 부활하실 것입니다. 이 확신
은 성 대토요일에 드리는 성 대 바실리오스 성찬예배의 영성체송을
통해 이렇게 표현됩니다.

주께서는 마침내 잠에서 깨어난 사람처럼 일어나시어 우리를 구원
하시도다. 알릴루이야.

- **오순절 기간**

  1) 부활 대축일 주일 : 거룩한 빠스카 대축일

  주님의 부활은 그분의 지상 생애의 절정입니다. 주님께서는 죽음
  에 내려가셔서 지하세계에 있는 사람들에게도 회개를 설파하셨고 삼

일 후에 부활하셨습니다. 주님의 부활과 함께 교회도 부활했으니, 교회는 언제나 살아있고 온 세상을 감싸 안습니다.

세상에 기쁨을 가져다 준 이 부활은 너무나 벅차고 위대한 사건이어서, 우리 교회는 특별히 이 부활 사건을 주님의 승천 대축일 전까지 40일 동안 경축합니다. 이 40일 동안 부활하신 주님께서는 이 땅에 머무시며 제자들에게 나타나셔서 부활의 증거와 확신을 심어주셨기 때문입니다.

그리스도의 부활 대축일은 "축제 중의 축제"이고, 연중 전례와 절기의 중심이요, 절정이며, 가장 기쁨과 환희에 찬 날입니다. 그래서 부활 대축일의 종소리는 온 세상 땅끝까지 울려 퍼지고, 다음 부활 대축일 때까지 그 울림과 여운을 남깁니다. 부활 대축일 자정에 드리는 축일 성만찬 예배에서는 신자들이 켜든 촛불 빛이 넘쳐흐르고, 기쁘고, 활기차고 그 어느 때보다 아름답고 장엄한 부활 성가들이 성당을 넘어 온누리에 메아리칩니다.

> 주님께 찬미와 흠숭을 바치나이다. 이날은 선택받은 거룩한 날, 안식일 다음 날 중에서 가장 중요한 날, 축일 중의 축일, 축제 중의 축제, 이날에 그리스도를 대대로 찬양할지어다.

부활 대축일 자정, 축일 조과에서 불리는 다마스커스의 성 요한의 「부활 까논」은 부활의 기쁨과 은총을 가장 아름답게 노래하는 성가로서, 교부들의 저작 중에서도 가장 문학적으로 수려하고 장엄한 찬양시입니다.

> 지금 하늘과 땅 전체가 그리고 지하세계에도 환한 빛이 밝혀졌도다. 만물은 주님의 부활과 함께 축일을 경축하나이다.

나지안주스의 성 그레고리오스의 부활절 설교의 첫 말씀을 반복하여 부르는 이 성가 또한 우리에게 기쁨과 감동을 선사합니다.

> 오늘은 부활의 날이로다. 자랑스런 마음으로 축제를 경축하며 서로 얼싸 안을지어다. 형제들이여, 우리를 미워하는 자에게도 말을 하고 부활로 모든 이를 용서하며 큰 소리로 외칠지어다. 그리스도께서 부활하셨네. 죽음으로 죽음을 멸하시고 무덤에 있는 자들에게 생명을 주셨나이다. (부활 스티히라 독사스티콘)

부활 대축일 자정의 대기를 가득 채우는 부활 선언, "그리스도께서 부활하셨습니다!"는 그날뿐만 아니라 부활 대축일 주간(부활 대축일에 이어지는 한 주간)과 그후 주님의 승천 대축일까지 이어지는 축일 기간 동안 예배 때나 일상에서나 끊임없이 반복적으로 선포되고, 또 듣는 이 마다 "참으로 부활하셨습니다!"라고 확신에 차서 응답합니다. 이렇게 정교회 신자들에게는 부활의 기쁨과 견줄 수 있는 것은 그 어디에도 없습니다. 부활 대축일부터 성령강림 대축일까지의 오순절 전체는 신자들의 마음에 기쁨을 채워줍니다. 그 삶 속에 그 무엇보다도 깊고 값진 기쁨을 간직하게 해줌으로써 어떤 역경과 고난을 만나더라도 승리하며 전진할 수 있도록 해줍니다.

이뿐만 아니라 신자는 몸과 마음과 영혼을 다하여 이 부활의 사건에 참여함으로써 장차 있을 우리 각자의 복된 부활을 미리 맛봅니다. 인간에게 가장 큰 불행은 영적인 죽음입니다. 「부활 대축일 까논」 9 오디에서 노래하고 있듯이, 주님께서는 십자가의 희생과 영광스러운 부활을 통해서 죽음이라는 적으로부터 우리를 해방시켜 주셨습니다. 그리고 육체의 죽음을 최후의 심판과 부활의 때까지 잠시 자는 안식의 상태로 바꾸어 주셨습니다.

정교회에서 주 예수 그리스도의 부활은 연중 전례력의 위대한 절정일 뿐만 아니라 신자들 각자의 예배생활과 일상생활의 화관입니다. 부활 대축일 자정 예배부터 주님의 승천 대축일과 성령강림 대축일까지 오순절 기간의 모든 예식들은 정교회의 또 하나의 중요한 전례 예식서인 『오순절 예식서』에 모두 포함되어 있습니다.

부활 대축일 예배는 "그리스도께서 부활하셨네, 죽음으로 죽음을 멸하시고 무덤에 있는 자들에게 생명을 주셨나이다"라고 외치는 부활 찬양송을 10번 부르는 것으로 시작하여 부활절 조과, 그리고 부활의 기쁨이 강조된 성 요한 크리소스토모스 성찬예배의 순서로 전개됩니다. 부활절 조과와 부활 대축일 오전에 드리는 사랑의 대만과에서 불리는 성가들은 승리와 기쁨의 메시지를 전합니다.

> 하느님께서 일어나시면 원수들 흩어지고 맞서던 자들 그 앞에서 달아나리라.

> 연기가 바람에 날려가듯이 불길에 초가 녹듯이 악한 자들이 하느님 앞에서 사라져 간다.

2) 부활 대축일 주간 : '빛의 주간'

'빛의 주간'(부활 대축일 이후 첫 주간을 부르는 명칭) 일주일 동안 매일매일 부활 대축일 때와 똑같은 예배를 드립니다. 그리스 말로 이 주간은 "디아께니시모스 에브도마스"라고 불리는데, "새로운 한 주간" 혹은 "갱신의 한 주간"이라는 뜻입니다. 유대인들이 과월절을 하루만 지내지 않고 일주일 동안 기념했듯이, 교회도 부활 대축일 당일만이 아니라 한 주간 전체를 부활 대축일로 삼은 것입니다. 그리고 이 한 주간 동안 날마다 부활 대축일이 새롭게 반복된다는 의미에서 그런 명칭을 부여한 것입니다. 이렇게 하여 신자들은 7일 동안 부활 대축일의 감격과 기쁨으로 성찬예배에 참여하고, 부활하신 그리스도의 성체와 성혈을 모십니다.

3) 부활 후 두 번째 주일 : 토마 주일

부활 대축일 다음 주일도 역시 부활 대축일과 같은 의미와 중요성을 가진다는 의미에서 "안티빠스카", 다시 말해 "부활절에 버금가는 날"이라 부릅니다. 또 이 주일은 부활하신 그리스도를 만난 의심 많은 토마를 기념하기 때문에 '토마 주일'이라고도 합니다. 복음사도 성 요한이 언급하였듯이(요한 20:24-29) 사도 토마는 예수님께서 부활하신 후에 제자들에게 나타나셨을 때 그 자리에 있지 않았습니다. 동료

토마의 의심, 목판 템페라, 2004년
서미경 따띠안나 作, 성 니콜라스 주교좌 대성당, 서울

제자들을 찾아 갔을 때, 다른 제자들이 주님께서 부활하셨다고 말했지만, 사도 토마는 믿을 수 없었습니다. 하지만 예수 그리스도께서는 직접 다시 사도 토마에게 나타나셔서 손의 못자국에 손가락을 넣어보라고 하셨습니다. 이 사건은 부활하신 다음 주일에 일어났습니다. 못자국에 손가락을 넣어보고 부활하신 주님이심을 알게 되었을 때, 사도 토마는 자신의 믿음이 약한 것이 슬펐지만 그보다 부활하신 주님을 만난 기쁨에 이렇게 고백하며 외쳤습니다.

> 당신은 나의 하느님, 나의 주님이십니다. (요한 20:28)

4) 부활 후 세 번째 주일 : 향료 가진 여인들 주일

우리 교회는 주님의 부활 후 세 번째 주일부터는 주 예수 그리스도의 돌아가신 육신을 합당하고 예의바르게 돌보아 주었고 또 예수님께서 고난당하실 때 마지막 순간까지 가까이에서 주님을 따르고, 섬기며, 기도했던 믿음의 사람들을 공경하는 날로 정했습니다. 그들 중 한 사람인 아리마태아 출신 요셉은 예수님의 제자였지만 그 사실을 숨겨 왔습니다. 그는 유대의회의 의원이어서 유대인들의 보복을 두려워했기 때문입니다. 그러나 십자가 위에서 피를 흘리신 스승 예수 그리스도를 본 요셉은 용기를 내어 빌라도에게 가서 십자가에서 처형당하신 예수 그리스도를 자신의 새 동굴 무덤에 장사지낼 수 있도록 허가해 달라고 요청했습니다. 또 다른 한 사람은 니코데모인데, 그도 숨겨진 예수님의 제자였으며, 유대인들이 주로 장사지낼 때 쓰는 침향을 섞은 몰약을 가지고 예수 그리스도를 장사 지낸 사람입니다.

이들 외에도 예수님을 따라 다니면서 각별하게 모시고 섬긴 경건한 여인들이 있었습니다. 이 여인들은 예수님께서 십자가에 달리신 마지막 순간까지 주님 곁에 있었을 뿐만 아니라 무덤에 묻힌 주님의 시신을 찾아뵙고 감사와 경배를 드리기 위해 향료를 들고 부활의 새벽에 무덤을 찾아갔던 이들이었습니다. 거룩한 복음경의 기록에 따라 교회는 이 여인들은 "향료 가진 여인들"로 부르고 있습니다. 그러므로 이 주일을 "향료 가진 여인들의 주일"이라고 부르기도 합니다. 이 모든 신앙의 모범들을 기억하며 우리도 겁쟁이처럼 숨지 않고 용기와 힘을 내어 그리스도에 대한 우리의 믿음을 증거하고 모든 열정을 다해 그리스도를 따르고 섬기는 사람들이 되겠다고 결단하는 주일이기도 합니다.

5) 부활절 네 번째 주일 : 중풍병자 주일

부활 후 세 번째 주일부터는 그리스도께서 살아계실 때 신성의 능력을 드러내신 여러 기적과 사건을 기념합니다. 그중 첫 번째로 부활 후 네 번째 주일은 베짜타 연못에서 삼십팔 년 된 중풍병자를 고치신 기적(요한 5:1-15)을 기념합니다.

6) 부활 후 다섯 번째 주일 : 사마리아 여인 주일

부활 후 다섯 번째 주일은 예수님께서 사마리아 우물가에서 만난 여인에게 자신이 구약에서 예언된 메시아이심을 드러내신 사건(요한 4:5-42)을 기념합니다.

7) 부활 후 여섯 번째 주일 : 소경 주일

부활 후 여섯 번째 주일은 태어날 때부터 장님이었던 사람을 고쳐 주신 기적(요한 9:1-38)을 기념합니다.

8) 주 예수 그리스도의 승천 대축일

복음저자 성 루가는 루가 복음경의 마지막 부분, 그리고 사도행전의 첫 부분에서 주 예수 그리스도께서 부활하신 후 40일째 되던 날 놀랍게 승천하신 사건을 우리에게 전해줍니다. 승천 대축일 대만과 스티히라 성가는 이렇게 노래합니다.

> 세상에 성령을 보내시려고, 주님께서 하늘로 올라가신다. 그의 옥좌는 하늘에 있고, 구름은 그의 디딤돌. 천사들은 그들 위로 오르신 한 사람을 보고 놀라고, 아버지는 그 품에 영원히 계시는 분을 영접하도다. 성령은 전령들을 통해 명하니, "문들아 머리를 들라. 만백성아 손뼉쳐라. 그리스도께서 본래 계셨던 곳으로 오르신다."

또 승천 대축일 찬양송(아쁠리띠끼온)은 이렇게 찬양합니다.

> 그리스도 우리 하느님이시여, 당신은 영광 속에 승천하셨나이다. 성령을 약속하심으로써 제자들을 기쁨으로 충만케 하시고, 그들에게 힘을 주시며, 당신 손으로 그들을 강복하시나니, 당신은 하느님의 아들, 우리 영혼의 구속자이기 때문이나이다.

이 성가들이 말해주듯이, 이 승천 사건은 주님의 부활 사건, 그리고 제자들에게 성령이 임하신 사건과 깊은 관계를 갖고 있습니다. 찬양송의 내용은 성경 본문과 정확히 일치하는데, 주님께서는 승천하시기 바로 직전에 "성령이 너희에게 임할 것이다"(사도행전 1:4-8)라고 약속하셨습니다. 주 예수 그리스도께서 신화된 인간의 몸을 지니시고 승천하시어 하느님 아버지의 오른편에 앉아 계시다는 것은 정말 귀하고 깊은 신학적 의미가 있습니다.

정교회 그리스도인은 세례성사를 통해서 주 예수 그리스도와 연합되고 성찬예배에 참여함으로써 그리스도의 신비로운 생명에 참여합니다. 이 참여의 사건은 주님의 승천에서도 일어납니다. 주 예수 그리스도께서는 인간의 몸을 입으신 채로 승천하셨기 때문에, 그리스도와 하나가 된 우리도 그분과 함께 하늘 높이 들려져 하느님 아버지께로 인도됩니다.

  교부들 저작들과 성령의 영감을 받은 작가들의 성가들을 통해서 우리는 이 진리를 더욱 분명하게 알게 됩니다.

> 하느님께서 환호소리 가운데 오르신다. 아담 안에서 타락한 형상을 일으켜 세우시기 위해, 나팔 소리 나는 중에 주님께서 올라 가신다. 그분은 하늘로부터 위로자 성령을 보내실 것이니, 이는 우리 영혼의 성화를 위함이로다. (승천 대축일 대만과 아뽀스띠카 독사스티콘)

> 크신 자비로 우리의 타락한 본성도 들어 올리시어, 당신과 함께 아버지 곁에 앉게 하시니, 하늘의 형체 없는 권세들이 감탄과 두려움에 사로잡혀, 당신께서 사람들에게 보여주신 사랑을 찬양하나이다. (승천 대축일 대만과 스티히라 독사스티콘)

> 아담 안에서 가장 깊은 땅 속까지 추락한 인간 본성은, 주님 당신 안에서 새롭게 되었나이다. 오늘 당신은 그 본성을 천상의 권세들과 천사들보다 더 높이 들어 올리셨나이다. (승천 대축일 대만과 리띠 성가)

> 주여 당신은, 마치 잃었다 다시 찾은 양처럼, 인간 본성을 당신 두 어깨에 메시고, 당신의 거룩한 승천을 통해, 그것을 성부께로 데려 가셨나이다. (승천 대축일 조과 까논 7오디 성가)

  이처럼, 정교 신자들은 삶을 통해서 그리스도와 함께 살고 부활하고, 또 그리스도와 함께 하늘나라에 앉아 있게 될 것임을 보여주도록 부름 받습니다.

  주님께서는 승천하실 때 며칠 후면 성령이 제자들에게 내릴 것이라고 약속하셨습니다. 그리고 십 일 후, 오순절 축제일에 참으로 성령께서 제자들에게 임하였고, 제자들은 성령의 은사를 충만하게 받았습니다.

9) 오순절 : 성령 강림 대축일

거룩한 사도들에게 성령께서 임하심을 기념하는 이 대축일은 또한 교회의 탄생일로 여겨집니다. 이날 주님의 사도들은 빛을 받았고 아무런 오류 없이 복음의 진리를 가르칠 수 있는 사람들이 되었습니다. 이전에는 아직 성령을 받지 못했기 때문에, 자주 주님의 말씀을 이해하지 못했고, 또 오해하기도 했습니다. 그랬던 제자들에게 주님께서 이렇게 말씀하셨습니다.

> 진리의 성령이 오시면 너희를 이끌어 진리를 온전히 깨닫게 하여 주실 것이다. 그분은 자기 생각대로 말씀하시지 않고 들은 대로 일러주실 것이며 앞으로 다가올 일들도 알려주실 것이다. (요한 16:13)

정말로 제자들은 이 성령강림 이후 온갖 인간적 걱정과 나약함에서 해방되었습니다. 열정으로 가득 찼던 베드로도 이전에는 한 여종 앞에서도 두려워하면서 당당하게 예수님과 함께 다닌 제자임을 고백하지 못했습니다. 그러나 성령의 빛을 받고 권능을 입었을 때, 베드로는 뛰어난 용기를 가지고 예루살렘의 유대 민중 앞에 나서서 거침없이 그리스도의 복음을 설교했습니다.

> 그런데 하느님께서 미리 정하신 뜻과 계획에 따라 여러분의 손에 넘어간 이 예수를 여러분은 악인들의 손을 빌려 십자가에 못박아 죽였던 것입니다. (사도행전 2:23)

또한 베드로는 후에 성 요한과 함께 잡혀서 감옥에 갇히고 유대회당에 끌려갔을 때에도 성령의 빛을 가득 받아 이렇게 당당하게 고백합니다.

> 우리는 보고 들은 것을 말하지 않을 수가 없습니다. (사도행전 4:20)

> 그러자 사람들은 사도의 용기 있고 담대한 모습과 설교에 감명을
> 받아 그에게 달려와서 죄를 고백하고 세례를 받았습니다. 그 결과
> 하루에 예루살렘에서만 오천 명의 그리스도인이 생겨났습니다.
>
> (사도행전 4:4)

성령은 우리에게 빛을 밝혀주고 권능을 더해줄 뿐만 아니라 「성령께 드리는 기도문」의 표현처럼 우리를 모든 죄에서 깨끗하게 해주시고 모든 위험에서 건져주시며, 우리 마음을 따뜻하고 열정 가득하게 만들어주십니다. 그리하여 "뜨거운 열정과 마음으로" 주님의 일을 하게 해줍니다.

성 삼위일체의 세 위격은 모든 일에 완벽하게 조화를 이루시며 서로 협력하여 일하십니다. 이 아름다운 표현처럼 "아버지께서는 아들을 통하여 성령 안에서" 모든 일을 이루십니다. 우리는 특별히 성 삼위일체의 거룩하게 하시는 역사에서 이것을 확인할 수 있습니다. 예를 들면 세례성사의 물을 거룩하게 하는 예식에서, 성령을 보내주시어, 세례 예비자가 들어가 그리스도와 연합하게 될 물을 거룩하게 해달라고 자애로우신 아버지께 간청합니다. 이와 같은 일은 신비의 성찬 성사에서도 일어납니다. 성찬예배 집전 사제는 하느님 아버지께 간청합니다.

> 우리가 온당하고 피 흘림이 없는 이 예배를 주께 드리며, 주의 이
> 름을 부르고, 주께 기도하며, 간구하나이다. 우리와 이 예물 위에
> 주의 성령을 보내시어, 이 빵이 하느님이시며 우리 구세주이신 주
> 예수 그리스도의 고귀한 몸이 되게 하소서.

신자는 세례성사를 받은 후 곧바로 견진성사를 받게 되는데, 이 순간 세례 신자는 성령을 받게 되고, 성령께서는 그에게 임하셔서 비추어주시고, 인도하여 주시고, 몸과 영혼의 모든 더러움을 씻어 깨끗하

게 해주시어 거룩하게 해주십니다. 여기서 중요한 것은 신자가 성령을 거역하지 않아야 하고 계속해서 그의 마음 안에 머무실 수 있도록 노력해야 한다는 것입니다. 그래서 우리는 개인적으로 혹은 성당에서 기도드릴 때, 언제나 첫 기도로 「성령께 바치는 기도」를 드리는 것입니다.

> 하늘의 임금이시여, 위로자시여, 진리의 성령이시며, 어디에나 현존하시며, 온갖 것을 채워 주시는 이여, 행복과 생명을 주시는 이여, 오시어 우리 안에 머무르시어, 우리의 불결하게 된 모든 것을 깨끗하게 하시고, 선하신 이여, 우리 영혼을 구원해 주시옵소서. 아멘.

381년 콘스탄티노플 제2차 세계공의회에서 확정된 『신조』에서도 고백되고 있는 것처럼, '성령에 대한 신앙'은 우리 교회의 기본적인 교리입니다.

> 주님이시며 생명을 주시는 성령을 믿나니 성령은 성부께서 좇아 나시며 성부와 성자와 더불어 같은 흠숭과 영광을 받으시며 예언자를 통하여 말씀하셨나이다.

성령은 풍부한 은사들을 가져다주시고, 우리 영혼에 천국의 분위기를 창조해주시며, 그 안에서 사람이 바랄 수 있는 가장 아름답고 훌륭한 열매를 풍성하게 맺을 수 있게 해주십니다. 성 사도 바울로는 이 성령의 열매를 다음과 같이 열거합니다.

> 성령께서 맺어주시는 열매는 사랑, 기쁨, 평화, 인내, 친절, 선행, 진실, 온유, 그리고 절제입니다. (갈라디아 5:22-23)

성령께서 교회의 지체들에게 주시는 가장 확실한 선물은 바로 하느님의 영원한 상속자가 되게 하시는 것입니다.

누구든지 하느님의 성령의 인도를 따라 사는 사람은 하느님의 자녀입니다. 여러분이 받은 성령은 여러분을 다시 노예로 만들어서 공포에 몰아넣으시는 분이 아니라 여러분을 하느님의 자녀로 만들어주시는 분이십니다. 그래서 우리는 그 성령에 힘입어 하느님을 "아빠, 아버지!"라고 부릅니다. 바로 그 성령께서 우리가 하느님의 자녀라는 것을 증명해 주십니다. 또 우리의 마음속에도 그러한 확신이 있습니다. 자녀가 되면 또한 상속자도 되는 것입니다. 과연 우리는 하느님의 상속자로서 그리스도와 함께 상속을 받을 사람입니다. 우리가 그리스도와 함께 고난을 받고 있으니 영광도 그와 함께 받을 것이 아닙니까? (로마 8:14-17)

모든 거룩한 교부들이 한결같이 그리스도인이 추구해야 할 가장 근본적인 목표는 바로 성령을 받는 것이라고 강조하신 것에서도, 우리는 위의 말씀의 의미를 이해할 수 있습니다.

성령강림 대축일의 모든 성가와 이날 봉독되는 거룩한 말씀은 한결같이 성령과 성 삼위일체 하느님에 대해 말합니다. 그리고 비록 이 대축일이 언제나 주일과 겹치지만, 평소 주일과는 달리 조과에서 부활 찬양송을 부르지 않고, 부활 복음경도 봉독하지 않습니다. 대신 성 삼위일체의 세 번째 위격이신 '성령'의 강림하심만을 강조합니다.

거룩한 영, 빛과 생명, 신비롭게 흘러넘치는 생수, 지혜와 학문과 선과 정직의 영, 죄를 씻으시는 지고의 지성. 그분은 하느님이시고 우리를 신화시키는 도다. 불에서 솟아나는 불, 말하고 행동하시어, 하느님으로부터 오는 온갖 은사를 퍼뜨리시는 분. 그분을 통하여 모든 예언자들과 사도들은 순교자들과 함께 면류관을 얻었도다. 신기한 광경, 전대미문의 기사(奇事)로다. 은총을 나눠주기 위해, 불이 갈라지는 도다. (성령강림 대축일 조과 애니 성가)

10) 성령의 월요일

오순절 축일은 토요일까지 지속됩니다. 특별히 성령강림 대축일 다음에 오는 월요일은 '성령의 월요일'이라 하여 성 삼위일체의 세 번째 위격이신 '성령'의 확연한 나타나심을 다시 한번 기념합니다. 또 이날은 '성 삼위일체의 월요일'이라고도 불리는데, 성령의 강림을 통하여 성 삼위일체의 드러나심이 완성되었고, 이로써 성 삼위일체 하느님에 대한 신앙이 확고히 섰기 때문입니다.

11) 모든 성인들의 주일

이 주일은 교회의 모든 거룩한 성인들을 공경하고 기념하는 날입니다. 사도들, 성직자들, 순교자들, 의로운 자들 그리고 그 밖의 모든 성인들, 알려진 성인들과 함께 우리에게 알려지지 않은 모든 성인들까지, 주님께서 '성인'의 면류관으로 영광스럽게 해주신 모든 성인들을 기념하는 축일입니다. 이 축일은 주 그리스도와 성령의 모든 구원 사역이 향하고 있는 최종 목표의 완성을 의미하는 축일로서, 아주 의미 깊은 축일입니다. 성인이 된다는 것은 거룩하게 하시고 하느님을 닮아가는 신화를 가능케 하시는 성령의 역사가 한 인격 안에서 완성됨을 의미하는 것이기 때문입니다. 그리고 성인이 되게 하시는 성령의 역사가 오늘날까지 모든 시대, 모든 민족, 모든 세대, 모든 계층, 여자와 남자들에게서 출현한 구름처럼 셀 수 없이 많은 성인들로 완성되었음을 경축하는 것이기 때문입니다.

거룩한 성인들은 당신들의 모범을 통해서 우리에게 권고합니다.

> 모든 사람과 화평하게 지내며 거룩한 사람이 되도록 힘쓰시오. 거룩해지지 않으면 아무도 주님을 뵙지 못할 것입니다. (히브리 12:14)

성탄 대축일과 신현 대축일로 이어지는 첫 번째 대축일 기간은 날짜가 고정된 축일 기간으로, 그 중심에는 12월 25일 그리스도의 탄생 대축일이 자리 잡고 있습니다. 이렇게 고정축일 기간이 있는 반면, 주 예수 그리스도의 고난 주간과 부활 대축일과 승천 대축일과 성령 강림 대축일로 두 번째 대축일 기간은 날짜가 고정되어 있지 않고 해마다 그 날짜가 변동되는 '비(非)고정 축일 기간'으로서, 그 중심에는 주 예수 그리스도의 '부활 대축일'이 자리 잡고 있습니다.

이 대축일 기간이 고정되지 않은 첫째 이유로는 부활 대축일을 그리스도께서 부활하신 주일에 지내야 했기 때문입니다. 그래서 제1차 세계공의회는 낮과 밤의 길이가 같은 춘분이 지나 첫 번째 보름달이 뜬 다음 오는 첫 번째 주일을 부활 대축일로 삼도록 정해 놓았습니다. 당시의 달력인 율리우스력에 따라, 춘분이 3월 21일로 정해졌습니다. 하지만 중세에 로마 교황 그레고리우스가 달력을 개혁하였는데, 이에 따라 율리우스력은 우리가 지금 일반적으로 사용하고 있는 그레고리우스 달력보다 13일이 늦어지게 되었습니다. 그래서 그레고리우스력으로 4월 3일이 율리우스력으로는 3월 21일이 된 것입니다. 그래서 율리우스력을 따르는 정교회의 전례력은 보통 우리가 쓰는 달력의 4월 3일(율리우스력으로는 3월 21일이고 여전히 춘분이라고 여겨지는 날)을 지나 첫 번째 보름달이 뜬 다음 오는 첫 번째 주일을 부활 대축일로 삼고 있습니다.

그러므로 부활 대축일은 해마다 날짜가 바뀌고, 부활 대축일을 중심으로 하는 긴 대축일 기간을 우리는 보통 '비고정 축일 기간'이라고 부릅니다.

제 38 장
그 밖의 연중 대축일 기간들

■ 그 밖에 다른 연중 대축일에는 어떤 날들이 있습니까?

사도 성 바울로는 『히브리인들에게 보내는 편지』에서 이렇게 적습니다.

> 모든 사람과 화평하게 지내며 거룩한 사람이 되도록 힘쓰시오. 거룩해지지 않으면 아무도 주님을 뵙지 못할 것입니다. (히브리 12:22-23)

그리고 주님께서도 이렇게 말씀하십니다.

> 악령들이 복종한다고 기뻐하기보다는 너희의 이름이 하늘에 기록된 것을 기뻐하여라. (루가 10:20)

기쁨과 축제는 하느님의 나라, 천상의 예루살렘을 지배하는 주요 소입니다. 지상의 투쟁하는 교회와 그 신자들은 이 영원한 기쁨을 지상에서부터 미리 맛봅니다. 그래서 교회는 한 해 전체가 매일매일 축일로 경험되는 연중 축일 달력을 확립했습니다.

교회 안에서는 매일매일이 날마다 축일입니다. 주 예수 그리스도와 관련된 "주님의 축일들"이 있고, 가장 거룩하신 테오토코스 성모 마리아를 기념하여 공경과 사랑을 표하는 "성모님의 축일들"이 있으며, 천사들의 축일, 구약성경의 예언자들과 의인들의 축일, 사도들의 축일, 교회의 스승이신 거룩한 교부들의 축일, 믿음을 위해 순교하신 순교자들의 축일, 은둔과 고행으로 영적 수행에 매진했던 수도자들의 축일, 그리고 우리에게 알려진 수많은 성인들뿐만 아니라 알려지지 않고 오직 하느님께만 그 거룩함이 인정되신 알지 못하는 수많은 성인들을 기념하는 축일도 있습니다. 이 모든 성인들의 성해에서는 향기가 피어 나오고 그들의 중보를 통하여 수없이 많은 기적이 지금도 일어나고 있습니다. 이렇게 정교회의 한 해는 주님과 성모님 그리고 성인들의 축일들로 채워져, 날마다 천상의 기쁨과 축제를 누립니다.

교회연도의 시작은 1월 1일이 아님을 기억해야 합니다. 교회의 연중 축일 달력은 성 대 콘스탄티노스 황제 때의 전통을 따라, 9월 1일을 새로운 연도의 시작으로 삼습니다.

우리는 이미 두 개의 대축일 기간을 이야기했습니다. 그리고 각각의 대축일 기간의 중심에는, 각각 그리스도의 탄생 대축일과 그리스도의 부활 대축일이 자리 잡고 있음을 알아보았습니다. 하지만 이 밖에도 주 예수 그리스도와 관련된 대축일들이 있으니, 그것은 다음과 같습니다.

- **2월 2일, 주 예수 그리스도의 성전 입당 축일**

세상에 태어나신 우리 주 예수 그리스도께서 전통에 따라 생후 40

일째 되던 날에 성전에 봉헌된 것을 기념하는 날입니다. 이때 메시아를 기다리며 성전에서 기도하며 살아온 의인 시메온은 참 메시아이신 주 예수 그리스도를 품에 안았으며, 여자 예언자 안나도 주님을 뵙는 영광을 누렸습니다. 이로써 연약한 아기의 모습으로 성전에 봉헌되고 하느님께 바쳐진 예수 그리스도가 장차 온 세상을 죄와 사망의 질곡에서 구원하실 하느님 구세주이심이 분명하게 예언되고 예고된 것을 기념합니다. (루가 2:25-38)

- **8월 6일, 우리 주 예수 그리스도의 변모 축일**

다볼산에서 주 예수 그리스도께서 영광스럽게 변모하시어, 인성 안에 감추어져 있던 신성을 드러내시고, 그 신성으로 인해 신화된 인성의 빛을 보여주신 사건을 기념합니다. 이것은 또한 하느님의 은총과 우리 자신의 영적인 싸움을 통해서 우리가 장차 도달하게 될 구원의 완성, 신화의 희망을 밝히 드러내신 희망과 구원의 사건이기도 합니다. (마르코 9:2-9)

또한 '테오토코스 성모 마리아와 관련된 축일'로는 다음과 같은 날들이 있습니다.

- **9월 8일, 성모 탄생 축일**

성모님의 부모인 요아킴과 안나 사이에서 성모님이 태어나신 사건을 기념합니다.

- **11월 21일, 성모 입당 축일**

성모 마리아가 예루살렘 성전에 거룩하게 바쳐지신 일을 기념합니다.

- **3월 25일, 성모 희보 축일**

대천사 가브리엘이 성모 마리아께 나타나, 마리아가 성령으로 말미암아 아들을 잉태하여 낳을 것이니, 그분은 백성을 구원하실 그리스도, 하느님의 아들이시라는 복된 소식을 전해준 사건을 기념합니다.(루가 1:26-38)

- **8월 15일, 성모 안식 축일**

성모님께서 주님의 제자들이 모인 가운데 예루살렘에서 안식하시고 게쎄마니 언덕의 무덤에 묻히셨지만, 신비롭게 하늘로 옮겨지신 사건을 기념합니다.

정교회에서는 또 11월 8일을 미카엘과 가브리엘 대천사 그리고 모든 천사들의 축일로 지냅니다.

정교회의 축일달력을 보면, 각각의 성인들의 축일이 언제인지 확인할 수 있습니다. 예로부터 이어져오는 전통에 따라 정교회 신자들은 세례 받을 때, 성인 중의 한 분의 이름을 세례명으로 받고 그분의 축일을 자신의 명명축일로 삼아 함께 경축합니다. 자신의 명명 축일을 맞이할 때는, 미리 영적으로 잘 준비해서 축일에 성체성혈을 모실 수 있도록 해야 하고, 친척이나 친구들을 초대하여 함께 성인을 기억하며 경축하면 좋습니다. 또 다른 교우들의 명명축일을 잘 기억하여, 축일이 되면 따뜻하게 축하해주고 축복해주는 것도 참 좋은 모습입니다.

축일을 맞이함에 있어서 가장 중심이 되는 것은, 위에서도 말한 것처럼, 신비의 성만찬 성사입니다. 이를 통해서 온 교회가 모든 거룩함의 원천이신 그리스도 안에서 하나가 되기 때문입니다.

제 39 장
정교 신자들의 기본적인 예배 예절

■ 정교회 성당에 들어서면 우선 당황하게 됩니다. 어떻게 행동해야 할지 잘 모르겠습니다. 언제 십자성호를 긋고, 언제 일어서고, 언제 앉고, 언제 허리 굽혀 절해야 하는지, 또 이 모든 행위들은 어떤 의미가 있는 것인지 알고 싶습니다.

사도 바울로는 제자 디모테오에게 이렇게 썼습니다.

> 만일 내가 늦어지더라도 그대가 하느님의 집에서 어떻게 행동해야 할 것인가를 가르쳐주기 위해서 이 편지를 쓰고 있습니다. 하느님의 집은 살아 계신 하느님의 교회이고 진리의 기둥이며 터전입니다. (Ⅰ디모테오 3:15)

하느님께 예배드리는 사람은 누구든지 영적으로 준비해야 할 뿐만 아니라 우리의 몸으로는 어떻게 예배에 참여해야 하는지 알아야 합니다. 사람은 몸과 영혼이 결합된 존재이기 때문입니다. 그래서 기도할 때나 하느님께 예배드릴 때 영혼과 몸이 함께 참여할 수 있게 해야 합니다.

이와 관련된 여러 주제들을 살펴보겠습니다.

• 적절한 의복

사도 바울로는 이 주제에 대해서 이렇게 씁니다.

> 어느 예배소에서나 남자들이 성을 내거나 다투거나 하는 일이 없이 깨끗한 손을 쳐들어 기도하기를 바랍니다. 그리고 여자들은 정숙하고 단정한 옷차림을 해야 합니다. 머리를 지나치게 꾸미거나 금이나 진주로 치장을 하거나 비싼 옷을 입지 말아야 합니다.
> (Ⅰ디모테오 2:8-9)

사람은 분별력이 있어야 하고 때와 장소에 따라 어떤 복장을 해야 하는지 알아야 합니다. 성당은 옷 자랑하는 곳도, 멋 자랑하는 곳도 아닙니다. 그러므로 성당에서는 청결하고 정숙한 복장을 해야 하고, 남들의 시선을 사로잡는 화려한 복장은 피해야 합니다. 하느님께 예배드리는데, 자신의 복장으로 인해 타인의 시선을 빼앗는다면, 또 타인의 시선에 신경이 쓰인다면, 어떻게 하느님께 마음을 모아 예배드릴 수 있겠습니까?

정교회 신자인 부모들은 어려서부터 자녀들에게 교회에 갈 때는 언제나 청결하고 정숙한 복장을 하도록 교육해야 합니다. 또 자녀들에게만 가르칠 것이 아니라 부모 스스로가 그런 복장을 하여 모범을 보여주어야 합니다.

• 십자 성호

정교회 신자는 성당에 들어가면 제일 먼저 거룩한 복음경이 놓여 있고 성체성혈이 축성되는 지성소의 제단을 향해서 경건하게 허리 굽혀 절합니다. 동시에 오른쪽 손의 엄지, 검지, 중지 세 손가락을 모으고, 나머지 두 손가락을 또한 손바닥에 붙여 모아 십자가 성호를 긋습니다. 세 손가락을 모으는 것은 분리되지 않으시는 성부, 성자, 성령 성 삼위일체 하느님에 대한 우리의 믿음을 상징합니다. 나머지 두 손가락을 손바닥에 붙여 모으는 것은 그리스도의 위격 안에 신성과 인성, 두 본성이 연합되어 있음을 의미합니다. 이렇게 셋과 둘로 손가락을 모은 손을 이마에 대고 "성부와", 다음에는 가슴에 대고 "성자와", 그리고 오른쪽 어깨에 대고 "성령의 이름으로", 마지막으로 왼쪽 어깨에 대며 "아멘"이라고 말합니다.

이렇게 몸의 중요한 부분을 대어 십자가 표시를 함으로써, 마치 날인을 하듯 우리의 몸과 영혼이 하느님의 은총과 능력으로 거룩해지고 십자가의 능력으로 강건해지길 기도합니다. 이렇게 십자 성호를 통해서 우리는 하느님의 능력을 힘입게 됩니다.(Ⅰ고린토 1:18)

십자 성호를 그어야 하는 순간은 다음과 같습니다.
- 거룩한 성화상에 경배하기 전과 후
- 거룩한 복음경 앞을 지나갈 때
- 거룩한 복음경을 낭독하기 전과 후에
- 성찬예배의 대입당이 이루어지는 동안 거룩한 봉헌 예물이 우리 앞을 지나갈 때
- 모든 예식에서 성 삼위일체의 세 위격이 언급될 때,
- 성체성혈성사를 받기 전과 후에
- 기도에 더욱 간절함을 표현하고자 할 때
- 성당에서 나올 때

또한 집이나 그 밖에 어떤 장소에서든 기도를 드릴 때는 기도 전과

후에 십자 성호를 긋습니다. 출근하기 전이나 운전하기 전에, 식사 시작 전이나 또 어떤 일과를 시작할 때, 그리고 하느님께 어떤 이유로든 감사드리고 싶은 마음이 일어나거나 하느님의 도우심을 간청해야 할 때, 먼저 십자 성호를 긋고 간단하게 기도를 드립니다.

- **성화에 대한 공경**

잘 알려진 바와 같이 정교회에서는 초대교회 시대부터 예배와 기도의 장소에 우리 주 예수 그리스도의 성화, 성모님 성화 그리고 성인들의 성화를 모셔두고, 신자들이 성화에 묘사된 분들과 영적인 친교를 누릴 수 있도록 해왔습니다. 신자는 성화 앞에서 허리를 굽혀서 인사하고 십자 성호를 긋고 입을 맞춤으로써 성화에 공경을 표합니다. 이때 성화에 드려진 공경은 실제로는 성화 그 자체가 아니라 그 성화에 표현된 대상 인물에게로 향하는 것입니다. 그러므로 성화에 공경을 표시하는 것은, 성화의 의미를 잘 알지 못하는 사람들이 잘못 해석하는 것처럼 성화 그 자체에 대한 우상숭배가 아니라, 성화에 표현된 거룩한 인물과 대상에 대한 사랑과 공경의 표현입니다.

대부분의 정교회 성당에 들어가면, 입구에 그 성당의 명명 성인 혹은 축일 성화를 놓아두는 성상대가 비치되어 있습니다. 그래서 타인의 집을 방문하면 제일 먼저 집주인과 인사를 나누듯이, 정교회 신자도 성당에 들어서면서 제일 먼저 성당의 이름으로 붙여진 성인의 성화나 축일 성화에 허리 숙여 절하고 입을 맞춥니다. 그런 다음에는 다른 성화들을 찾아다니며 공경을 표하기도 합니다. 하지만 주의해야 할 것은 성화에 공경을 표하는 행위가 전체 예배의 흐름에 방해가 되지 않게 해야 한다는 것입니다.

성화에 공경을 표할 때는 먼저 십자 성호를 하며 허리 숙여 절하고, 성화에 입을 맞춥니다. 제일 먼저 성당 명명 성인의 성화나 축일 성화에 공경을 표하고, 이어서 주님의 성화와 성모님의 성화에, 그리고 또 다른 성화들의 순서로 공경을 표합니다. 또 성당에 성인의 성해가 안치되어 있을 때에는 성인의 성해에도 절하고 입 맞추어 공경을 표합니다.

- **예배 중에 가져야 할 몸가짐**

사람은 서 있을 때, 더 조심하고 주의를 집중할 수 있습니다. 그래서 정교회에서는 신자들이 주로 서서 예배를 드립니다. 하지만 예배가 길기 때문에, 구약성경이나 사도경을 봉독할 때, 또 연도를 할 때나 성가를 부를 때는 잠시 앉을 수 있습니다. 그러나 예배드릴 때 반드시 일어서야 하는 중요한 순간들도 있습니다. 이러한 순간이 오면 대부분은 보제나 사제가 미리 그러한 거룩한 순간이 왔음을 큰 소리로 외쳐 알려줍니다. 예를 들면 성찬예배의 소입당 순서에서는 사제나 보제가 복음경을 들고 성당 중앙에 와서 그리스도를 상징하는 복음경을 높이 들어 올리고 "이는 곧 하느님의 지혜이나니 경건한 마음으로 설지어다"라고 외칩니다. 복음경으로 상징되는 그리스도께서 우리 가운데 나타나심을 표현하는 순간이기에 경건하게 일어서는 것입니다. 또 복음경을 봉독하기 전에도, 거룩한 복음경 봉독을 통해서 말씀하시는 주님의 소리를 주의 깊고 경건하게 경청하도록 "지혜의 말씀이니 경건한 마음으로 일어서서 거룩한 복음 말씀을 들읍시다"라고 외쳐 권면합니다. 또한 성체성혈을 받고 난 후에 "그리스도의 성스럽고 거룩하며 정결하고 영원하고 생명을 베푸는 놀라운 성찬에 참여하였으니 일어서서 마땅히 주님께 감사드립시다"라고 말하면, 다 함께 일어나서 감사의 기도문을 하느님께 올립니다. 물론 건강이 좋지 않아 일어설 수 없는 신자들은 앉아서 경건하게 예배에 참여할 수 있습니다.

성 대사순절 기간이나 특별한 참회의 기도를 드릴 때는 성찬예배 때 무릎을 꿇고 기도하기도 합니다. 그런 자세를 통해서 우리의 깊은 회개를 표현합니다.

그러나 무릎을 꿇는 것은 우리가 몸으로 하느님께 드릴 수 있는 가장 깊은 경배와 기도와 감사와 공경을 표현하는 것입니다. 그래서 성찬예배의 가장 거룩한 순간, 즉 성령 임재 기도를 통해서 성령께서 내려오시어 봉헌물을 주님의 몸과 피로 변화시켜 주시는 순간에는, 마치 향료 가진 여인들이 부활하신 주님을 만나 경배한 것처럼, 우리도 부활하신 몸과 피로 우리 앞에 나타나신 주님께 무릎 꿇고 깊은 경배를 드립니다.

교회법에 의하면 원칙적으로 토요일과 주일 예배에서는 신자들이 무릎 꿇고 기도해서는 안 됩니다. 이날은 주님께서 부활하신 날, 그 부활을 기쁨으로 경축하는 날, 주님의 부활과 함께 우리도 죄와 죽음에서 해방되어 자유롭게 된 날이기 때문입니다. 그러나 성찬예배 중에도 성령 임재 기도의 순간에는 무릎을 꿇습니다. 이렇듯 성령께서 봉헌물을 그리스도의 몸과 피로 거룩하게 변화시키시는 순간, 즉 부활하신 그리스도께서 그 몸과 피로 우리 앞에 나타나는 순간, 무릎 꿇고 기도드리는 것은 가장 깊은 경배를 표현하는 의미를 가집니다. 성찬예배에서 무릎 꿇고 기도드리는 또 다른 예가 있는데, 성찬예배 도중에 진행되는 신품성사의 경우가 그것입니다. 신품성사를 거행할 때도, 교회는 성령을 보내주시어, 신품 대상자와 온 회중에 임재하게 해달라고 무릎을 꿇고 기도드립니다. 이렇듯 성령의 거룩한 은사를 간청하는 특별 기도를 드릴 때는 무릎을 꿇습니다. 또한 오순절 성령강림 대축일 주일에는 「성령의 임재를 간청하는 특별한 무릎 기도」를 드립니다.

- 타교파 그리스도인들은 기도할 때 눈을 감고 기도합니다. 정교인들은 어떻게 해야 하나요?

우리는 주로 보고 싶지 않은 광경이 있을 때나 두려울 때 눈을 감습니다. 그러나 정교회의 예배는 결코 그런 것이 아닙니다. 또 정교회 신자는 예배드리면서 "보고도 또 보고 싶은" 그리스도와 성모님과 성인들의 현존을 느낍니다. 성 삼위일체 하느님, 그리고 성모님과 모든 성인들과의 평화의 친교 안에 있음을 느낍니다. 이 모든 거룩한 존재들의 현존을 특별히 성화를 통해서도 느낍니다. 그래서 성화를 보고 있는 것만으로도 큰 기쁨과 평화를 얻습니다. 또한 정교회 신자는 하느님을 두렵고 낯선 분으로만 여기지 않습니다.

> 우리가 양심의 가책을 받지 않을 때에는 하느님 앞에서 떳떳합니다. (I 요한 3:21)

그리고 모든 신자들도 그리스도 안에서 서로를 형제처럼 여깁니다.

> 이제 여러분은 외국인도 아니고 나그네도 아닙니다. 성도들과 같은 한 시민이며 하느님의 한 가족입니다. (에페소 2:19)

만약 사랑하는 사람과 만났는데, 서로 눈을 감고 마주 보지 않는다면 그것처럼 어색한 일도 없을 것입니다. 그래서 정교회 신자는 이러한 실제적인 이유로 기도할 때 눈을 감지 않습니다. 모든 예식과 예배를 주의 깊게 바라보며 참여합니다. 사제가 신자들에게 허리를 굽혀 인사하면서 용서를 구하면, 신자도 그에 대한 응답으로 허리를 굽혀 인사합니다. 사제가 "모든 이에게 평화"라고 인사하면 신자들도 "또한 사제에게도"라고 그 은총에 응답합니다.

정교회 신자는 예배의 모든 순간을 주의 깊게 바라보면서, 또 때때로 회중으로서 사제에게 화답하면서 예배에 동참합니다. 회중은 예배를 관전하는 관객이 아닙니다. 정교회의 예배는 언제나 성직자와 신자 모두가 "한 몸, 한 마음"을 이루어 하느님을 경배하는 행위, 즉 언제나 "공동체의 행위"이기 때문입니다.

■ 성체성혈을 받아 모실 때 어떤 마음과 몸가짐으로 나아가야 합니까?

성체성혈을 받아 모시는 순간이 되면 보제나 사제는 이렇게 외칩니다.

> 하느님에 대한 경건한 마음과 믿음과 사랑으로 가까이 올지어다.

이 부름 안에 성체성혈을 어떻게 받아 모셔야 하는지 그 해답이 다 들어있습니다.

경건한 마음이 필요합니다. 거룩하신 하느님을 "우리 영혼의 집에 모시도록" 큰 영예를 허락해주신 것에 대해 깊이 감사드리면서 경건한 마음으로 다가서야 합니다.

믿음이 또한 필요합니다. 신자는 「성체성혈을 받기 직전에 드리는 기도」를 통해서 이렇게 고백합니다.

> 주님이시여, 나는 믿고 고백하나이다. 진실로 주는 그리스도시오, 살아 계신 하느님의 아들이시나이다. 주는 죄인들을 구원하러 세상에 오시었고 나는 그 중에서 가장 큰 죄인이나이다.

이 고백이 참된 믿음의 고백이어야 한다는 것입니다. 세상에서 가장 큰 죄인인 나를 구원하시기 위해 그리스도 하느님께서 세상에 오시어 희생당하시고, 부활하시고 승천하시고 지금 그 거룩한 몸과 피로 우리 앞에 살아계심을 믿는 확실한 믿음으로 나가야 합니다.

사랑이 또한 필요합니다. 하느님을 향한 뜨거운 사랑 말입니다. 그 사랑은 하느님께서 먼저 우리에게 베풀어 주신 것입니다. 사제가 봉헌된 거룩한 제물들에 입을 맞추면서 "나의 힘이신 주여, 당신을 사랑하나이다. 주는 나의 반석, 나의 피난처, 나의 구원이시나이다"(시편 18:1-2)라고 시편 구절로 고백하듯이, 신자도 마음속으로 이 시편의 고백을 되새깁니다. 사제는 또 이렇게 말합니다.

서로 사랑하고 한 마음으로 믿고 고백합시다.

이렇듯 성체성혈을 모실 때는 하느님을 향한 사랑, 또한 우리 형제자매들을 향한 사랑을 가지고 다가가야 합니다. 주님께서도 말씀하셨듯이, 형제자매에게 적대감, 미움이 남아 있는 사람은 누구든지 성체성혈에 다가갈 수 없습니다.(마태오 5:23-24) 형제와 화해하지 못하고 평화를 누리지 못한 사람은 하느님과 평화를 누릴 자격이 없으며, 그런 사람이 성체성혈 성사에 참여하는 것은 이 화해와 용서의 성사를 모욕하는 것이기 때문입니다.

신자들은 이러한 거룩한 감정을 품고 기도하면서 성작에 줄지어 다가갑니다. 먼저 성체성혈을 모신 사람으로부터 거룩한 보자기를 건네받아 턱 밑에 댑니다. 그리고 자신의 세례명을 이야기하고 입을 크게 벌립니다. 사제가 성 수저로 성체성혈을 건네주면 흘리지 않도록 혀로 조심스럽게 받아먹고(성 수저를 깨물지 마십시오) 거룩한 보자기로 입술을 닦습니다. 그리고 거룩한 보자기를 다음 사람에게 건네줍니다. 성체성혈을 영한 다음에는 성호를 그으면서 허리 굽혀서 절합니다. 그리고 그 옆에 있는 쟁반에서 '안티도론'(축복받은 빵)을 받고서 하늘의 선물, 하늘 양식을 우리에게 베푸신 하느님께 영광을 돌리면서 제자리로 돌아갑니다.

- 사제가 폐식사로써 성찬예배를 마치고 나서, 신자들과 인사하면서 나누어 주는 작은 빵조각은 무엇입니까?

이 빵조각은 봉헌빵의 일부로 사제가 쁘로스꼬미디(성찬예배 전에 드리는 봉헌 예물 준비 예식)에서 봉헌빵에서 '어린 양'과, 성인들과, 죽은 신자들, 살아있는 신자들을 위한 빵조각을 떼어내고 남은 부분입니다. 이 남은 빵 덩어리를 예배에 참석한 신자들에게 다 나누어 줄 수 있을 만큼 잘라 예배 후에 나눠주는 것입니다. 이 빵 조각을 그리스 말로 '안티도론'(Ἀντίδωρον)이라 하는데, 우리에게 '선물'(δῶρον)로 주신 그리스도의 몸과 피를 영하지 못한 사람들에게 선물 '대신에'(Ἀντί) 주는 빵이기 때문입니다. 비록 이 빵은 주님의 성체성혈은 아니지만, 원래 그것과 하나였던 빵이고, 사제의 기도로 거룩하게 된 축복된 빵입니다.

봉헌 빵

성찬예배를 집전한 사제나 주교는 신자들에게 '안티도론'을 주면서 주님의 은총과 자비를 빌어줍니다. 신자는 안티도론을 주시는 사제의 손등에 입을 맞추고 빵 부스러기가 떨어지지 않도록 조심해서 모두 먹습니다. 이 빵은 축복받은 빵이기 때문입니다.

■ 주교나 사제에게 인사드릴 때는 어떻게 해야 합니까?

사제는 신자들의 영적 아버지입니다. 사제는 신품성사를 통해 받은 성령의 특별한 은총을 통해서 신비의 성사들을 집전합니다. 사제의 손을 통해서 세례성사의 물이 거룩하게 되고, 사제가 거룩한 봉헌 예물을 축복하는 기도를 드릴 때, 성령이 내려오시어 그 예물들을 그리스도의 거룩한 몸과 피로 변화시켜주십니다. 성체성혈 성사의 모든 과정이 사제의 손을 빌려 거행되며, 그 손으로 신자들에게 성체성혈을 먹여 줍니다. 이렇게 사제의 손은 거룩한 손이고, 하느님의 백성들에게 하늘의 복을 전해주는 거룩한 도구로 사용됩니다.

그러므로 신자는 성당에 가서 예배에 참석할 때나 고백성사를 할 때, 그 밖에 언제 어디서든 정교회 사제를 만날 때, 먼저 사제에게 다가가 다른 인사말보다 "신부님, 축복해주십시오"라고 청하면서 인사합니다. 그러면 사제는 손으로 십자 성호를 그어 축복을 주고, 신자는 허리를 굽혀 인사하며 사제의 손에 입을 맞춥니다. 이것이 바로 전통으로 내려오는 사제에게 인사드리는 방법입니다. 이 인사법은 나이나 사회적 지위에 상관없이 모든 신자에게 적용됩니다. 성 요한 크리소스토모스는 사제는 하느님으로부터 신비의 성사들을 집전할 권한을 부여받은 거룩한 존재이기 때문에, 왕보다 아니 천사보다 더 높은 위치에 있다고 말했습니다.

제 40 장
성당에서의 여러 활동들

■ 일반 신자로서 참여할 수 있는 성당 활동에는 어떤 것이 있습니까?

우리 각자가 속한 성당은 하나의 영적인 가족입니다. 성당의 일원으로서, 또 대교구에 속한 일원으로서, 우리 각자가 할 수 있는 일들, 교회에 도움이 되는 일은 수없이 많습니다. 또 우리는 정교회라는 한 몸의 지체로서 사회를 위해 봉사를 할 수도 있습니다. 신자는 하느님께서 주신 재능으로 그리고 영적으로나 물질적으로 가능한 만큼 성당 활동에 참여하고 협력해야 합니다. 다만 모든 일은 질서 있게 해야 합니다. 가장 먼저 성당 주임사제에게 성당활동에 참여하고 협력하고자 하는 자신의 뜻을 알려야 합니다. 그러면 주임사제는 적절하고도 꼭 필요한 일을 제시해줄 것입니다. 어떤 활동이 가능할지 자세하게 살펴봅시다.

- 성악과 음악에 재능이 있다면 성가대원으로 활동할 수 있습니다.
- 적절한 수준의 신앙 지식과 교육 역량을 갖추었다면 주일학교

- 교사로 활동할 수 있습니다.
- 가족들과 친척들, 지인들에게 정교회의 신앙을 알려 선교에 힘쓸 수 있습니다.
- 지역 성당에서 주관하는 사회봉사 활동에 참여할 수 있습니다.(병든 환우 방문, 고통 받는 자 위로, 고아와 과부에 대한 도움 등)
- '신도 총회'에 참석하여 성당의 운영을 같이 고민하고 좋은 의견을 낼 수 있습니다.
- 성당과 대교구청 건물과 부속 건물 등의 유지와 보수를 위한 기술적 지원과 자원 봉사에 참여할 수 있습니다.
- 성찬예배 마지막 기도문에서 사제가 "성당을 사랑하여 아름답게 꾸미는 이들을 거룩하게 하소서"라고 기도하듯이, 주님의 전(殿)인 성당을 청소하고 아름답게 꾸미는 일에 참여할 수 있습니다.
- 성찬예배 때 사용할 '봉헌 빵'을 만들어서 봉헌할 수 있습니다.
- 성당이나 교구청에서 그때그때 필요한 물품들이나 성찬예배에 사용할 물품들을 봉헌할 수 있습니다. 예를 들어 성체성혈 성사용 포도주 봉헌, 성당 등잔에 사용하는 기름 봉헌, 성 에삐따삐오스와 거룩한 성화를 장식할 꽃 봉헌, 각 축일 때마다 사용할 꽃 봉헌, 그 밖에 필요한 물품을 봉헌할 수 있습니다.
- 각 성당의 대축일 행사, 교구청 행사, 여름과 겨울에 있는 캠프 등에 참여하여 도움을 줄 수 있습니다. 그리고 각 단체별 활동에 참여할 수 있습니다.

■ 정교 신자들은 교회에 십일조(월 소득의 10분의 1을 바치는 헌금)를 바쳐야 할 의무가 있습니까?

십일조는 구약성경에 나오는 것이고 히브리 백성을 위한 것이었습니다. 오늘날에 와서는 주로 개신교에서 많이 강조하는 헌금의 유형입니다. 그러나 정교회에서는 이것을 그다지 강조하지 않습니다. 의무적인 것은 더욱 아닙니다. 정교회는 모든 신앙 행위의 바탕에는 '자발적인 마음', '자유로운 결정'이 전제되어야 한다고 믿고 있으며, 그래서 어떤 것도 교회의 지체에게 강요하지 않습니다. 주님께서도 자주 "네가 원하느냐?"라고 물으셨습니다. 성 사도 바울로는 굶주리고 있는 예루살렘의 형제들을 위해 소아시아와 그리스의 그리스도인들에게 경제적인 도움을 요청할 때 이렇게 말했습니다.

> 각각 마음에서 우러나는 대로 내야지 아까워하면서 내거나 마지못해 내는 일은 없어야 합니다. 하느님께서는 기쁜 마음으로 내는 사람을 사랑하십니다. (Ⅱ고린토 9:7)

한편 정교회에서는 십일조가 아니라 자발적으로 전 재산을 교회에 봉헌하는 믿음 깊은 사람들의 예도 수없이 많습니다. 이렇게 해서 웅장한 성당들과 학교, 병원 그리고 사회 복지 시설 등이 건립될 수 있었고, 교회와 사회의 다양한 문제들을 해결할 수 있었습니다. 중요한 것은 믿음에 기초한 자발적인 봉헌이어야 한다는 것입니다.

- **성당 재정에서 주된 지출 항목에는 어떤 것들이 있습니까?**

앞에서 언급한 몇 가지를 제외하고 기본적인 지출 내역은 다음과 같습니다.

첫째로 가장 기본적이고 중요한 것은 성당의 유지 및 보수와 성당의 정상적인 운영을 위한 지출입니다. 건물은 관리가 필요합니다. 적절하게 유지하고 보수해야 합니다. 페인트칠도 필요합니다. 성당의 적절한 냉난방 시설도 필요합니다. 아무리 연료비가 비싸더라도 얼음장같은 성당에서 긴 시간 서서 예배드릴 수는 없습니다.

두 번째로 기본적이고 중요한 것은 교회에서 일하면서 생계를 꾸려야 하는 직원들의 생활비입니다. 성당의 사제가 가족의 부양을 위해서 사제직과 겸하여 다른 직업을 가지게 된다면, 그 성당의 활동은 매우 위축될 수밖에 없습니다. 매일 성당에 나올 수 없게 되고, 때로는 대축일에도 성찬예배를 거행할 수 없게 될 수도 있습니다. 그러므로 사제와 그 가족의 생계를 교회가 책임져 주지 않으면 안 됩니다. 또 교회에서 전업으로 혹은 시간제로 일하는 직원들에게도 적절한 생활비를 보장해주어야 합니다. 이러한 원칙은 이미 고대 교회 규칙에도 규정되어 있습니다. 특별히 사도 바울로는 이렇게 말합니다.

> 자기 비용을 써가면서 군인 노릇을 하는 사람이 도대체 어디 있습니까? 누가 포도밭을 만들어놓고 그 밭에서 열매를 따 먹지 않겠습니까? 또 도대체 누가 양을 친다면서 그 젖을 짜 먹지 않겠습니까? 성전에서 일하는 사람들은 성전에서 나오는 것을 먹고 살며 제단을 맡아보는 사람들은 제단 제물을 나누어가진다는 것을 모르십니까? (I 고린토 9:7-13)

주님께서도 제자들에게 이렇게 말씀하셨습니다.

> 주인이 주는 음식을 먹고 마시면서 그 집에 머물러 있어라. 일꾼이 품삯을 받는 것은 당연한 일이다. 이 집 저 집으로 옮겨 다니지 마라. (루가 10:7)

그러므로 지역 성당과 교구청은 함께 지혜와 힘을 모아, 사제와 사제의 가정 그리고 직원들의 생활비를 보장해줄 수 있도록 힘닿는 데까지 노력해야 합니다.

제 41 장
하나의 대가족 같은 교구

■ 각 지역 성당이 하나의 영적 가족이 되려면 어떻게 해야 합니까?

'각 지역 성당'은 그에 속한 모든 지체에게 진실로 하나의 영적인 대가족, 그래서 더욱 실제적인 대가족입니다. 교회의 지체들은 세례조에서 다시 태어납니다. 그리고 소속 성당의 세례자 명단에 그 이름이 기록됩니다. 그들은 모두 하나의 영적 아버지, 하나의 사제를 가집니다. 또 매주 성당에 나가 함께 예배드리고 기도합니다. 같은 성작에서 성체성혈을 나누어 받아, 그리스도와 연합되고, 또 모든 지체들도 하나로 연합됩니다. 매주 혹은 주중에도 서로 만나고 얼굴을 마주하며 마치 친 형제자매들처럼, 어쩌면 친 형제자매 이상으로 서로 친교를 나눕니다. 또 대축일을 비롯하여 성당의 여러 다양한 행사와 예배를 함께 준비하고 치러나감으로써 더욱 단단한 영적 유대를 맺고, 사랑과 협력과 연대의 끈으로 더욱 견고하게 묶입니다. 지역 교구를 하나로 묶어주는 의미 있는 계기들은 다음과 같습니다.

- **세례성사** 세례성사는 세례 받는 가족만이 아니라 지역성당 전체에 아주 기쁜 사건입니다. 그것은 성당이라는 영적 대가족에 새로운 지체가 생겨남을 의미하기 때문입니다. 그래서 세례성사가 거행될 때는 온 성당이 마치 잔칫집처럼 들썩거립니다. 가족, 친구, 지인들만이 아니라 온 성당 식구들이 새로운 세례신자의 탄생을 기뻐하고 기도하고 축하하고 축복해줍니다.

- **명명축일** 이미 언급한 바와 같이 정교회 그리스도인들은 세례 받을 때 세례명을 받습니다. 그리고 이 세례명으로 교회의 세례명단에 등록되고 동시에 하늘나라의 명부에도 기록됩니다. 이를 두고 주님께서 이렇게 말씀하셨습니다.

  > 악령들이 복종한다고 기뻐하기보다는 너희의 이름이 하늘에 기록된 것을 기뻐하여라. (루가 10:20)

  주님께서 말씀하신 대로 그리스도인은 세례를 받아서 영적으로 새롭게 태어난 것을 더욱 중요하고 기쁘게 생각하고, 세례명으로 받은 성인의 축일을 명명 축일로서 생일보다 더 소중하게 여기면서 이날 성찬예배가 드려질 경우에는 영적으로 잘 준비하여 성체성혈 성사에 참여하고, 그렇지 않을 경우에는 성당의 기도 예식에 참여하거나 가족, 친구, 지인들과 함께 기도 예식을 거행하고 서로 축하의 인사를 전합니다. 이렇듯 한 신자의 명명 축일 기념은 그 사람 개인의 차원을 넘어서서 성당 공동체 전체에 새로운 영적 활기를 불어넣어 줍니다.

- **결혼성사** 정교 그리스도인에게 결혼은 큰 경사입니다. 결혼하는 당사자뿐만 아니라 가족, 친척, 친구, 그리고 성당 공동체 전체의 기쁨입니다. 교회 규범에도 명시되어 있듯이, 언제나 결혼성사

는 성찬예배와 함께 거행되고, 모든 신자들이 함께 참여합니다. 결혼하는 당사자들은 신비의 성찬성사에서 제일 먼저 성체성혈을 받아 모시고 나머지 신자들도 함께 영성체에 참여합니다. 이로써 결혼성사는 먼저는 하느님과 공동체 앞에서 두 남녀가 부부로 연합됨을 의미하는 것이지만, 더 나아가 하느님 안에서 온 공동체와 신앙으로 연합됨을 의미하는 것이기도 합니다. 이렇게 결혼성사를 통해서 교회 공동체는 더욱 풍요로운 연합을 이루고, 새롭게 형성된 가정은 더 큰 가족으로서의 교회 공동체 안에서 사랑과 일치와 기쁨을 누리며 살게 됩니다.

- **성당축일** 지역 성당의 명명 축일은 지역 성당의 신앙 공동체 전체의 생일과도 같습니다. 그래서 그 어떤 축일보다도 큰 기쁨으로 맞이합니다. 성당 축일에는 전날 저녁 대만과로 시작하여 다

가나의 혼인잔치, 프레스코, 14세기
아나파프사스 수도원, 메떼오라, 그리스

섯 개의 빵을 축복하여 나누는 '아르토클라시아'가 거행됩니다. 성당의 명명 성인 성화나 축일 성화는 꽃으로 아름답게 장식되고, 가능하다면 성당 주위를 돌며 행렬의식을 거행합니다. 물론 성당 축일의 가장 중심이 되는 것은 성찬예배이고, 성당 소속 신자들뿐만이 아니라 전국 각지에 흩어져 있는 정교회 신자들이 함께 모여 축하하고 기쁨을 나눕니다. 또 성당 축일을 맞이하여 다양한 축제도 벌이고, 풍성한 오찬도 함께 나눕니다. 이렇게 성당 축일은 지역 성당 공동체뿐만 아니라 대교구 전체가 하나의 가족임을 확인하고 누리는 뜻 깊은 기회이기도 합니다.

- **병자들을 위한 성유성사** 성당 공동체는 기쁨도 함께 누리지만 슬픔과 고통도 함께 합니다. 성당의 어떤 신자가 심각한 병을 앓게 되면 결코 모른 척 할 수 없습니다. 사도 바울로도 이렇게 말씀하셨습니다.

> 한 지체가 고통을 당하면 다른 모든 지체도 함께 아파하지 않겠습니까? 또 한 지체가 영광스럽게 되면 다른 모든 지체도 함께 기뻐하지 않겠습니까? (I 고린토 12:26)

신자 중에 병든 이가 있다면 최선을 다해 위로해주고 도와줍니다. 또 건강을 회복할 수 있도록, 병고를 잘 이겨낼 수 있도록 기도에 힘씁니다. 병문안을 하고 성유성사를 함으로써 영적으로 힘을 줍니다.

- **장례식** 특별히 성당에서 신자의 '장례식'은 큰 감동을 줍니다. 신자들은 한 몸의 동등한 지체들로서 돌아가신 신자의 마지막 순간까지 함께 해주고, 남은 유족의 슬픔에 동참합니다. 안식하신 교우의 영혼 가까이에서, 가능하다면 밤새도록, 시편 낭독, 복음

경 낭독, 끊임없는 기도 등을 통하여 고인의 안식과 평화를 빌어주고, 유족을 위로해 줍니다. 교회는 세례 받은 신자가 긴 여행을 떠나는 그 순간에 아름다운 기도와 성가로 동행하며 작별의 인사를 나눕니다.

형제들이여, 세상을 떠난 이분에게 마지막 인사를 보낼지어다. 그는 가족, 친척, 친지들을 버리고 고된 세상을 떠나게 되었을지라도 하느님께 영광을 드릴지어다. 슬픔이 없고 의인들이 쉬는 곳에서 그에게 안식을 주시도록 주께 기도할지어다.

- **추도식** 장례 예식이 끝났다고 해서, '돌아가신' 분과의 형제적 연대가 끊어지는 것은 아닙니다. 우리의 영적인 관계는 결코 그것으로 끝나지 않습니다. 돌아가신 신자의 이름은 '하늘의 승리한 교회'에 속한 모든 그리스도인들과 함께 성찬예배 때마다 기억됩니다. 사제는 그의 이름을 부르면서 그가 의인들과 성인들과 함께 영원한 안식을 누리게 해주시도록 하느님께 기도합니다. 교회에서 정한 날짜에 '추도식'을 거행하고, 돌아가신 지 40일째 되는 날에는 성찬예배와 함께 그분의 안식을 위해서 추도식을 올립니다. 마지막으로, 그를 기억하며 모인 신자들과 축성된 '꼴리바'를 나누면서 다시 한번 이렇게 기원합니다.

하느님께서 그분을 용서하시고 그분이 안식을 누리도록 기원합니다.

추도식은 정기적으로 거행되는데, 특히 돌아가신 지 세 달 되는 날, 여섯 달되는 날, 아홉 달 되는 날, 그리고 일 년이 되는 날의 추도식은 특별히 더 중요하게 거행합니다.

정교회는 신자들이 돌아가신 날과 상관없이 이미 돌아가신 모든 분들을 추념하는 특별한 추도식을 가지고 있는데, 바로 영혼

토요일의 추도식이 그것입니다. 일 년에 두 번 있는 영혼 토요일은 금육주일 전 토요일과 오순절 전 토요일로 각 성당에서는 성찬예배와 함께 각 성당의 돌아가신 모든 분들을 함께 추념하는 추도예식을 거행합니다. 이뿐만 아니라 앞에서 성찬예배를 설명할 때 언급한 바와 같이, 사제는 '봉헌 예물 준비 예식'(쁘로스꼬미디) 때 '살아있는 신자들'과 '돌아가신 신자들'의 이름을 부르면서 빵 조각을 떼어내어 성반 위에 올려놓습니다.

이렇게 영적으로 한번 맺어진 신자들의 유대는 땅에 있건 하늘에 있건 영원히 단절되지 않고 지속됩니다.

이러한 영적인 유대 안에서 우리는 루가 사도가 사도행전에서 전하고 있는 예루살렘의 첫 그리스도교 공동체의 삶을 이해하고 또 경험합니다.

> 그 많은 신도들이 다 한마음 한 뜻이 되어 아무도 자기 소유를 자기 것이라고 하지 않고 모든 것을 공동으로 사용하였다.
> (사도행전 4:32)

이렇게 성당의 모든 신자들이 참된 사랑 안에서 자유롭게 친교하고, 성당의 다양한 활동에 능동적으로 참여해 나갈 때, 우리는 고립된 존재들이 아니라 한 몸이고 한 마음인, 영적으로 단단하고 확고하며 친밀한 가족을 이루며 살아갑니다.

제 42 장
금식일

■ 정교회의 연중 금식일은 언제이며, 또 어떤 방식으로 금식합니까?

정교회가 일반 신자들을 위해 금식일로 정한 날들은 다음과 같습니다. 물론 수도자들은 더 많은 날들을 더욱 엄격하게 금식합니다.

- 매주 수요일과 금요일
- 대림기간 40일 금식 11월 15일에 시작해서 12월 24일에 끝납니다. 11월 15일부터 12월 17일까지 수요일과 금요일을 제외한 날들은 생선이 허용되는 완화된 금식일입니다. 하지만 성탄 대축일 전 일주간 12월 18일부터 12월 24일까지는 생선도 금하는 엄격한 금식기간입니다.
- 성 대사순절 7주간 금식 정결 월요일에 시작하여 성 대토요일에 끝나는 엄격한 금식 기간입니다. 하지만 3월 25일 '성모희보축일'과 '주 예수 그리스도 예루살렘 입성 대축일'에는 생선이 허용됩니다.

- 성 사도 금식 기간 오순절 성령 강림 대축일 다음 주일인 '모든 성인들의 축일 주일' 다음 월요일에 시작해서 '사도 베드로와 사도 바울로 축일' 전날인 6월 28일에 끝납니다. 이 기간 동안 수요일과 금요일을 제외한 날들은 생선이 허용됩니다.

- 성모 안식 축일 금식 8월 1일부터 시작해서 성모 안식 축일 전날인 8월 14일에 끝나는 엄격한 금식 기간입니다. 하지만 8월 6일 '구세주 예수 그리스도의 변모 대축일'에는 생선이 허용됩니다.

위의 기간 이외에도 비록 하루로 짧지만 '기름'조차도 허용치 않는 '매우 엄격한 금식일'이 있습니다.

- 12월 24일 성탄 대축일 전날

- 1월 5일 신현 대축일 전날

- 8월 29일 선구자 세례자 요한의 참수 기념일

- 9월 14일 십자가 현양 대축일

  (하지만 이날이 토요일 혹은 주일이라면 기름과 포도주는 허용됩니다.)

그러나 원래는 금식일이지만 금식이 해제되는 경우는 다음과 같습니다.

- 세리와 바리사이파 주일과 탕자주일 사이의 엿새 동안

- 금육 주일 다음의 일주일 : 이 기간은 특별히 유식 주간이라 하여, 육류를 제외한 모든 음식, 즉 유가공 제품도 허용됩니다.

- 부활절 후 일주일

- 오순절 후 일주일

- 성탄 대축일과 신현 대축일 사이(12월 26일부터 1월 4일까지)

그 밖에도 다음의 경우에는 수요일과 금요일이라도 생선이 허용되는 축일입니다.

- 1월 7일 세례자 성 요한 축일

- 2월 2일 주님의 입당 축일

- 6월 24일 세례자 성 요한 탄생 축일

- 6월 29일 사도 성 베드로와 사도 성 바울로 축일

- 8월 6일 구세주 예수 그리스도 변모 대축일

- 8월 15일 성모 안식 축일

- 9월 8일 성모 탄생 축일

- 11월 14일 사도 성 필립보 축일

- 11월 21일 성모 입당 축일

- 항상 수요일인, 오순절 정중일과 부활절 종례일

마지막으로 성 대토요일을 제외한 모든 토요일에는 아무리 엄격한 금식 기간이라 해도 기름은 허용됩니다.

하지만 건강상의 이유로 금식을 지킬 수 없을 경우에는 교회 규범에 따라 의사의 소견과 영적 아버지의 지도를 받아 금식을 완화하거나 하지 않을 수도 있습니다.

맺음말

■ 지금까지 우리가 들은 것 중에서 반드시 기억하여 삶에 적용해야 할 것은 무엇입니까?

우리 주님 예수 그리스도께서 우리에게 말씀해주셨듯이, 가장 중요하고 위대한 것은 하느님을 사랑하고 우리 이웃을 사랑하는 것입니다. 주님께서 우리에게 베풀어 주신 사랑과 은혜에 보답하기 위해서는, 우리도 '나'와 '나 자신의 이익', '우리의 이익'을 희생하고 우리 이웃에게 우리 자신을 내어주어야 합니다. 성 아우구스티누스는 이렇게 말합니다.

하느님을 사랑하십시오. 그러고 나서 원하는 대로 하십시오!

하느님에게서 영감을 받은 참되고 진실한 사랑에서 나온 행동이라면, 하느님께서 원하시는 것이라고 확신해도 좋습니다.

주님께서는, 우리가 다른 사람들과의 관계에서 어떻게 행동해야 할지 모를 때, 우리가 아무런 혼란 없이 행동할 수 있도록 도와줄 '황금률'을 제시해주셨습니다.

> 너희는 남에게서 바라는 대로 남에게 해주어라. 이것이 율법과 예언서의 정신이다. (마태오 7:12)

이 기준에 따라 행동한다면, 다른 사람과의 관계에서 항상 올바르게 처신할 수 있게 될 것입니다.

정교 교리를 수호하는 것, 하느님의 섭리에 대한 완벽한 신뢰의 표현인 뜨거운 믿음, 공동 예배에 끊임없이 참석하는 것은 우리를 구원의 방주, 하나이고 거룩한 그리스도의 교회에 확고하게 속하게 해줄 것입니다.

또 우리 각자는 끊임없이 기도를 통해서 우리가 언제나 주님 앞에 있음을 느끼고 살아가도록 합시다. 그렇게 한다면 사악한 악마도 우리를 해롭게 하지 못할 것이라 확신합니다. 또 우리 자신도 주님의 뜻에 어긋나는 삶을 살지 않게 될 것입니다. 한 예로 의로운 요셉은 이집트에 팔려가 온갖 유혹에 시달렸고 죄를 지을 뻔 했습니다. 하지만 그는 언제나 눈에 보이지 않는 하느님께서 자신을 지켜보고 계신다고 믿었고 실제로 그렇게 느꼈기 때문에, 유혹을 이기고 죄에 빠지지 않을 수 있었습니다.

> 이렇게 엄청난 짓을 제가 어떻게 저지를 수 있겠습니까? 이것은 하느님께 죄가 됩니다. (창세기 39:9)

우리 삶의 모든 과정에서 주님의 현존을 생생하게 느낄 수만 있다면, 우리 인생의 최종 목표인 신화(神化, 테오시스)를 향한 올바른 여정 안에 있음을 확신할 수 있습니다. 하지만 만약 죄를 지어 넘어진다면, 즉시 겸손한 마음으로 회개하고 다시 일어서서 새롭게 영적 투쟁을 전개해 나갑시다.

> 넘어졌다가 일어나지 않는 사람이 있다더냐? (예레미야 8:4)

자애로우신 주님과 화해하는 성사인 고백성사를 통해서 죄를 회개하고 고백한다면, 완전한 사랑이신 우리 주님께서는 상처 입은 우리 영혼을 내치지 않으시고 치료해주시어, 우리를 어떤 죄에서든지 깨끗하게 해주시고 눈처럼 하얗게 만들어주실 것입니다.(이사야 1:18절 참고)

주님의 평화와 기쁨이 우리 영혼을 가득 채우게 합시다. 만약 우리 안에 그 평화와 기쁨이 없다면, 그 이유를 찾아야 합니다. 그리스도인의 정상적인 상태는 그리스도로부터 오는 기쁨입니다. 그리고 그리스도께서 말씀하셨듯이, 그 무엇도 이 기쁨을 우리에게서 빼앗아 갈 수 없습니다.(요한 16:22)

만약 영적 투쟁을 하면서 어떤 어려움에 부딪치게 된다면, 우리는 먼저 우리의 영적 아버지이신 신부님을 찾아가야 합니다. 영적 아버지는 참으로 우리의 안전한 피난처입니다. 영적 아버지에게 우리 마음을 다 털어놓고 고백하면, 영적 아버지는 기도와 간구로 또 성령의 인도하심에 따라 우리에게 바른 길을 가르쳐 주시고, 용기를 주시어, 그 모든 어려움들을 이겨내고 영적 투쟁에서 승리할 수 있도록 이끌어주십니다. 올림픽 경기의 승리자를 봐도 그렇습니다. 경기의 최종 승리자 곁에는 언제나 그와 동고동락하며 함께 훈련하고 이끌어준 지도자가 있습니다. 그래서 선수의 승리는 또한 지도자의 영광이기도 한 것입니다.

삶에 큰 도움을 주는 성경 말씀

나 비록 음산한 죽음의 골짜기를 지날지라도 내 곁에 주님 계시오니 무서울 것 없어라. 막대기와 지팡이로 인도하시니 걱정할 것 없어라. (시편 23:4)

여러분이 겪은 시련은 모두 인간이 능히 감당해 낼 수 있는 시련들이었습니다. 하느님은 신의가 있는 분이십니다. 하느님께서는 여러분에게 힘에 겨운 시련을 겪게 하지는 않으십니다. 시련을 주시더라도 그것을 극복하고 벗어날 수 있는 길을 마련해 주실 것입니다. (Ⅰ고린토 10:13)

또 너희가 기도할 때에 믿고 구하는 것은 무엇이든지 다 받을 것이다. (마태오 21:22)

악에게 굴복하지 말고 선으로써 악을 이겨내십시오. (로마 12:21)

여러분의 힘으로 되는 일이라면 모든 사람과 평화롭게 지내십시오. (로마 12:18)

겸손과 온유와 인내를 다하여 사랑으로 서로 너그럽게 대하십시오. (에페소 4:2)

▣ 이콘 목록

신학자 성 요한	48	목판 템페라, 1500년 신학자 성 요한 수도원, 파트모스, 그리스
제 1 차 세계공의회(니케아)	61	목판 템페라, 16세기, 다마스키노스 作 그리스
성 삼위 하느님	76	목판 템페라, 16세기, 루블레프 作 트레티야코프 미술관, 모스코바, 러시아
미카엘 대천사	93	목판 템페라, 14세기 비잔틴 박물관, 아테네, 그리스
아담 창조	114	모자이크, 12세기 몬레알레 대성당, 팔레르모, 이탈리아
아담과 하와의 만남	119	모자이크, 12세기 몬레알레 대성당, 팔레르모, 이탈리아
동산에서 추방되는 아담과 하와	128	모자이크, 12세기 팔라티네 채플, 팔레르모, 이탈리아
성모희보	134	목판 템페라, 1546년 크레테의 테오파니스 作 스타브로니키타 수도원, 아토스, 그리스
십자가에 달리신 그리스도	145	목판 템페라, 8세기 성 까떼리나 수도원, 시나이, 이집트
주님이 누우셨던 곳을 보아라	149	프레스코, 1312년 바토페디 수도원, 아토스, 그리스
주님의 부활	153	목판 템페라, 2004년, 서미경 따띠안나 作 성 니콜라스 주교좌 대성당, 서울
주님의 승천	156	프레스코, 1330년 오디기드리아 성모 교회, 페야, 코소보
전능자 그리스도(판토크라토르)	161	모자이크, 13세기 하기아 소피아, 이스탄불, 터키
오순절 성령강림	167	목판 템페라, 1998년, 소조스 야누디스 作 정교회 한국대교구, 서울

낙원의 사다리	179	목판 템페라, 12세기 성 까떼리나 수도원, 시나이, 이집트
중풍병자를 고치신 그리스도	187	프레스코, 14세기 스타브로니키타 수도원, 아토스, 그리스
십계명을 받는 모세	189	목판 템페라, 13세기 성 까떼리나 수도원, 시나이, 이집트
선한 사마리아인	206	목판 템페라, 현대 이콘 16세기 프레스코 복사본, 그리스
산상설교	210	모자이크, 6세기 산타 폴리나레 누오보 성당, 라벤나, 이탈리아
성 사도 베드로와 바울로	223	목판 템페라, 15세기 신학자 성 요한 수도원, 파트모스, 그리스
성 사도 바울로	225	목판 템페라 1986년 올림비아스 수녀 作 파트모스, 그리스
악마의 유혹을 받으시는 그리스도	246	모자이크 12세기 산 마르코 성당, 비엔나, 이탈리아
선한 목자	268	모자이크 5세기 갈라플라키디아 영묘, 라벤나, 이탈리아
사도들의 성찬 교제	305	프레스코, 1546년, 크레테의 테오파니스 作 스타브로니키타 수도원, 아토스, 그리스
그리스도의 탄생	314	프레스코, 1312년 바토페디 수도원, 아토스, 그리스
그리스도의 세례	317	프레스코, 1938년 포티스 콘도글루 作 성 이리니 소성당, 키피시아, 그리스
토마의 의심	339	목판 템페라, 2004년, 서미경 따띠안나 作 성 니콜라스 주교좌 대성당, 서울
가나의 혼인잔치	371	프레스코, 14세기 아나파프사스 수도원, 메떼오라, 그리스